名师工程

新课程·新理念·新教学

大家思想系列 丛书编委会主任：马 立 宋乃庆

50年 教学和研究之经验

查有梁 著

○ 谨以此书献给母校西南大学 ○

国家一级出版社 全国百佳图书出版单位

 西南师范大学 出版社

图书在版编目（CIP）数据

50 年教学和研究之经验/查有梁著. —重庆：西南师范大学出版社，2013.10
　ISBN 978-7-5621-6450-0

Ⅰ.①5… Ⅱ.①查… Ⅲ.①①教学研究②教学工作—经验 Ⅳ.①G42

中国版本图书馆 CIP 数据核字（2013）第 203238 号

50 年教学和研究之经验

查有梁　著

责任编辑：钟小族
装帧设计：戴永曦
出版发行　西南师范大学出版社
　　　　　地址：重庆市北碚区天生路 1 号
　　　　　邮编：400715　市场营销部电话：023-68868624
　　　　　http：//www.xscbs.com
经　　销　新华书店
印　　刷　重庆紫石东南印务有限公司
开　　本　787mm×1092mm　1/16
印　　张　18.25
字　　数　303 千字
版　　次　2014 年 3 月第 1 版
印　　次　2015 年 6 月第 2 次
书　　号　ISBN 978-7-5621-6450-0

定　　价：35.00 元

前　言

1963 年 7 月,作者毕业于西南师范大学,到 2013 年 7 月已经整整半个世纪。积 50 年教学和研究之经验,写成此书,献给母校西南大学,感恩母校老师的教诲。同时,也感谢中央教育科学研究院、北京师范大学、华中科技大学、西南大学、四川师范大学、广西师范大学、辽宁师范大学、成都体育学院等多所大学的信任,聘请作者为兼职教授、研究员,感谢北京吉利大学聘请作者为荣誉教授。他们的信任,促进了创新。

（一）本书的缘起

作者从 2001 年起,经北京市海淀区教育委员会主任孙鹏先生的推荐和引领,被北京市海淀区教师进修学校附属实验学校聘为该校的教育顾问。作者给全校教师每作一次报告,学校校长都指定教科室主任莫树文老师记载报告的主要内容和大家的反映和评价,供以后培训教师参考。每一次报告,还有当场的会议主席和教师们的及时评论。学校的这一做法,也给予作者从事教师培训以极大的启发。

1963 年到 2003 年,作者已经从事教学和研究 40 年了! 所以,作者将那一次报告的题目定为"40 年教学的 12 条经验"。以下是作者在 2003 年的一次报告后,学校的记载:

查有梁教授报告回顾,第 3 场

时间:2003 年 9 月 28 日

主题:40 年教学的 12 条经验

主要内容:1. 备课时要用三套不同的教材比较、综合。2. 在假期中把新学期的课完全备好,按照"整体→部分→整体"进行教学。3. 千方百计要让成绩差的同学考出好成绩。4. 要从"逻辑"、"操作"、"艺术"、"交往"这些不同的思维角度进行考试,让每一位学生有获得前三名的体验。5. 设计教案的核心是设计问题。6. 教学过程的关键是"交流—互动"。7. 每次考试后,应立刻将正确答案发给每位学生。8. 每一学年都要调查统计学生喜欢什么样的教师。9. 每次上课后,要及时记下自己成功之处和不足的地方。10. 要鼓励学生提问题。11. 每上一节课,要设想全人类都在倾听,是"生命和使命"价值的统一。12. 力争以较少的时间,让学生掌握知识,发展能力,学会审美,健全人格。

这12条经验成为我校新任教师和新调入教师培训的必修内容;查先生的著名论断,如"每上一节课,要设想全人类都在倾听"、"让每一位学生有获得前三名的体验"成为全校教师共同的追求。

报告之后,教师们反响很好。全校基本都是年轻的教师,平均年龄才25岁。一位教师对作者说:"有些经验我们朦朦胧胧有,但是不能表述出来;有些经验我们没有,但是你一讲出来,我们又感到有道理;这些经验都具有操作性,很实用。"另一位教师说:"讲一条经验,就讲一个故事,这种方式很好,生动具体,容易领悟。十多条经验汇聚一起,很有用,总有几条是我们过去没有留意的,很有启发性,促进我们思考。"

作者将这次报告的教学模式及时地概括为:"经验—故事"教学模式。作者很快将这次的讲稿,按照系统科学的整体原理修改为《40年教学的20条经验》,分为5大部分:1. 备课的经验;2. 上课的经验;3. 考试的经验;4. 提问的经验;5. 综合的经验。于是,这20条经验有了整体结构,从而,具有了较好的整体功能。同时,在报告中将"系统科学的原理"、"教育科学的原理"以及"模式建构的方法"都一一渗透在其中。

从2003年到现在,又10年了。每一年,几乎都有上万名的教师,听过《40年教学的20条经验》的报告。2012、2013年福建省教育学院将这一报告录像,供全省教师远程学习。在网上下载和转发的教师,数量更多。作者讲这20条经验,每一条经验仅用一张投影片,一共用了20张。讲一条经验大约用5分钟,20条经验,100分钟左右讲完,比较紧凑,每5分钟左右"换一个节目",一直能紧紧抓住教师们的注意力。不知不觉,就讲完了教学的20条经验。

近10年来,一些地区的骨干教师和教研员,以及大学教师培训、中国科学院的研究生导师培训等,邀请作者去讲课。作者就在《50年教学的20条经验》基础上,增加《50年研究的20条经验》。两个内容相互补充,实现了将"教、学、研"三者结合起来,终于写成《50年教学和研究之经验》这一新书。

有几家出版社的编辑十分敏感,独具慧眼,从网络媒体看出了一个"空白"而有意义的选题,要作者撰写完成一本新书。新书着重讲微观、具体、可操作的经验,同时,适当渗透故事情节、经典语录、模式建构、实际案例和理论原理。有近10年培训教师的实践做基础,作者认认真真写出了这本书。希望这本书真正能对教师们有所帮助,真正能起到抛砖引玉的作用。

每一个学校,每一学期,都可以组织教师"自我培训",每一位教师自己讲自己的几条教学经验和故事,讲一条经验,也要求讲一个自己的故事。当然,如果每一条"经验—故事"都有教育学原理、心理学原理以及教学模式建构等等,作为理论基础和经验提升,无疑可以大大加快教师的专业成长。优质教学的关键,是不断提升教师的专业发展。

作者建构的教学模式都作为实例和故事,一一反映到本书之中。这本书为中国的教师教育提供了一本新颖的、及时的、有效的参考读物。作者在撰写这本书时,就不仅叙述一些经验故事、实际案例、模式建构,而且,加上了经典语录、经典欣赏、基本原理等等。读者可以选择,能懂就看下去,不懂就跳过去。这样,就能满足更大范围的读者的需要。

(二)全书的核心思想与创新点

作为一位教师,我从50年教学和研究的实践中领悟到:要做一位好教师,必须有一个好的心态。教师每上一节课,要设想全人类都在倾听。由于你的教育,有可能改变一个人一生的命运;由于你的教育,这个世界的未来因而变了样。所以,教师的使命任重而道远。我们教师一定要从古今中外的智者贤人那里去寻找智慧。我们不应当割断历史,我们要充分关注现实,要有所创新,继往开来。

"学然后知不足,教然后知困。知不足,然后能自反也。知困,然后能自强也。故曰:教学相长也。"(《礼记·学记》)《学记》强调:无论教师,还是学生,都应当自我反思,自强不息。作者在此基础上进一步认为,对于现代的教师,理当加上"研"。教学毕竟是艺术,艺术必须追求美。于是可以这样说:"学然后知不足,教然后知困,研然后知美。知不足,然后能自反也。知困,然后能自强也。知美,然后能自创也。故曰:教学研相长也。"自我反思有利于自强自创。作者正是在"自反、自强、自创"的基础上,写成《50年教学和研究之经验》一书。

《50年教学和研究之经验》论述了作者"50年教学的20条经验"和"50年研究的20条经验",其核心思想有五点。

从古至今,中国人喜爱用以下方式陈述我们的思想:"一以贯之"、"阴阳互补"、"三生万物"、"四象俱全"、"五行生克"。这些思维框架都很有效,大都在人类大脑的短时记忆的容量之内。容易记忆,容易处理,容易发挥。

其一,本书"一以贯之"的指导思想是科学发展观。科学发展观表述如下:"坚持以人为本,树立全面、协调、可持续的发展观,促进经济社会和人的全面发展。"科学发展观将科学精神与人文精神很好地结合起来,意义非常重大。

其二,本书"阴阳互补"的基本思想是:经验论与理性论互补。经验是理论的基础,又可以检验理论;理论不是由经验推知出来的,理论是人们思维的创新。经验与理论各自独立而又相关。唯经验论是片面的;唯理性论也是片面的。

其三,本书"三生万物"的基本思想是:系统科学有三大原理。反馈原理、有序原理、整体原理是本书理论核心的三大原理。与此对应,教育科学的三大原理是:生存与发展原理、适应与超越原理、继承与创新原理。

其四,本书"四象俱全"的基本思想是:有四大思维模式,即逻辑思维、操作思维、情感思维、交往思维,是人类基本的四大思维模式。与这四大思维模式相对应的心理学理论是:认知主义、行为主义、人本主义、建构主义。

其五,本书"五行生克"的基本思想是:教学的基本过程有五项。教师在教学过程中要晓之以理、导之以行、动之以情、传之以神、创之以新。学生对应的学习过程是:思考接受、活动探究、情感体验、合作交流、整合顿悟。

本书在"导论"中论述如何理解系统科学原理和教育科学原理,在"后论"中论述如何认识和应用四大思维模式。科学原理和思维模式渗透在全书之中。有科学原理作为支撑,有思维模式作为框架,就有利于读者深入理解教学的经验和研究的经验。反之,理解了教学的经验和研究的经验,就有利于读者认识科学原理和思维模式,这是本书的两大创新点。

《50年教学和研究之经验》这本书的关键词是:教学、研究、经验。

教学的定义是:教学是教师的教与学生的学共同组成的活动。教师是教的主体,学生是学的主体。学不可能由他人代替。教、学、研三者相互促进。

研究的意义是:研究是应用多种方法去发现新问题、提出新问题、分析新问题、解决新问题。研究需要创新,创新需要研究,研究与创新密不可分。

经验的内涵是:个人"经历过、验证过,可操作、有效果"。经验与个人的先天素质和后天素质都有关系。有整体结构的经验,才有整体的功能。

（三）感恩母校

作者曾写作出版《小学之精神》（2008），献给母校成都师范附属小学；曾写作出版《中学之精神》（2009），献给母校成都石室中学；《大学之精神》现在只完成三分之二，准备献给母校西南大学。《大学之精神》没有写完，感到创新有困难，一直在沉思之中。

2013年4月，西南大学教师教育学院院长刘义兵教授聘请作者为西南大学"未来教育家"培养工程专家团队成员，承担重庆市"未来教育家培养工程"西南大学研修段主题咨询、诊断与指导工作。再次回到母校，并见到原西南大学常务副校长宋乃庆教授、西南大学副校长陈时见教授、副校长靳玉乐教授，以及西南大学"未来教育家"培养工程专家团队的全体成员和全体学员，相互交流，启发良多，深受教益。

我给学校的领导们表示，一定要给母校做点贡献。于是确定将《50年教学和研究之经验》一书交给西南师范大学出版社出版，谨以此书献给母校西南大学。并写信给西南大学图书馆馆长李森教授，其他新书出版都将赠送给西南大学图书馆，供老师和同学们批评指正。我在学术上取得的成就，都与在西南大学接受老师们的优质教育密不可分，学生要感恩母校啊！

2013年5月1日写于成都市百花潭公园

目　录

下辑　50年研究的20条经验

导论：理解科学原理

理论的核心是原理。理解原理是认识理论的关键。理论要接受两大考验。其一，在逻辑上，是否整个理论体系具有内在的连贯一致性；其二，在操作上，是否得到外在的具体经验的支持。简言之，要具备"内在的连贯一致，外在的经验支持"。这是认识论和知识论的基本方法。

经验来自实践，又必须上升到理论，避免狭隘的经验论；理论的原理要能够解释经验，又必须回到实践中检验，避免狭隘的唯理论。《50 年教学和研究之经验》正是希望将经验论和理性论两者整合起来。"导论：理解科学原理"和"后论：认识思维模式"，这些内容有些深奥。但是，一旦读者理解了，将是一通百通，会有"顿悟"之感。

任何理论，如果内在逻辑缺乏连贯一致，实施结果往往得不到外在的经验支持。同理，如果理论得不到外在的经验支持，内在逻辑往往缺乏连贯一致。但是，检验真理的最终判断，需要有整体经验的支持。"内在的连贯一致"、"外在的经验支持"两者的整合，才是判断真理的最低条件。整体经验包括历史的经验和现实的经验，是各类实践中得到的经验的总和。

原理是直觉思维的产物，得到原理并没有逻辑的通道。原理是理论的出发点，是不证自明的，是人类思维的自由创造。如果原理可以从其他论断推导出来，那么，更高阶的论断就成为新的原理了。得到原理之后，人们必须应用探索性的演绎法，去尝试解决问题，建立新的概念，接受实践的不断检验，从而修正和丰富经验，更新和创新理论。

系统科学的原理

"纯粹的逻辑思维不能给我们任何关于经验世界的知识；一切关于实在的知识，都是从经验开始，又终结于经验。"（《爱因斯坦文集》第 1 卷）

"我们现在特别清楚地领会到，那些相信理论是从经验归纳出来的理论家是多么错误呀！甚至伟大的牛顿也不能摆脱这样的错误（"Hypotheses non fingo

"①)。"(《爱因斯坦文集》第1卷)

"一个理论可以用经验来检验,但是并没有从经验建立理论的道路。"(《爱因斯坦文集》第1卷)

爱因斯坦的第一句话强调:知识来源于经验。爱因斯坦的第二句话强调:经验归纳不出理论。爱因斯坦的第三句话强调:经验可以检验理论。爱因斯坦强调的是:经验是实在知识的基础,而建构理论必须自由创造,理论的正确与否要依靠经验来验证。这难道不是非常深刻吗?

表面看来,上述三段话有矛盾,不一致;但这三段话,很深刻,很辩证。科学思维与哲学思维是一样的。科学思维的普遍原理是:对立的又是互补的;哲学思维的普遍原理是:对立的又是统一的。形象思维和逻辑思维的对立与互补,也体现了这个科学思维的普遍原理。

"物理学家的最高使命是要得到那些普遍的基本定律,由此世界体系就能用单纯的演绎法建立起来。要通向这些定律,并没有逻辑的道路;只有通过那种以对经验的共鸣的理解为依据的直觉,才能得到这些定律。"(《爱因斯坦文集》第1卷)

"从特殊到一般的道路是直觉性的,而从一般到特殊的道路则是逻辑性的。"(《爱因斯坦文集》第3卷)

"广泛的事实材料对于建立可望成功的理论是必不可少的。材料本身并不是一个演绎性理论的出发点;但是,在这些材料的影响下,可以找到一个普遍原理,这个原理又可以作为逻辑性(演绎性)理论的出发点。但是,从经验材料到逻辑性演绎以之为基础的普遍原理,在这两者之间并没有一条逻辑的道路。"(《爱因斯坦文集》第3卷)

爱因斯坦这三段话指出:要得到普遍的基本定律,不是通过逻辑思维可以得到的,而是通过那种对经验的共鸣为依据的直觉,才能够得到普遍的基本定律。这是很深刻的思想。了解了这一点,才可能理解经验非常重要,同样,与经验有关但又不是经验本身的普遍定律(也称为普遍原理)也非常重要。

经验通常从个别事实出发而尝试性地推知一般,应用归纳法;理论通常从一般原理出发而探索性地推知个别,应用演绎法。归纳法和演绎法是对立互补

---

① "我不作假设"是牛顿的话。牛顿认为,他的理论全部来自经验。爱因斯坦认为,从经验归纳不出理论。

的。归纳法不是万能的,演绎法也不是万能的。在总结经验时,要努力提升到理论原理的高度来认识;在认识原理时,要充分找到经验事实的支撑和佐证。

作者受到牛顿力学原理、热力学原理和爱因斯坦相对论的启发,在《控制论、信息论、系统论及其对教育科学的意义》的论文中提出,系统科学有三大原理:[①]

> **【反馈原理】** 任何系统只有通过信息反馈,才可能实现有效控制,从而达到目的。
>
> **【有序原理】** 任何系统只有开放、有涨落、远离平衡态,才可能进化,走向有序。
>
> **【整体原理】** 任何系统只有通过相互联系,形成整体结构,才可能生成整体功能。

作者应用上述系统科学三大原理,建构了一个较为完整的原理性的教育理论体系。[②]

教学的定义是:教学是教师的教与学生的学共同组成的活动。教师是教的主体,学生是学的主体。学不可能由他人代替。教、学、研三者相互促进。这应用了反馈原理。教学要达到一定的目的,只有通过教与学双方不断的信息反馈和自我反思,才可能实现有效控制,从而达到教学目的。

研究的意义是:研究是应用多种方法去发现新问题、提出新问题、分析新问题、解决新问题。研究需要创新,创新需要研究,研究与创新密不可分。这应用了有序原理。研究要通过创新,解决新问题,必须要开放、有变革、远离平衡态,才可能进化,走向有序。创新的过程是一个发展的过程。

经验的内涵是:个人"经历过、验证过,可操作、有效果"。经验与个人的先天素质和后天素质都有关系。有整体结构的经验,才有整体功能。这应用了整体原理。经验是复杂的,有的可言传,有的不可言传。要领悟经验,只有通过相互联系,形成经验的整体结构,才可能生成整体功能。

---

① 查有梁:《控制论、信息论、系统论及其对教育科学的意义》,《教育研究》,1984 年,第 5 期～第 7 期。

② 查有梁:《系统科学与教育》,北京:人民教育出版社,1993。

系统科学的三大原理,是作者提炼教学经验、研究经验的基本根据。理解这三大原理的意义,有利于深入认识教学经验、研究经验的科学基础。真正理解和把握系统科学原理,有一定难度。作者之所以要在前言中介绍系统科学的三大原理,是希望教师们留意经验背后的理论。有了理论指引,才能够更好更有效地总结和提升经验。

"科学是这样一种企图,它要把我们杂乱无章的感觉经验同一种逻辑上贯彻一致的思想体系对应起来。在这种体系中,单个经验同理论结构的相互关系,必须使所得到的对应是唯一的,并且是令人信服的。"(《爱因斯坦文集》第1卷)

"知天之所为,知人之所为者,至矣。""故其好之也一,其弗好之也一。其一也一,其不一也一。其一与天为徒,其不一与人为徒。天与人不相胜也,是之谓真人。"(《庄子·大宗师》)

庄子指出:知道哪些是属于自然的,哪些是属于人为的,这就是洞察事物之理的极高境界了。"自然的"和"人为的"本是合一的,即"天人合一"。这不以人的喜好或不喜好为转移,天与人都是合一的;无论人的主观看法认为"合一"或"不合一",天人都是合一的。认为天与人是合一的,就是与自然同类;认为天与人不合一的,就是与人同类。把天和人看作不是相互对立的,而是天人合一的,这才叫做真人。

"天人合一"的思想,是系统科学的整体原理在古代的一种朴素表达。

教育科学的原理

系统科学的三大原理,既适用于物理的系统,也适用生命系统。这些原理对于思考与解决教育问题有一定的启发性,提供了科学根据。但是,这些原理毕竟不是专业的教育原理本身。那么,教育科学的基本原理是什么呢?

教育原理的关键词:生命、智慧、使命。

生命教育、智慧教育、使命教育,三者不可分割、有机结合、缺一不可。

生命教育的宗旨是:平安、健康、快乐、幸福。智慧教育的宗旨是:知识、能力、审美、人格。使命教育的宗旨是:创业、创新、贡献、奉献。

明确教育的宗旨,即明确教育的目的。实现教育的目的,要应用反馈原理。

中国传统文化的经典《大学》中写道:"大学之道,在明明德,在亲民,在止于至善。知止而后有定,定而后能静,静而后能安,安而后能虑,虑而后能得。

物有本末,事有终始,知所先后,则近道矣。古之欲明明德于天下者,先治其国;欲治其国者,先齐其家;欲齐其家者,先修其身;欲修其身者,先正其心;欲正其心者,先诚其意;欲诚其意者,先致其知;致知在格物。"

"知止而后有定,定而后能静,静而后能安,安而后能虑,虑而后能得。物有本末,事有终始,知所先后,则近道矣。"这是有序原理的具体体现。

格物、致知,主要是智慧教育;诚意、正心、修身,主要是生命教育;齐家、治国、平天下,主要是使命教育。格物→致知→诚意→正心→修身→齐家→治国→平天下,这八条连在一起,就是生命智慧使命教育。

生命教育、智慧教育、使命教育,三者整合起来,形成整体结构,才有整体功能,这就是整体原理的具体应用。

生命是可贵的,使命更为可贵。所有的生物都具有生命,但是,唯独人懂得使命。是生命给予使命以根基,是使命提升了生命的价值。没有生命,使命难以实现;没有使命,生命就显得平庸。生命具有自然属性,使命具有社会属性。生命和使命价值是统一的。对于学校文化而言,使命价值与生命价值同样重要。实现使命的关键是需要智慧。生命、智慧、使命,三者不可分离。

1. 生命教育原理

从系统科学看生命教育,我们可以从逻辑、操作、情感、交往四方面来看:(1)逻辑上,思考理解生命,认识人生的内涵真谛;(2)操作上,行动关怀生命,迎接人生的实践挑战;(3)情感上,珍爱欣赏生命,体验人生的独特意义;(4)交往上,尊重热爱生命,建构人生的社会价值。简单地说就是:理解生命、关怀生命、欣赏生命、热爱生命。四者有所区别。

生命教育的宗旨是:平安、健康、快乐、幸福。平安、健康,主要取决于客观环境;快乐、幸福,主要取决于主观心态。生命教育要将客观环境与主观心态结合起来。

学校的文化建设,要高度重视学生在学校里是否平安、健康、快乐、幸福。这是校长和教师们必须时时处处关心的大问题。在学校的文化建设中,比较重视师生的平安、健康,通过对学校客观物质环境的建设,确保师生的平安、健康。但是,学校的文化建设中,比较忽视师生的快乐、幸福。这与师生的主观心态密切相关,必须高度重视师生心理生态的建设。

快乐是一个过程,幸福是总体状态。儿童好问,学而之知;儿童好动,行而之知;儿童好奇,情而之知;儿童好玩,群而之知。这些都给儿童带来快乐!快乐是生活的微分过程,幸福是快乐的集成状态。

什么是幸福?幸福是目的,也是手段。(1)接受高人的智慧点拨(理性的幸福);(2)满足生活的合理需求(行为的幸福);(3)享受快乐和克服痛苦(情感的幸福);(4)分享完成使命的魅力(交往的幸福)。这四方面都是相当具体的。

父母和教师不自觉地"虐待"儿童的四种形式,也是儿童不快乐、不幸福的四大原因:(1)强迫成才,孩子逼疯,厌学逃学,忧郁自杀;(2)打骂体罚,孩子痛苦,皮肉之苦,心灵之痛;(3)溺爱放纵,孩子宠坏,骄横傲慢,不学无术;(4)赶出家门,孩子流浪,孤独无助,犯罪吸毒。这些都是剥夺儿童的快乐,剥夺儿童的幸福。当今世界的儿童,受到家长和教师有意无意的"虐待"的现象,比较普遍。我们要高度关注儿童的快乐和幸福。

父母是孩子的第一位教师,家庭是孩子的第一个学校;教师是孩子的第二位父母,学校是孩子的第二个家庭。家庭教育要关注家庭生活,又要关注公共生活。学校教育要关注公共生活,又要关注家庭生活。和谐的家庭和优质的学校,是孩子快乐和幸福的基本保证。

【生命教育原理】即生存与发展原理。世界上的每一个人,都享有基本人权,即生存权和发展权。你自己想生存,也帮助别人生存;你自己想发展,也帮助别人发展;你自己想受教育,也帮助别人受教育。教育促进健康生存,教育促进和谐发展。只有健康生存,才可能和谐发展。

2. 智慧教育原理

生命智慧使命教育是一个整体。平安、健康、快乐、幸福与知识、能力、审美、人格,是紧密联系的。

智慧教育的宗旨:知识、能力、审美、人格。知识、能力,主要取决于优质教学;审美、人格,主要取决于互动学习。智慧教育要将优质教学与互动学习结合起来。智慧教育的主导者是教师。

作者对智慧教育的四点感悟是:(1)要做一位好教师,必须有一个好的心态,每上一节课,要设想全人类都在倾听;(2)你的教育,有可能改变一个人一生的命运,这个世界的未来因而变了样;(3)教师的使命任重而道远,我们教师一定要从古今中外的智者贤人那里去寻找智慧;(4)我们不应当割断历史,我们要充分关注现实,要有所创新,继往而开来。

智慧教育的教学过程：(1)教师晓之以理,学生思考接受;(2)教师导之以行,学生活动探究;(3)教师动之以情,学生情感体验;(4)教师传之以神,学生合作交流;(5)教师创之以新,学生整合顿悟。

智慧教育的基本程序：(1)教师启发讲授:问题、实例、故事、鉴赏;(2)学生自主学习:预习、复习,都是自主学习;(3)学生互动交流:课堂上两两交流,效率较高;(4)学生练习展示:学生展示成果,是变学为教;(5)教师积极评价:正面积极的评价,促进学习;(6)重视随机生成:抓住随机问题,是教育智慧。

智慧教育的基本方法：(1)故事引导成一线,精讲精练;(2)实例生动纵横联,突出重点;(3)启发讲授要精炼,抓住关键;(4)问题讨论促发言,互相共勉;(5)展示成果重发展,知识成链。

智慧教育的基本标准：(1)时间短,效果好;因材学,因材教;(2)乐于学,乐于教;主动学,生动教;(3)结构简,过程优;细鉴赏,重提高;(4)善启发,问题好;有实例,故事妙;(5)有交流,有互动;真善美,循大道。

【智慧教育原理】即适应与超越原理。教育一定要适应自然、适应社会、适应个性,才可能是面向现代的有效教育;同时,教育又要超越自然、超越社会、超越个性,才可能是面向未来的进步教育。教育要做到适应与超越的有机结合,适应是超越的基础,超越是适应的提高。

3.使命教育原理

生命教育、智慧教育、使命教育是一个整体。平安、健康、快乐、幸福、知识、能力、审美、人格,与创业、创新、贡献、奉献,是紧密联系的。

创业思想、创新精神、积极贡献、乐于奉献,这些品质都需要从小进行培养。使命教育,应当渗透、贯穿于生命教育和智慧教育的始终。

使命教育的宗旨是:创业、创新、贡献、奉献。创业、创新,主要取决于社会需要;贡献、奉献,主要取决于个人努力。使命教育要将社会需要与个人努力结合起来。

使命教育的基本要点：(1)打好基础,选择方向,立志成才;(2)阅读杰出人才传记,言行有榜样;(3)交好朋友,行万里路,识天地人;(4)阅读经典著作,要站到巨人肩上;(5)明确社会需求,努力服务于民众;(6)聚焦精力,坚持数年,必有成效。

使命教育的基本方法：(1)点燃学生智慧,开发学生潜能;(2)激发学生活力,展现学生才能;(3)丰富学生经历,促进学生进步;(4)启发学生自觉,依靠学生管理;(5)树立学习榜样,分辨大是大非;(6)培养管理才能,善于组织协调。

生命智慧使命教育的操作要点:(1)正面积极的心理辅导,而不是负面消极的心理恐吓;(2)高期望、高抱负的励志教育,而不是低期望、低要求的得过且过;(3)及时机智的鼓励评价,而不是拖延愚笨的指责埋怨;(4)乐观自由的精神状态,而不是悲观自闭的情绪颓废。

> **【使命教育原理】**即继承与创新原理。生命的进化依靠遗传与变异,社会的进步依靠继承与改革。教育进化的基本过程是在继承基础上的创新。教育没有继承就没有创新,没有创新也就没有真正的继承。继承中有创新,创新中有继承。教师一定要领会前人的创新,自己才可能有创新。

教育科学三大原理的关系

生命教育原理,即生存与发展原理,这是个人的基本权利;智慧教育原理,即适应与超越原理,这是教育的进步标志;使命教育原理,即继承与创新原理,这是社会的发展动力。很明显,教育科学的三大原理与系统科学的三大原理,有对应的内在联系。

教育的本质是要关注生命,提升智慧,重视使命,为人服务。这样的教育才能体现以人为本。教育的本质不是单纯为政治服务,也不是单纯为经济服务。教育的本质是关注生命,提升智慧,重视使命,为人服务。人的生命要得到全面、协调、可持续的发展,必须将生命教育、智慧教育、使命教育有机结合起来,成为"生命·智慧·使命教育"。

三大教育原理是独立的、兼容的,一个原理不能够代替另一个原理。三大原理既可以分别应用,也可以组合应用。原理是理论的出发点,并不能逻辑地从其他理论推演出来。原理只能在具体的应用中,表现出自己的合理性。

教育的第一原理是确保个人生存与发展;教育的第二原理是要求学校教育要适应与超越;教育的第三原理是要求社会发展要继承与创新。三大原理分别应用于个体、群体、整体,从而确保生命智慧使命教育的系统性。

艺术美的三原理

教学是艺术,得到学术界的普遍认同。从音乐、美术、文学、艺术等领域的实践中,可以尝试性归纳出艺术美的规律。作者在王夫之的"情景说"、立普斯的"移情说"的基础上,提出艺术美的第一原理:情感转移原理;在老子美学"辩证法"、克罗齐的"直觉说"的基础上,提出艺术美的第二原理:和谐奇异原理;在王国维的"意境说"、西方美学的"整体观"基础上,提出艺术美的第三原理:多样统一原理。作者在系统科学原理的启发下,将艺术美三原理表述如下:①

> 【情感转移原理】(艺术美原理一):美在于能使人与自然、人与社会、人与人之间发生情感转移,产生同情与共鸣。
>
> 【和谐奇异原理】(艺术美原理二):美在于通过模仿和创造,既和谐又奇异,使系统从无序到有序,给人以新的信息。
>
> 【多样统一原理】(艺术美原理三):美在于给人以整体形象、典型形象,有变异有结构,多样且统一,能形成意境。

科学美的三原理

现代公理化方法有三原则:相容性、独立性、完备性。由此,希尔伯特建构了他的科学美。但是,哥德尔的不完备性定理,提出了公理化方法中的相容性(即无矛盾性)与完备性(全同构性)两者不可兼得。因此,公理化方法中的完备性就必须修改。作者建议用结构性代替完备性。

爱因斯坦与希尔伯特类似,提出了理论物理创立的三原则:一致性、简单性、统一性。由此,爱因斯坦建构了他的科学美。②但是,系统科学的发展(特别是"自组织"理论、复杂性科学的创建),又指出了简单性原则的局限性。将复杂归纳为简单,或将简单展开为复杂,均表现出科学美。理论物理中的简单性也必须充实。作者建议用简单与复杂并列,取而代之。在上述尝试性归纳的基础上,作者提出科学美的三原理:相容一致原理、简单复杂原理、结构统一原理。作者将科学美三原理表述如下。

---

① 查有梁:《系统科学与教育》,北京:人民教育出版社,1993年,第255~272页。
② 查有梁:《系统科学与教育》,北京:人民教育出版社,1993年,第249~253页。

【相容一致原理】(科学美原理一):作为理论前提的公理(或原理),应当不是相互矛盾的,而是相容的;理论与事实应有内在逻辑的一致性。

【简单复杂原理】(科学美原理二):作为理论前提的公理(或原理),彼此是独立的,具有简单性;但从简单中又能引申出复杂的内容。

【结构统一原理】(科学美原理三):从理论前提的公理(或原理)出发,能对该理论体系的各种关系给出论述,形成结构,具有相对统一性。

教育理论的分类

教育理论可分为相互联系的三大类。

其一,经验性理论。讲做法,可操作,重实践,理论隐藏在其中,理论成分较弱,实践成分较强。

其二,建构性理论。有假设,有模式,重过程,有一定理论根据,同时又接近实践,有操作性。

其三,原理性理论。有原理,有推论,重演绎,有一定的经验基础和模式支撑,但强调建立体系。

作者以为,一个好的教育理论,上述三大类都应当兼而有之。因为这三大类理论并不是非此即彼,而是亦此亦彼,你中有我,我中有你,相互交叉渗透,形成不可分割的整体。对一个具体的教育理论而言,看在这三大类中哪一类占主流,从而进行相对的分类,而非绝对的分类。

原理性理论,应当能引申出建构性理论,即建构模式,进而具体应用于实践;建构性理论,既可进一步抽象为原理性理论,又可以进一步具体为经验性操作;经验性理论,可以概括为建构性理论,进而上升为原理性理论。

三大类理论并不存在高、低之分。原理性理论如果不能还原为建构性理论和经验性理论,就难于操作,就会流于空洞;建构性理论如果不能发展为原理性理论和经验性理论,就缺乏活力,缺乏根基,就会流于形式;经验性理论如果不能上升到建构性理论和原理性理论,就难于理解,就会流于片面。三大类教育理论,有各自明显的优点。

夸美纽斯的《大教学论》是原理性理论。夸美纽斯的《大教学论》以适应自然(或译为遵循自然、借鉴自然、模仿自然)为教育理论的基本原理,由此推演出一系列教与学的一般原理以及教学原则。他应用了"原理→大原则→小原则”的顺序,建立了大教学论。这基本上属于原理性理论。其优点是逻辑上完整、简明,基础巩固,能推演生成相应的教学模式和具体策略。

赫尔巴特的《普通教育学》是建构性理论。赫尔巴特的《普通教育学》全称是《从教育目的引出的普通教育学》。他在心理学表象、统觉的基础上,建构了教学的基本过程,分为四个阶段:明了(或译为清楚)、联想、系统、方法。这四个阶段对应的心理要求分别是:注意、期待、探究、行动。他的门生将其发展为“五段教学法”:准备、提示、联系、统合、应用,曾风行世界。赫尔巴特开了在心理学基础上进行教学建模之先河。就其《普通教育学》的最大影响看,这基本上是属于建构性理论。其优点是针对性强,有适应性和明确性,既能上升到哲学、科学的高度,又能转化为具体操作的程序,能促进理论与实践的结合。

苏霍姆林斯基的教育论著大多是经验性理论。苏霍姆林斯基的《给教师的一百条建议》、《怎样培养真正的人》等著作,基本上是属于经验性理论,优点是具体、实在,操作性强,易于把握,深受广大教师喜爱。同时,它也有相应的理论基础,但深入而浅出。

严格说,原理性理论之中,当然应包容经验和模式,因为所有的原理,都是有经验作为支撑,都是有模式作为中介,否则,不能称之为原理。

同样,建构性理论重在建构模式,但模式的提出既有原理的指导,又能通过实践而验证,否则,谈不上有效的模式。

同样,经验性理论具体实在,操作性强,但真正的实践,都是有理论指导的实践,都是可以建模的实践,否则就是盲目的实践、无序的实践,就算不上真正的经验。

经验、模式、原理,这三者互为因果,不可分割,表观独立,实质联系。这是对理论的一个理论思考,或称为“元理论”思考。

10 年努力会有成效

作者在教育的原理性理论方面,曾经有 10 年的潜心研究。

在研究撰写《控制论、信息论、系统论与教育科学》(1986)、《大教育论》(1990)、《系统科学与教育》(1993)这些专著的过程中,通过讲学,作者已感受到这些原理性理论对于专门从事教育研究的学者以及研究型的教师和研究生们有一定启发,但广大的中青年教师接受起来较为困难。作者认识到,必须将这些原理性理论转化为建构性理论,即要突出教育模式的建构。不是以论述教育原理为核心,而是以建构教育的模式为核心。

作者在教育的建构性理论方面,曾经有 10 年的认真探索。

在研究完成《教育模式》(1993)、《教育建模》(1998)、《课堂模式论》(2001)、《新教学模式之建构》(2003)后,通过讲学,作者又感受到这些建构性理论对于有经验的老教师容易接受,但许多新教师接受起来较为困难。作者认识到,必须将原理性理论、建构性理论转化为经验性理论,即要突出教育经验,突出操作方法,将原理和模式渗透其中,让更多的教师能学到手,可应用,有实效。

作者在教育的经验性理论方面,又有了 10 年的边教边学的研究。

从 2000 年开始,作者将研究的重点转向探索教育的经验性理论,即是将过去 20 年研究教育的原理性理论、建构性理论进一步普及化、大众化、简明化、通俗化,以更加可操作的形式展示出来,为教师的培训作出新的贡献。于是经过近 10 年的努力,完成《给教师的 20 把钥匙》(2007),《给学生的 20 把钥匙》(2010)。作者在参与教师培训活动中,最受教师们欢迎的是采用"经验—故事"培训模式。

"经验—故事"培训模式的特点是:给教师提供经验和实例,让大家在相互交流经验中受到启发。

教师应经常回答如下问题:①你在备课方面有什么经验? ②你在上课方面有什么经验? ③你在考试方面有什么经验? ④你在提问方面有什么经验? ⑤你在教育教学的其他方面有什么经验? 讲一条经验,要讲出一个与经验相关的故事。经验是经历过的事,是验证过的事,因此,经验的背后总有故事。经验大多是可操作的,故事大多是很生动的。"经验—故事"培训模式,很受教师欢迎。

本书题名为《50 年教学和研究之经验》,实际是将"经验、模式、原理"三者紧密结合起来,落实到可操作的经验上;但是,同样强调了理论原理和模式建构。作者不是简单地重复自己,而是不断追求超越自己。

教育系统是复杂系统。系统科学已深入到复杂性科学的研究,这必然深化人们对教育的理解。50 年来,作者一直在思索这个具有复杂性的教育科学。我们需要钱学森先生倡导的"集大成,得智慧,善创新"的"大成智慧学"的精神引导。

上辑

50年教学的20条经验

第一章　备课的经验

第一节　备课时要比较三套不同的教材

1. 备课时要对三套不同的教材反复比较,从而选择一种较适合学生的教学内容和方法。70%左右要适合正在使用的教材,30%左右要纵横渗透,综合整合,作相关发挥。备课有三备:一备教材,二备学生,三备问题。提高备课质量,是上好课的前提。

"三人行,必有我师焉,择其善者而从之,其不善者而改之。"(《论语·述而》)

"道生一,一生二,二生三,三生万物。"(《道德经·第四十二章》)

孔子的这段语录告诉我们:要虚心学习,要善于比较,要择善从之。老子的这段语录启发我们:道是可贵的,世界是发展的,我们要遵循大道,在发展中去创造。

● 备课时要对三套不同的教材反复比较

对于广大教师,比较容易得到的三套教材是:教师本人读书时学过的教材或已经教过的教材,这次课程改革前的教材,当前课程改革的新教材。作者的经验是备课时只用当前正在使用的教材是不够的,最好多比较其他的教材。对于老教师,要充分利用自己的教学经验,包括自己学过的教材和自己教过的教材。择其善者而从之,这可以有效提高备课的质量。

备课时要对三套不同的教材反复比较,从而选择确定一种较适合学生的教学内容和方法。这是可以做到的。

15

【故事】 给物理学教师的建议

1963 年,作者从西南师范大学物理系毕业,分配到成都七中,成为中学物理教师。当时,初中二年级开始课程改革,教材有较大的改进。我们学校有苏联的中学教材,对比一下,教材的结构很相似,例题和问题有所不同。1963 年版的初中《物理学》,比较好学,也比较好教。作者在教学中主要参考苏联兰斯别尔格主编的《初等物理学》(1948,1956)。这套教材是一个经典的教材,很有参考价值。在备课时,常常用老教材、新教材、苏联的教材三种教材来回比较。有比较,才会有鉴别;有鉴别,才善于选择,大大提高了备课质量。

以后的物理教学中,作者采用,同时也给其他物理教师推荐:备课时,以学生正在使用的教材为主,同时参看《PSSC 物理学》(美国物理科学委员会编写的中学物理教材)。这是一本有国际影响的教材,有些论述有创新。20 世纪 60 年代,我国发行了这本书的俄文译本,作者还专门购买了这本俄译本的《PSSC 物理学》:《ФИЗИКА》,MOCKBA,1965。同时,参看《HPP 物理学》(即《哈佛物理设计》,以后又改为《PPC 物理学》,即《物理课程设计》))。这一套中学物理学教材的特点是把物理学作为人类文化认识的过程来讲述,有相当丰富的物理学史的内容,有科学性也有人文性,读起来生动有趣。此外,还有英国中学物理革新教材《纳菲尔德物理学》(Nuffield Physics,1966,1970)。这一教材的特点是突出物理实验,强调问题探索。

1963~1966 年间,作者在教初中学生时,几乎把高中物理学的有趣的实验,都给初中学生演示了,目的是让学生对学习科学产生很大的兴趣。作者在教高中学生时,力求在课堂上演示更多的物理实验。这与作者在备课时,参考了苏联的教材密切相关。以后的教学和教学研究中,作者又较多参考美国、英国的教材,以及德国的教材。

● 70% 左右要适合正在使用的教材,30% 左右要纵横渗透整合发挥

为什么又要强调 70% 左右要适合正在使用的教材,30% 左右要纵横渗透,综合整合,作相关发挥呢?因为备课时必须以学生正在学习的教材为主,其他的教材只是参考,不能主次不分。在基础教育中,如果教师讲的内容大都是学生使用的教材中没有的,这不便于学生复习巩固,过犹不及;相反,如果教师完全按照学生使用的教材讲课,学生会评价教师"照本宣科"。须知,学生不喜欢

的教师,其原因之一就有"照本宣科"。

"照本备课",必然"照本宣科";"照本宣科",学生必然不喜欢。所以,按照优选法的比例提出:70%左右要适合正在使用的教材,30%左右要纵横渗透,综合整合,作相关发挥。

优选法中,对于单因素,在不限实验次数时,首选的比例是0.618和0.382。这就接近于三七开。我们在0与1之间选择时候,不要走极端,不要时而选择0,时而选择1。要取中庸之道,三七开,就是一种优选之道。

备课有三备:一备教材,二备学生,三备问题

教师在备课时三套教材来回比较,这是开放地备课。正在使用的教材有优点,也有不足。优点要发扬,缺点要补救。有涨落,即是有变革,不能按照教科书的安排,依葫芦画瓢地备课。备课也要开放、改革。

备课有三备:一备教材,二备学生,三备问题。如果备课就是仅仅按照当前使用的教材写教案,比较容易,也很稳定,这是处于平衡态。大家知道,处于系统平衡态或近平衡态,很容易又回到平衡态——这就很难进步,很难发展。有些教师教了多年,为什么学生还是不满意呢? 看一看他的教案,就知道了:几十年不变! 都照抄教材。这样当然不可能进步。

备课需要远离平衡态。因为,有效的备课除了备教材,还要备学生的实际,使之讲课有针对性;还要备作业、问题,使之有利于今后的复习、评价与考试,以及今后在生活和工作中的应用。这样的备课,就是远离平衡态。按照系统科学,这样才可能进步,才可能发展,才可能超越。

这里应用了系统科学的有序原理。

【有序原理】任何系统只有开放、有涨落、远离平衡态,才可能进化,走向有序。

有序原理适用于任何一个系统,教育系统也不例外。如果这一系统封闭起来,肯定不能进步,只能走向退化,走向无序。如果这一系统内外环境没有任何变化,没有涨落,这一系统也不可能进化。如果一个系统老是处于平衡态或近平衡态,这一系统很容易很快又回到平衡态,难于发展。从达尔文的生物进化论,到近代的统计物理学,特别是自组织理论,都启示和揭示了有序原理。

有序原理是系统进化条件的哲学表述。

这里也应用了教育的适应与超越原理。

> **【适应与超越原理】**教育一定要适应自然、适应社会、适应个性，才可能是面向现代的有效教育；同时，教育又要超越自然、超越社会、超越个性，才可能是面向未来的进步教育。教育要做到适应与超越的有机结合，适应是超越的基础，超越是适应的提高。

教育是培养人的社会活动。教学是教师的教与学生的学共同组成的活动。教学是教育的子集。任何教学都具有教育性。所以，教育学的原理总是适用于教学。备课的教案，一定要适应自然、适应社会、适应学生的个性。这个适应不是消极的适应，而是积极的适应，要在适应的基础上超越。这就要求备课的内容既由浅入深，又要引人入胜，有所创新。

维果茨基（1896—1934）在《思维与语言》等重要著作中①，提出"最近发展区"概念。他强调了教学在发展中的主导性作用，论述了教学的关键不在于通过训练强化内部的心理机能，而在于激发形成目前还不存在的心理机能。他提出只有走在发展前面的教学，才是好的教学。实际上，他提出了在适应的基础上，要超越。

【故事】 开放式的备课

2008 年，广东省教研室的语文教研组长，要我为广东省的中学教师讲如何教学生写作文。我感谢他的信任，但是对我来说的确是挑战，因为我在这方面没有系统研究。我写了以下这个讲课的提纲：写作的 20 条途径，讲一条，就讲一个案例。语文老师们说很有启发。我在这里只写出这些要点，请读者们自己加上案例，希望能够再增加几条。我是应用了系统科学的原理来备课，继承了我国的优良传统，又超越了一般的教学方法。

---

① 余震球：《维果茨基教育论著选》，北京：人民教育出版社，1994。

作文20法

（1）阅读与写作

阅读做笔记，模仿学作文。

读书破万卷，下笔如有神。

（2）日记与写作

坚持写日记，作文不恐惧。

生活有感受，自然会下笔。

（3）作文与修改

作文要写活，修改出佳作。

自改且互改，愈改愈快乐。

（4）作文与译文

译古文外文，提高白话文。

会通古与今，才是现代文。

（5）书信与作文

书信很实用，人生不可缺。

家信求职信，人人离不得。

（6）看图与作文

诗中有图画，画中有诗文。

直观又抽象，见物又见人。

（7）音乐与作文

文章有乐感，旋律就铿锵。

歌词融作文，节奏就响亮。

（8）成语与写作

成语用得当，文章即闪光。

勤翻工具书，典故切莫忘。

（9）格言与写作

学会用格言，作文出亮点。

言简意深邃，文采定斐然。

（10）作文之要诀

作文如其人，关键在做人。

要有责任感，精益再求精。

（11）作文与考试

作文得高分，常常是优生。

会读又会写，不会怕竞争。

（12）写作与传播

作文要传播，众人来评说。

佳作要发表，鼓励不可少。

（13）作文与鉴赏

写作是艺术，艺术要分享。

疑义相与析，奇文共欣赏。

（14）泛读与精读

读报读刊物，喜欢即泛读。

读小说专著，经典须反复。

（15）作文与戏剧

戏剧重动作，动作是体语。

口语加体语，表达更得体。

（16）作文与讲演

作文促讲演，讲演促作文。

口头练作文，效率可大增。

（17）作文与辩论

辩论须机智，语言讲灵活。

经常练辩论，一定有佳作。

（18）作文与远足

人生须远足，眼界愈宽阔。

行走万里路，激励自写作。

（19）作文与修辞

研读修辞学，作文很快乐。

语法搞明白，知识求渊博。

（20）作文与哲学

作文贵思想，逻辑强有力。

哲学来启迪，辩证出新意。

第二节 备课要遵循整体原理

> 2. 在假期中把新学期的课完全备好,包括各次考试的题目,要有一个整体的备课框架,然后才上课。最好的教学策略是按照"整体→部分→整体"进行教学。教师要尽量通读学生已经学过的教材和将要学习的教材。备课一定要"整体备课,纵横联系"。

"大学之道,在明明德,在亲民,在止于至善。知止而后有定,定而后能静,静而后能安,安而后能虑,虑而后能得。物有本末,事有终始,知所先后,则近道矣。古之欲明明德于天下者,先治其国;欲治其国者,先齐其家;欲齐其家者,先修其身;欲修其身者,先正其心;欲正其心者,先诚其意;欲诚其意者,先致其知;致知在格物。"(《四书·大学》①)

儒家经典《大学》一文,第一段就回答了"什么是大学之道"。很有整体感,而且将个人、家庭、社会、国家、世界联系起来。

上面这段话的意思很明确:做学问的道理,在于明白要发扬人们的美德;在于要革除旧习,勉作新人;在于亲近民众,回归生活;在于要达到德才兼备、天人合一的至善境界。学习要有明确的目标,才能确定努力的方向;有了确定的方向,心志才能清静;心志能够清静,情绪才能安定下来;情绪安定下来,才能够周全地思考;思考周全了,才能有所收获,取得成效。任何事物的发展都有原因和结果,都有开始和终结。知道什么该先,什么该后,就接近于把握事物发展的规律。中国传统文化中,人才成长之道的顺序是:格物、致知、诚意、正心、修身、齐家、治国、平天下。

杜甫的《绝句四首》是广德二年(公元764年)春,在成都草堂作的即景小诗。

---

① 《大学》原为《礼记》第四十二篇。宋朝程颢、程颐兄弟把它从《礼记》中抽出,编次章句。朱熹将《大学》、《中庸》、《论语》、《孟子》合编注释,称为《四书》。

《绝句四首》其三

两个黄鹂鸣翠柳,一行白鹭上青天。

窗含西岭千秋雪,门泊东吴万里船。

这首诗公认是一首好诗:对仗工整,一句一景,地上天上,近景远景,自然社会,很有整体观,有纵横联系。这首诗也有很多科学内容。杜甫这首诗是系统科学的整体原理的艺术表达。这首诗说明成都在一千多年前整个自然生态很好。黄鹂、白鹭等鸟类很多,柳树成荫。空气清新,能见度很高,能从窗户看到西岭雪山的积雪。同时,社会繁荣,交通发达,从草堂门外的江边乘舟,可直达万里之远的江汉平原、长江下游(古称东吴)。当今成都的整个生态还不如唐朝,所以,我们更应保护环境,建设西部生态屏障!

这里应用了系统科学的整体原理。

【整体原理】任何系统只有通过相互联系,形成整体结构,才可能生成整体功能。

● 在假期中把新学期的课完全备好

将整体原理应用于备课之中,这就要求:在假期中把新学期的课完全备好,包括教学目的、基本环节、讲授重点、难点处理、关键突破、讨论题目、演示内容、实验实习、习题布置、各次考试题目。要有一个整体的备课框架,然后才上课。最好的教学策略是按照"整体→部分→整体"进行备课,进行教学。

教师对所教学科,要先有一个整体备课,写出简要的全学年或全课程的教案;然后,才制订较详细的单元备课。不要备一节课,上一节课。没有整体设计的教学,其教学效率必然很低,一定要强调整体备课。每学期开学前一周,集中时间要求每位教师认真写出整体备课的教案,这个整体备课是初步的,但却是完整的。这种集中时间、整体备课,看来占用了一些时间,但实际效率是很高的。

教学发展的方式应当有一个转变。就像经济增长的方式,要从"粗放"型转变为"集约"型一样;教学发展的方式,也应当从"粗放"型转变为"集约"型。

在经济学上,所谓"粗放",即主要靠资本和劳动的投入,而很少依靠技术进步去增长经济;反之,所谓"集约",即主要提高劳动者素质,以及主要依靠技术进步去增长经济。

这启发我们:"粗放"型的教学,即主要依靠师生拼体力、占时间的方式发展教学,投入大、效率低;要转变为"集约"型教学,目的是为了提高教学效率和质量。遵循整体原理的备课,显然是一种"集约"型的备课,这既能提高教学质量,又能提高教学效率。

零散备课是"粗放"型的备课。备一节课,上一节课,这最容易照本宣科,枯燥无味。零散备课,时间加起来,备课的时间总量并不少,效率低;整体备课才是"集约"型的备课。每上一节课,教师总是从整体出发,用全部智慧来上好一节课。整体备课,一鼓作气,居高临下,备课的时间总量并不多,效率高。教师做好这个基本功,这对于教师创新备课,有极大帮助。

● 教师要尽量通读学生已经学过的教材和将要学习的教材

发给教师的教材,不仅是一学期的教材,而应当尽可能是全部所教学科的教材。教师越是有整体的教学观,其教学质量就越高。所以,建议教师要尽量通读学生已经学过的教材和将要学习的教材。教师要不断尝试用愈来愈少的时间,就保质保量地完成教学任务;教师要不断尝试教学有愈来愈大的整体,能让学生整体而有联系地理解所学的知识。

教师要纵向通读理解在小学、中学里他所教的这门学科的所有教材,这叫"纵通";教师还要进一步横向通读理解学生在小学、中学里学习其他学科的所有教材,这叫"横通"。做到纵横贯通,才可能进一步融会贯通,将知识、能力、态度、方法紧密渗透在一起,这叫"会通"。在基础教育中,教师对于学生所学教材做到"纵通"、"横通"、"会通",这是非常必要的,这是教师的基本功。

● 备课一定要"整体备课,纵横联系"

在整体备课中,要充分注意前后联系,即纵向联系,也要充分注意学科交叉,即横向联系。贯穿历史,即重视知识形成的过程。逻辑简明,即重视知识结构的生成。教师不仅要注意所教学科按照历史的发展过程,注意所教学科按照逻辑的演变过程,历史与逻辑要很好地统一起来,同时,还要注意与相关学科的相互联系。这既有历史的纵向联系,也有逻辑的横向联系。

纵横联系,不仅指在一门学科之内,而且指与相关学科之间的纵横联系。为此,中小学校图书馆里,应完整地放置2~3套全校学生正在用的全部教材,提供教师纵横联系时参考。教师要随时浏览其他相关学科的教材,这才能有的放矢,从学生学习实际出发,形成知识网络,增强教学功能。教师在整体备课中,重视纵横联系,在教学中便能体现出教学整体性和知识联系性。这样的教学既生动,而且效率高。

整体备课,才能确保整体教学;纵横联系,才能发挥整体功能。整体教学,就必须使教学内容有整体感,有整体才有力量;而不是将孤立零碎、毫无联系的知识,硬灌给学生。

教的最佳策略应遵循公式:整体→部分→整体;学的最佳策略也应遵循公式:整体→部分→整体。一节课(包括学科课、活动课、必修课、选修课、隐性课),是一个小整体;一个单元几节课,是一个较大的整体;一本教材或一门课程,是更大的整体。必须从更大的整体出发,来认识和理解较小的整体。

教师不仅要教学生如何学习"一节课"的内容,而且要教学生如何学习"一章"的内容,进而要教学生如何学习"一本书"的内容,甚至整个学科、几本书的内容;在其过程中,还必须纵横联系,了解历史发展及其与相关学科的关系。

从低年级到高年级,要逐步推进对学科整体的理解。开始是较小的整体,然后是较大的整体,目标是掌握较完备的整体。这正如建造一座大厦,要从总体设计出发,进行施工。这样效率高、不返工,事半功倍;反之,则会事倍功半。

上述教学经验,完全可以体现在教学中。它不是纯抽象的论述,是可以具体操作的。虽然不同学科的教学在具体操作时有所差异,需要设计不同学科的整体教学法;但是,共性是一致的,即都要重视:有整体的备课,有整体的教学;有联系的备课,有联系的教学。

学生最不满意什么? 最不满意教师"无责任心,无进取心,不学无术,照本宣科"。一些教师明明知道学生讨厌教师"照本宣科"、"满堂灌",为什么在教学时,仍然"照本宣科"、"满堂灌"呢? 这是因为备课时不注意前后联系、突出重点,又不注意左右联系、有所发展,导致书云亦云、毫无创见。

中国古人早就知道了"尽信书,不如无书"。现代的教师,何苦"照本宣科"呢? 从根本上讲,一位教师如果认真做到整体备课,纵横联系——在教学过程中,体现出整体、联系,学生就不会认为是"无责任心,无进取心,不学无术,照本宣科"。这样,教学效率和教学质量就会是高的。

【故事】　给教育硕士研究生班讲课

作者给西南师范大学(现在已改名为西南大学)的博士研究生开设了一门课:系统科学与教育,给西南师范大学的硕士研究生班开设三门课:"教育建模"、"新教学模式之建构",以及"给教师的 20 把钥匙"。此外,作者还给中国科学院成都分院的硕士研究生开设了一门必修课:"自然辩证法"。作者都是首先按照整体原理,备好全部课程,然后才上课。包括考试题目都是备好了的。这样的整体备课,不仅教学效率较高,而且教学质量也较好。

例如,作者给教育硕士研究生班讲"给教师的 20 把钥匙"。一开始就让学员用 1 小时的时间回答以下 20 个问题:

1. 对您影响很大的教育论著有哪三本?(教材除外,写出作者、书名。)

2. 在您所教学科中,对您影响很大的专业论著有哪三本?(教材除外,写出作者、书名。)

3. 您最满意的论文或论著是哪三篇(本)?

4. 您认为教师最重要的师德有哪三点?

5. 您喜欢的教育名言是哪三句?

6. 您认为学生最不喜欢的教师有哪三项缺点?

7. 您最喜欢的老师对您影响很深的有哪三条?

8. 您给学生的鼓励性的赠言有哪三句?

9. 您认为优秀教师最重要的素质有哪三条?

10. 您认为优秀校长最重要的素质有哪三条?

11. 您认为优秀家长最重要的素质有哪三条?

12. 您认为优秀学生最重要的素质有哪三条?

13. 您在教学中好的经验有哪三点?

14. 您经常采用的教学艺术有哪三项?

15. 您经常采用的教学技术有哪三项?

16. 您对品德不良的学生常常采用的教育策略有哪三点?

17. 您对成绩很差的学生常常采用的教学策略有哪三点?

18. 您对心理素质差的学生常常采用的教育策略有哪三点?

19. 您经常选择的教学原则有哪三种?

20. 您经常采用的教学模式有哪三种?

上述 20 个问题,没有标准答案。每位学员回答的内容不会相同。但是,从答卷可以明显看出学员的整体水平。在学员回答完之后,我当场评论一位答得较好的答卷。并且,宣布课程完毕后,交上他们重新修改过的答卷。这就是这门课程的最终考试。学员要答好这 20 个问题,必须通读《给教师的 20 把钥匙》一书,而且,必须认真听讲,还要与自己的教学实际结合起来。学员心理压力不大,又乐于学好这门课程。

重点讲什么呢? 就讲"40 年教学的 20 条经验"。主要讲经验本身,不急于提升到系统科学原理和教育科学原理的高度。这是从学员的实际出发,如果强调这些原理,较难,较多的学员不大理解,反而冲淡了重点和关键。作者在教学中是将这些原理渗透在经验之中,很少点明这些原理本身。但是,当学员学完这门课程之后,慢慢就会理解这些原理。这些都得益于采用整体备课、纵横联系的方法。

第三节　备课要明确精讲与不讲

3. 备课要掌握教材的整体结构,要深入了解学生的现状与需求。广泛搜集相关资料,合理取舍讲课的内容。只能讲授学生可能懂的内容,不能讲授学生无法理解的内容。详讲、略讲、精讲、学生自己讲,都要交替灵活应用。

"君子既知教之所由兴,又知教之所由废,然后可以为人师也。"(《礼记·学记》)

"君子知至学之难易,而知其美恶,然后能博喻。"(《礼记·学记》)

《礼记·学记》中的上述两段话的意思是:

好的教师既要懂得使教学取得成功的方法,又知道导致教学失败的原因,然后可以做别人的老师。

好的教师既知道为学之道的深浅难易,又知道学生的优点与不足,然后能做到因材施教。

教学的经验主要应用的系统科学原理是反馈原理。

> **【反馈原理】**任何系统只有通过信息反馈,才可能实现有效控制,从而达到目的。

教学是一个系统,在这个系统中,主要的人是教师与学生。教师是教学的主体,学生是学习的主体。教学总要达到一定的预期目的,也会达到上课随机生成的目的。总之,有教学目的,要达到教学目的,必须有反馈。

● 备课要掌握教材的整体结构，要深入了解学生的现状与需求

备课要掌握教材的整体结构,要深入了解学生的现状与需求。这是备课要"三备"的具体化。教材的整体结构是比较稳定的,在相当长的时间内不会发生突变。但是,学生的现状与需求,每一年都会有变化。教材的整体结构,并不一定就是教学时教师采用的教学结构和教学过程,两者有联系又有区别。

教师要根据教材的整体结构和学生的现状与需求,尽量简化教学的结构,优化教学过程,力求做到"大道至简,大用流行"。

这里应用了系统科学整体原理。

> **【整体原理】**任何系统只有通过相互联系,形成整体结构,才可能发挥整体功能。

● 备课要广泛搜集相关资料，合理取舍讲课的内容

教材一般都编写得较为精练。教师要使教学容易领悟,生动有趣,密切联系生活和生产的实际,必须广泛搜集相关资料。现在,有了电脑和网络,在信息的海洋中搜集相关的教学资料,已经变得较为容易。关键是:既要大量搜集,更要学会选择。

教学中需要增加生动的实例,穿插有趣的故事,选择恰当的多媒体材料来播放,展示艺术品供学生鉴赏。但是,绝不能用资料来代替教材。因为,教学必须有预定的教学目的,合理取舍讲课的内容,就是要从实际出发,抓住主要矛盾,力求较好地达到预定的教学目的。

有经验的教师,除了重视达到预定的教学目的之外,还会善于处理课堂上

学生随机发生的问题,以便达到随机生成的目的。这也需要教师在备课时,有所预测,有所准备。有备无患,给学生意外的惊喜,这是一种教育的智慧。

● **只能讲授学生可能懂的内容,不能讲授学生无法理解的内容**

这是一条朴素的真理。但是,真正做到还是不容易。有的学科教材,为了生动有趣,在基本内容之外,增加了一些"窗口"、"开口"、"接口",这些内容不一定要让学生掌握,学生了解、知道就行了。如果追根究底,将涉及较为深奥的概念和原理。而这些概念和原理,又是这一水平的学生无法理解的内容。对此,教师选择的最好策略,就是回避,就是不讲。如果教师担心学生误解他,一定要去"硬讲",通常是适得其反。

例如,小学生可以建立"重力"的初步概念,但是,很难形成"重心"的概念。初中学生可以建立"场"的初步概念,但是,很难形成"熵"的概念。高中学生可以建立"对称"的初步概念,但是,很难理解"对称性原理"。如果教师一定要给小学生讲"重心",给初中生讲"熵",给高中生讲"对称性原理",往往浪费了大量时间,学生仍然云里雾里。

● **详讲、略讲、精讲、学生自己讲,都要交替灵活应用**

备课时要确定:哪些内容学生容易理解?哪些内容学生较难理解?哪些内容学生无法理解?哪些内容教师必须讲?哪些内容可以让学生自己讲?详讲、略讲、精讲、学生自己讲,都要交替灵活应用。

基础教育阶段要提倡教师精讲,同时,一定要让学生有自己讲的大量机会。教师讲课的最终目的是教师不讲,有的学科,特别是文科,应当尽早让学生自己讲。理科内容,也可以适当让学生参与讲课,例如,师生一起做演示实验。一方面,可以提升学生的自信心;另一方面,教是最好的学,这是提高学生能力的有效方法。

【模式建构】

从教学论发展看,"交流—互动"是教学的基本模式。在教学中通过交流与互动,才可能使教学的信息及时得到反馈,从而使教师和学生及时调整,以便较好地达到教学目的。

从小学、中学到大学的课堂教学,其教学模式在发生变化。这个变化与从古代、近代到现代的课堂教学的发展有相似之处。

——启发模式(C1 表示):师生问答,启发教学。

基本教学过程是:提问→思考→答疑→练习→评价。

中国古代的教育家孔子、古代希腊的教育家柏拉图,他们留下来的教育经典,大多以问答形式表述。这种教学模式下,师生是直接进行一对一的交流互动。

——授课模式(C2 表示):教师为主,系统授课。

基本教学过程是:传授→理解→巩固→运用→检查。

夸美纽斯的班级模式和赫尔巴特的阶段模式,为授课模式奠定了实践基础和理论基础。教师水平高,教材选得好,学生能适应,采用授课模式能提高课堂教学的效率。反之,教师水平低,教材选得差,学生不适应,采用单一的授课模式教学效率并不高。如果注意师生之间的"交流—互动",授课模式也能发挥相应的功能。

——自学模式(C3 表示):学生为主,自学辅导。

基本教学过程是:自学→解疑→练习→自评→反馈。

杜威强调"从做中学",重视学生自己学习和自己体验。蔡元培提倡学生"自动、自助、自学"。在课堂教学中的自学模式,不是孤立地自学,而是有教师指导。有针对性指导的自学,效率才高,仍然需要师生"交流—互动"。

——合作模式(C4 表示):互教互学,合作教育。

基本教学过程是:诱导→学习→讨论→练习→评价。

陶行知主张"即知即传"、"自觉觉人"、"教人者教己"、"小先生制",体现了合作模式的特点。在前苏联和美国均有一些教育家提倡"合作模式"。在"合作模式"中,师生之间平等的"交流—互动"是必不可少的,否则难以合作。

——研究模式(C5 表示):问题中心,论文答辩。

基本教学过程是:问题→探索→报告→答辩→评价。

研究生教育中,大多采用此种教学模式。这种教学的关键是问题的确定。硕士生选择的问题,大多是导师可以解决的,让硕士生在导师指导下去解决该问题。博士生选择的问题,必须是人们尚未解决的、有较大意义的问题。这个问题不一定是导师能解决的,需要师生合作,共同研究,方能有所突破。在中小学教学中,也可以孕育和渗透研究模式。同样,选择什么问题是关键。这种教学模式要紧紧围绕有待突破的问题,进行广泛的"交流—互动"。

从教学论看,教学过程是教师与学生之间"交流—互动"的过程。在教学过程中,教师要发挥主导性,学生要发挥主体性。采用不同的教学模式,教师和学生之间关系耦合的强弱和性质有所不同。"耦合"是指两个或两个以上的系统之间因相互作用而彼此相连的现象。

上述5种教学模式是一个发展序列。从C1、C2、C3、C4到C5,学生学习的主动性愈来愈强,体现了教是为了不教、教是最好的学这一规律;从C1、C2、C3、C4到C5,教师的主导性愈来愈深化,体现了教是为了发展、教是为了创新这一规律;反过来,从C5、C4、C3、C2到C1,学生学习的活动性愈来愈强,体现了认识起源于活动这一规律;从C5、C4、C3、C2到C1,师生的耦合性愈来愈强,体现了认识的基础是主客体相互作用这一规律。从教学论看,"交流—互动"的确是教学过程的核心。

"交流—互动"是教学过程的核心,这是一种新的教学过程观。为什么要建构"交流—互动"教学模式? 最主要的原因是:在小学、中学、大学的课堂教学中,单向地由教师向学生传播知识,这种注入式的教学模式仍明显存在。一些教师迷信自己讲。有的教师说:"我的教学策略就是讲,学生不懂,又讲! 还不懂,再讲!"这不见得是有效的策略。课堂教学中"教师讲"当然是必要的,但决不应该教师一讲到底。如果在了解学生实际的基础上,有针对性地讲,这是必要的。如果仅仅是注入式的讲授,教学效果不会是好的。

"单向—注入"的教学模式,其相应的教学过程观是:教师讲是教学过程的核心,这显然是一种落后的教学观。这种教学过程观,将学生的学习过程看成被动的他组织,而不是主动的自组织;把学习过程看成信息量的积累,而不是质的建构过程。这明显违反了认识起源于活动、认识的基础是主客体相互作用、教是为了不教、教是为了发展这些认识论和教学论的规律。针对注入式教学的种种问题,有必要建构"交流—互动"教学模式。[①]

【故事】 应用整体原理备课讲课

教育部西部创新平台计划"资源环境可持续发展与人才战略"博士论坛,2010年9月22日在成都理工大学举行。论坛邀请作者作特邀报告。报告的题

---

① 查有梁:《"交流—互动"教学模式建构》,《课程·教材·教法》,2001年,第4期~第5期。

目是:《西部人才战略之我见》。作者按照整体原理备课,也按照整体原理讲课。第一张投影片就展示了报告的全部内容:

一、科学发展观,是西部人才战略的指导思想

科学发展观的基本表述

科学发展观与科教兴国战略

科学发展观与人才强国战略

科学发展观与可持续发展战略

二、西部人才战略,要将"三大战略"整合起来

三、西部人才战略,要重视培养创新杰出人才

四、西部人才战略,要重视高技能人才的培养

第四节　用课后的反思提高备课质量

4. 每次上课后,要及时记下自己成功之处和不足的地方。要写教学日记,随时总结经验,自觉进行反思。要及时将教学经验上升到模式建构,从个别上升到一般。随时听取学生对教学的意见,提高备课质量,及时改进教学。

曾子曰:"吾日三省吾身。为人谋而不忠乎? 与朋友交而不信乎? 传不习乎?"(《论语·学而》)

每一天自我反思三项内容:"为别人办事是不是尽力了呢? 同朋友交往是不是做到诚信了呢? 老师传授给我的学业是不是复习了呢?"曾子的这一句话,成为中国知识分子做人、做事、做学问的一个基本态度。

"学然后知不足,教然后知困。知不足,然后能自反也。知困,然后能自强也。故曰:教学相长也。"(《礼记·学记》)

《礼记·学记》强调:无论教师还是学生,都应当自我反思,自强不息。作者在继承的基础上发展一步,对现代的教师,理当加上"研"。教学毕竟是艺术,艺术必须追求美。于是可以这样说:"学然后知不足,教然后知困,研然后知

31

美。知不足,然后能自反也。知困,然后能自强也。知美,然后能自创也。故曰:教学研相长也。"自我反思有利于自强自创。

"从个别东西开始的一切推理形式都是实验上的和以经验为基础的东西。"(恩格斯:《自然辩证法》)

"经验自然科学积累了如此庞大数量的确实的知识材料,以致在每一个研究领域中有系统地和依据其内在联系把这些材料加以整理的必要,就简直成为不可避免的。建立各个知识领域互相间的正确联系,也同样成为不可避免的。因此,自然科学便走进了理论的领域,而在这里经验的方法就不中用了,在这里只有理论思维才能有所帮助。"(恩格斯:《自然辩证法》)

恩格斯既重视经验方法,又指出经验方法有局限性,必须上升到理论思维。反思就是提升到理论思维的一种有效途径。

● "成长 = 经验 + 反思"(美国心理学家波斯纳)

波斯纳认为:没有反思的经验是狭隘的经验,至多只能是肤浅的知识。进而,他提出一个教师成长的有名的公式:成长 = 经验 + 反思。

哈佛大学教授加德纳同样重视反思,他将反思列为人的八大智能之一。

每次上课后,要及时记下自己成功之处和不足的地方。

【实例】 教学反思手记

1963 年 9 月 1 日,作者开始在成都七中担任中学物理教师。每天上完课后,都自我反思,从正面和反面总结教学经验。经过一年教学,写了教学(反思)偶记 89 条。这对作者的教学水平提高,起了重要作用。下面就是当年的"教学(反思)偶记"的原文。

教学(反思)偶记(Ⅰ)(1963 年,9 月～12 月)

1.在教物理时,必须了解学生的数学水平,要经常有意识地应用学生已学过的数学知识;另一方面,还要适当加些学生可接受的数学知识。这样就可消除学生在学物理时的数学困难,进而容易领会物理规律。

2.教师在课堂上不仅应当教知识,而且应当教方法,指导学生如何学习;与此同时,还应经常督促学生,更重要在于鼓励学生,鼓励他们顽强地学习。

3.通过教学应当把知识交给学生,做到知识过手,必须使学生一懂二会三熟。

4. 例题要举得恰当,不多不少,具有代表性,能说明问题。例题过少,则所得的结论就软弱无力,或者应用不全面。例题过多,则陷于繁杂累赘,使学生抓不住要点。

5. 教师应该抽时间将所教的学生曾经学过和正在学习的各学科的课本读一读。在教课中尽可能结合本学科知识,与别科联系起来。例如,数、理、化之间就有紧密联系;而各学科均与语文有紧密的关联,因为每一门科学都是用语言表述的;我们在教书的同时还应教人,因而了解政治课的内容也有必要。在教课中能经常结合本学科引证别的学科的内容。这样可使学生知识灵活,眼界宽阔。只要联系得恰当,不仅不会影响本学科的教学,相反,还会大大促进学生学习的趣味,培养辩证的思维能力,避免形而上学。

6. 不要觉得学生的纪律不好,其实只应该怪自己没有掌握教学艺术;不要以为学生笨,其实只应该怪自己笨。不要以教师的观点来要求学生,最好设想自己是学生时是怎样的。要求学生固然应该严格,但不宜作过高要求。要点在于:关心学生、热爱学生、要有耐心。

7. 关于学习方法问题,我给学生提出了六点要求:

①专心听课,记好笔记,及时复习,然后做题;

②独立思考,先下苦功,不懂要问,直到真懂;

③认真实验,细心大胆,动手动脑,追究根源;

④每章教完,系统复习,写下要点,牢牢记忆;

⑤不怕困难,反复钻研,败不自卑,胜不自满;

⑥循序渐进,由浅入深,不要急躁,不要停顿。

8. 引入课题的目的是使学生了解学习课题的必要性和重要性,使学生迫切地需要知道这些正要讲解的知识。引入课题要自然,过渡要轻松。在转折点处要灵敏,避免生硬。

9. 语言要干净,清除语病,逻辑性要强,要生动恰当。在启发学生思维时,要善于提出恰当的问题,问题要提明确。

10. 关于学生的课堂笔记,提出四点要求:

①用蓝墨水写,用红笔勾出重点;

②本子整齐,大小合宜,纸张一般;(太好了,使你束手束脚;太坏了,使你看不清楚。)

③笔记要依讲授次序记,要完整,缺了要补齐;

④课堂笔记要经常复习,必要时应当加以整理。

12.精讲多练,经常检查,练习的方式要多种多样。基本功要练扎实。基本概念应当在理解的基础上背得熟,用得来。学生听懂了而又做不出题,是还未真懂的表现。

13.在教学中应当避免使用学生还不懂的语言,以免分散学生的注意。

14.要培养学生学习的自觉性,教师本人就应当对教学有高度的自觉性;要培养学生学习的兴趣,教师本人就应当对所教的课程有很高的兴趣与研究。

15.讲解定义、定理、定律等,在关键的地方要分析一下语法,使学生更进一步地掌握语言的表述。正确地指出句子的主语、谓语、定语、状语等等,对学生的理解和记忆大有帮助。

16.老师认为重要的地方,要千方百计使学生也认为是重要的地方。

17.要使学生感到学习的愉快。要有意给学生布置"障碍物",先让学生自己去越过,当学生不能越过时,又要帮助他越过去。总之,应使学生感到学习有困难,但只要努力,就能克服。

18.知识的种子不可播得太密。教一次课不可过多,做一次练习不可过繁,考试不可过浅过深,对学生的要求不可过严过急。

19.人的记忆在单位时间内是有限的,不要什么都叫学生记,只应当要求学生记主要的,记应当记得的。零散的记忆容易忘掉,但一旦与其他知识联系起来记,常常是把两者都一齐记得很巩固。例如,学外语不要只是孤立地去记单词,若与生动的课文联系起来,则不仅单词记得了,所写的内容也随之被记住。

20.学生不懂,有疑难,要启发学生正确地提出问题。当学生的问题还提得不明确时,不要忙于去回答,要千方百计抓住学生的疑难处在哪里,一定先要抓住学生的观点,然后针对问题加以解决;不然的话,费了力气不讨好,问题仍然解不了。

21.课内讲解得不清,教不好;课外辅导得不够,教不好;引导学生钻的方向偏了,教不好;不抓基础,不反复练,教不好;讲的内容在程度上脱离学生实际,教不好;在教学中讲不透彻的问题,硬要去讲透,教不好;讲得多,练得少,教不好;轻视课本,不引导学生认真读书,教不好。对差的学生耐心不够,帮助不够,了解不够,教不好;不根据学生存在的问题去教学,满足于已有的点滴成绩,教不好;急躁,一天就想教出一百个秀才,不循序渐进,教不好;课外辅导不因材施教,都给一样多的东西,或者好的不能满足,或者差的消化不了,教不好。

22.学校领导对教学的意见:备课是根本,教课是中心,课后辅导是必要的,精讲多练,抓基本知识和基本训练。

23.应当与学生接触,了解、掌握学生变化着的情况,及时搜集学生的反映,及时发现问题,及时加以解决。

24.教学要注意实效。

25.对成绩差的学生的作业和试卷做到当面批改,效果好。要随时增强差生的学习信心,要加强督促也要多加鼓励,只要有点进步就必须给予肯定。

26.教学的六个环节是:备课、上课、实习实验、课外辅导、作业批改、成绩考查。

27.教学中孤立地补充一些知识是没有好处的。补充的一定要与其他知识有联系,有助于学习必须要掌握的知识。补充的内容对学生以后的学习好处不大,又加重了学生的负担,就一定不要补充。

28.首先要解决学生在基础知识上不足的地方,不要忙于补充高深的难以掌握的知识。

29.经常摸底,问题要找准,才能解决学生真正存在的问题和真正迫切需要解决的问题。

30.反复讲解是必要的,不要嫌学生笨;反复练习是必要的,不要嫌进度慢;反复检查是必要的,不要嫌麻烦。

31.讲第三章,要经常提到一、二章的内容;做第三章的练习,要掺杂一、二章的习题,要使学生的知识能搬家。

32.不要幻想通过一次辅导就解决了所有的问题。一次只能解决一个或几个问题,问题在不断发生,要不断加以解决。

33.老教师谈教学:备课要有三备:一备教材,二备学生,三备作业。教学要做到教懂、学会、记牢、用熟。①教师与教材的关系(前提);②学生与教材的关系(结果);③教师与学生的关系(由前提→结果)。

34.老教师谈教学:教学上要发挥主观能动性;要争取学生的信任和依靠;师生关系要搞好,课内课外要结合好;要调动学生学习的积极性;对成绩不好的学生要分析原因。

35.应按照学生已学过知识的叙述方法来加以表述或引用,不要把一样东西用几种说法来表述,避免学生混淆。例如,在物理学上应用数学知识,最好按照学生在学数学时的表述法来引用,避免错觉,加强各科之间的联系。

36.老教师谈重点和关键:教材中的重点是死的,是由教材本身决定的;教材中的关键是活的,是由学生实际和教材内容及教师的经验所决定的(其中决定于教师的教学经验是我加的)。重点和关键都是由教材决定的,具有一定程度的稳定性,只是难点才是相对的,可变的。

37.把学生的成绩进行分类,针对具体情况来解决。在辅导差生时目的要明确,辅导既有讲解,也要有学生的练习和评讲。对成绩好的学生要防止他的自满情绪,对成绩差的学生要加倍关心。

38.在讲例题之前,先将例题作为测验题考学生,使学生积极思维,然后再进行讲解。等学生思考之后再讲,效果好些,尤其对那些解不出的学生,更是使他聚精会神地听讲,这种测验叫假测验,是促进学生积极思考的一种办法。这种既动脑又动手的积极思考,比那种只动脑却不动手的积极思考要好些。对数学、物理的问题,只是空想往往解决不了,动一动笔,画出草图,写出公式,列出方程,这有利于正确地思考。

39.复习应当"有骨有肉",既要串系统,归纳;又要举例题,讲解综合性的应用。

40.在知识学得很多的情况下,要预防学生学习的知识之间的相互干扰,要帮助学生解疙瘩。

41.对初中的学生应重视演示,在期末复习时重复做过的演示,边演示,边讲解,这使学生更容易捡回忘了的知识,更直观、更深刻。

42.做了实验,一定要学生回答一些问题,这才能巩固所做过的实验,真正达到实验的目的。

教学(反思)偶记(Ⅱ)(1964年,2月~6月)

43.培养学生认真读书的习惯,教会学生正确读书的方法,帮助学生克服读书的难点,是教师经常的任务。

44.有些学生怕问答题,不善于用清楚的语言阐明具体问题。其原因有二:(1)知识没有学通;(2)没有充分思考。在叫学生口答问答题时,不要忙于抽学生回答,要叫学生充分思考,想清楚,必要时甚至可写一个回答提纲,这样效果好些。如果抛出问题后,立刻抽一个学生回答,其他学生也就立刻放松了思考。应耐心地等一等,让学生有充分的时间思考,是必不可少的。

45. 学生做实验时,实验前的准备和合理的步骤,必须严格要求。

46. 虽然在教物理,必要时也应当作语文教一教,带领学生逐句读书,分析难懂的句子,甚至可略谈分段的大意和各段的逻辑联系,从而使学生进一步理解语言中所叙述的物理内容。

47. 首先摸清学生存在的问题(思想问题、身体状况、知识水平、思维方法等等)。针对存在的问题,探索较好的解决方法,才会行之有效。

48. 哪怕课备得很熟,在讲课之前也应当再浏览一番,回忆一下;板书要预先安排好,不要乱画,这对养成学生整洁、简练、美观等习惯是重要的,而整齐、简洁的形式,是清晰的合逻辑的表达所不可缺少的。符合逻辑的表达乃是阐述问题的基本要求。

49. 搞好师生关系是重要的,对教好学生要有信心,要经常暗暗地鼓励自己,也要经常热情地鼓励学生。对学生不要太严厉,以致使得学生恐惧;也不要对学生过分亲切,以免使得学生随便乱来。

50. 空间是没有边的,时间是没有限的;学问是无止境的,教学艺术难道会有顶点吗?

51. 抓住教材的特点和系统、掌握新大纲的精神实质,开动脑筋,创造办法,又要及时总结收获和体会,这对我们新教师来说是更为重要。

52. 让学生思考的问题应当恰当,决不要把学生引偏了,随时注意练习基本功,也应注意基础巩固之上的适当提高。

53. 深入学生,了解下情,是做好班主任工作的第一步。要为学生考虑实际困难,在日常的生活和劳动中以自己的模范榜样,生动地教育学生。要经常总结。

54. 给学生补课时一次不要补得过多,分量要与补课学生的接受能力大致平衡。讲了,还应及时练;练了,还要及时检查;查了,还要及时补缺,直到真的搞懂为止。不要贪多,不要急躁。

55. 要经常触发学生学习的热情,要使他们懂得所学知识的重要性,要使他们感到掌握这些知识是必须的,这是调动学生自觉地、主动地学习所不可少的。一开始教书我就常把"重要、重要"挂在口边,以致学生们说:"这也重要,那也重要,还是都重要。"我想这也不好,应当是通过具体的生动的实例阐明其重要性,让学生真的体会到重要,而不是教师硬加上的重要。

56. 精讲,要求教师充分地思考,认真地备课,周密地布局。繁讲,是教师思考得不充分的产物,是教师卖弄知识的产物。精讲有利于学生掌握知识,繁讲是条害人虫。

57.要以非常客观的态度来做演示实验。如果有虚假而又会被学生发觉,那是完全的失败。

58.在讲课中结合着讲解的内容,在恰当的时候,抛出有趣的问题让学生思考,是活跃课堂、调动学生积极思维所必需的。

59.各科之间的联系和相互关系,是有研究价值的课题。

60.重视演示,通过实验而总结出知识(不完全归纳法——不严格——但又只能这样),应当经常注意与有趣的有价值的实际问题相结合来讲解知识。

61.做了实验,还应当让学生思考一些问题,回答一些问题,这样才能巩固做实验所获取的知识。只想不做,不对;只做不想,也不对。

62.先教会一部分学生做好实验,然后让这部分学生去教会其他学生做好实验。要督促人人动手,避免少数人包办,一些人偷懒。

63.复习时,既要整理系统,便于记忆;又要列举实例,讲解应用。孤立的知识难于记忆,但一旦系统化了,彼此联系起来了,就容易掌握;仅仅是系统的知识仍然比较枯燥,但一旦应用于实际,与具体问题联系起来,那就会无比生动、形象、有趣。

64.问题和实验相结合,互相验证,使学生学会从实践中总结知识;同时又用知识去解决实际问题。

65.通过具体问题,培养学生分析问题的能力,是很重要的。学生一旦掌握了分析法,解决问题的能力将大大提高。每章教完,先让学生自己总结一下本章的内容,这对培养学生的概括能力是必要的。(分析、综合、概括、比较)

66.在讲课中,根据具体情况,使用较严格的逻辑方法是必须的,这有助于培养学生的逻辑思维能力。初二新编物理教材中,在讲到"在平衡力的作用下物体的运动"时,举了几个作匀速直线运动的例子,说明都是在平衡力的作用下运动的,因而得出"在平衡力的作用下,物体保持匀速直线运动状态"。这种不完全归纳法的应用,在这里显得很不严格。如果进一步作如下的论证,学生能接受,并且较严格,论证如下。

由于力是改变物体运动状态的原因,如果相对于地面静止的汽车受到一个足够大的牵引力之后,改变了运动状态,相对于地面开始了运动。运动着的汽车受了两个力:牵引力 F,阻力 f。

如果 F > f 则运动加快

如果 F < f 则运动减慢

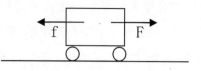

如果 F = f 则既不加快,也不减慢,就
保持原有的速度作匀速直线运动。

这就说明了"在平衡力的作用下,物体保持匀速直线运动或静止状态"(对静止状态可作同样的论证)。

67. 教师应当有一个教师的作风:乐观、热情、有耐心,处理问题要恰当、公正、严格;在学生中又要放得下架子,与学生在平常时候有说有笑、态度自然,有缺点有错误就要承认,并且要及时改正。

68. 在教学中要注意由具体到抽象(由实验到规律,由数字到文字),必须依靠生动的实例、形象的实验去加深学生对抽象的概念和规律的理解。

69. 启发式的教学的特色在于引起学生积极思维,引导他们去探索答案,触发他们渴求知识的愿望,促使学生主动地去索取知识。

70. 育才中学的经验:紧扣教材、边讲边练、新旧联系、因材施教,其结果是教得活泼、学得生动,减轻了学生的负担,又提高了教学质量。这对我的想法"只有加重学生负担,才能提高教学质量"是一个大的冲击。虽然我也亲身体会到学生的负担过重了,有损他们的活动和身心健康,也知道教师要有全局观点,不要只顾自己所教的课程,然而总以为:学习就是要花许多苦功夫、硬功夫才学得好,认为负担重才好。这错了,忘了除智育外,德育和体育也是同等重要,过多地考虑智育,这是片面理解党的教育方针的结果。

71. 让学生带着问题来学习,才能发挥他的学习的主动性。

72. 有些时候,教课前先让学生看书,然后根据学生的实际,突出重难点,讲清关键。不要平均使用力量,着重讲清学生不懂的地方。

73. 育才中学的经验:

紧扣教材——反对添油加醋,要求按照教材内容进行教学;

边讲边练——在讲课时有讲有练,根据不同的教材、不同年级,进行不同形式的讲练;

新旧联系——教师要从学生原有知识基础出发,学生懂的知识不多讲,学生不懂的知识要讲清楚。发挥学生温故知新的能力;

因材施教——要承认学生的差别性,使学得特别好的学生能够出类拔萃;使大多数学生能够达到应有水平,学有余力,发展个人的兴趣爱好。

74.学生学习负担重的原因何在？起初我认为有以下几点：

①部分学生，上课不认真，贪玩好耍，做作业感到困难，叫负担重；

②部分学生钻劲大，总想争100，不惜熬夜，显得负担重；

③各科老师作业配置不合理，时多时少，多时，学生完不成，叫负担重；

④考试太频繁，学生应付不下，过度紧张，叫负担重。

以上的看法是极其表面的，没有看到根本的问题。根本原因是课程的设置、考试的办法、教学的方法不合理，而片面追求升学率的思想则是直接原因。

75.讲课中应当充分让学生思考，充分让学生练习。讲与练，要结合，教师与学生要联系紧密，课内与课外要配合好。

76.由概念的分析，去讲解习题；解算了习题后要抽出概念和规律，巩固牢靠。孤立地分析概念和规律是枯燥的，一经和应用结合就会获得新的生命。

77.学生学习的主动性和自觉性，需要由教师教学的主动性和自觉性去诱导。学生发挥出主动性，更需要教师发挥主导性。

78.要随时想到教育方针——教育为无产阶级政治服务，教育与生产劳动相结合。要随时想到培养人的目标——培养德、智、体全面发展的有社会主义觉悟的有文化的劳动者。

79.有时可先提出问题，然后让学生带着这些问题，有的放矢地读课本，最后再讲解难点、关键，有时也可提出问题让学生讨论，然后针对这一问题评讲。

80.物理公式的物理意义，一定要结合实例，阐述明白。

81.复习课既要有讲，又要有练，既要串系统，又要有重点。在讲重点中，理出系统，在整理系统中，突出关键。

82.要让学生多思考有价值的问题，不要引导他们去钻牛角尖。

83.讲课中要突出重点。要显得目的性很明确。目的要显得十分清楚，但不要支离破碎，应当是一个问题紧扣一个问题，合乎逻辑，适应学生思维的正常顺序。直观的教具应尽可能地充足，但不要为直观而直观，要从直观达到抽象。

84.一般要与具体结合，公式要与实例结合，字母要与数字结合，才便于学生理解。（符号要与文字结合、语言要与符号结合）

85.要充分强调理论的实践基础(避免唯理论)；要鲜明强调理论的指导意义(避免经验论)。

86.要清楚地指明讲解的问题是什么，界线要划分明，主要目的要突出，否则学生不知道你讲些什么。

87. 讲课有一条红线贯穿始终,目的明确,联系鲜明,重点突出。要尽可能联系生活实际和生产实际。要提高教材中与生产实践有联系的部分的地位,我们的目的是培养有社会主义觉悟的有文化的劳动者。

88. 教学法要点:简而精、启发式;教师发挥主导性,激发学生主动性。讲解结合练习,理论结合实际,新课结合旧课。突出重点,讲清关键。正面阐述,反面批判。层层打稳,反复几遍。

89. 学生智慧发展的水平如何,接受知识的能力多大,不是定量,而是变量,至今不知道其统计的平均值! 在不知学生可接受性的大小的情况下,谈什么量力性、可接受性,岂不是瞎说一阵。

以上是40多年前的教学偶记,对我提高教学水平起了明显作用。可以说明教学反思对教师来说,是非常重要的。

要及时将教学经验上升到模式建构,从个别上升到一般。

【实例】 教师培训的教学模式

近10年以来,作者在教师培训中积累了较多的经验,一一加以提升,总结出一些教师培训的教学模式,主要有如下6种:

1. "经验—故事"培训模式,给教师提供经验和实例,让大家在相互交流经验中受到启发;

2. "问题—思考"培训模式,给教师提供思考的问题,让大家通过交流各自的看法而受到激励;

3. "问卷—反思"培训模式,给教师提供问卷调查,让大家从调查结果中相互理解和促进;

4. "案例—建构"培训模式,给教师提供具体的案例,让大家从案例中把握有效的方法;

5. "问题—建构"培训模式,针对需要建构的教学模式,提出和解决一系列相关的问题;

6. "钥匙—工具"培训模式,直接给出可操作的方法,并用一句话来简要概括这种方法。

随时听取学生对教学的意见,提高备课质量,及时改进教学。

【**实例**】　听取意见改进备课

最近 10 年,作者参加了较多的教师培训。当讲完之后,一些教师总要求作者把讲课稿、参考文献、电子信箱、通信地点等等给他们。为了将"安民告示"提前预告,作者改进了备课,在讲课的投影片(PPT)上,第二张就写出:

查有梁的文章可以在"传播学论坛"上下载。或搜索"天府智库 四川省社会科学院",检索:"作者 查有梁",可得到近年的多篇文章。或搜索"中国兴华科学教育网 查有梁专栏 查有梁博客",即可得到近年的多篇文章。

查有梁的电子信箱:zhayl@ vip. 163. com

地址:610071,四川成都市百花东路 5 号,四川省社会科学院

用这种方式作为讲课的开始,其优点是:立即吸引教师们的注意,许多教师马上拿出笔和笔记本,记下这些信息。作者也就节省了许多个人的名片。

第二章 上课的经验

第一节 掌握上课通用的技术与艺术

5. 上课怎样开头,怎样结束,要反复推敲。开头要激发兴趣,结束要让人回味。开头结束都力求短小精悍,切忌拖泥带水。板书演示要清楚明了,重点关键要突出鲜明。重点难点一定要突破。掌握通用的技术与艺术。坚决守时,决不压堂。

《论语》一共有二十篇。第一篇的名称是《学而》,第一句是:

子曰:"学而时习之,不亦说乎? 有朋自远方来,不亦乐乎? 人不知而不愠,不亦君子乎?"

《论语》第二十篇是最后的一篇,名称是《尧曰》。最后一句是:

孔子曰:"不知命,无以为君子也;不知礼,无以立也;不知言,无以知人也。"

《论语》一书的开头和结尾就很有启发性。孔子的这两段话,说明了"做人"和"求学"的基本的通用的原则。要"做人"就要成为一位君子,要"知命"、"知礼"、"知言"。要"求学",就要"学而时习之",乐于交往,态度谦卑,心胸宽广。教师上课,同样要掌握基本的通用的技术与艺术。

《道德经》一共八十一章。第一章写道:

道可道,非常道;名可名,非常名。无名天地之始;有名万物之母。故常无,欲以观其妙;常有,欲以观其徼。此两者,同出而异名,同谓之玄。玄之又玄,众妙之门。

上述老子《道德经》的第一章,用白话文可以理解为下面的话。

可以言传的规律,不是永恒的规律。可以命名的概念,不是永恒的概念。

不可言传的"无",是天地之始(宇宙开始之时,没有人,那时没有什么可以言传的东西);可以言传的"有",是万物之母(有了可言传的知识后,人们就可不断创造出新的东西)。从不可言传的"无"中,去体验道的奥妙;从可以言传的"有"中,去观照道的端倪。不可言传的"无"和可以言传的"有",两者有同一来源而名称不同,都很幽深。从不可言传到可以言传,从可以言传到不可言传,是取得一切智慧总的途径。

《道德经》第八十一章写道:

信言不美,美言不信。善者不辩,辩者不善。知者不博,博者不知。圣人不积,既以为人己愈有,既以与人己愈多。天之道,利而不害;圣人之道,为而不争。

这段话的基本意思是:真实的言辞不华丽,华丽的言辞不真实。善良的人不花言巧语,花言巧语的人不善良。真正明白大道理的人不是博闻多见,博闻多见的人并不真正明白大道理。圣人不积私财。他帮助别人,自己更充实;他给予别人,自己更富有。自然的规律,有利而无害;人间的法则,奉献而不争。

老子《道德经》的开头一章和结尾一章很有启发性。开头一句"道可道,非常道;名可名,非常名",最后一句"天之道,利而不害;圣人之道,为而不争"。开头就激起你的兴趣,结尾让你无限回味。

● 上课怎样开头,怎样结束,要反复推敲

上课怎样开头,怎样结束,要反复推敲。开头要激发兴趣,结束要让人回味。开头结束都力求短小精悍,切忌拖泥带水。

做文章切忌"下笔千言,离题万里"。上课切忌"犹抱琵琶半遮面,千呼万唤都不出来",十分钟了,学生还不知道教师要讲什么,这是不行的。上课开头,力求"开门见山"。一个故事、一段笑话、一个问题、一张图片、一段音乐、一个演示、一段影视,立即进入讲课的主题。上课的开头,是教学艺术的最佳展示时间。教师要认真研究。用怎样的开头最能够立即吸引学生的注意力。上课的开头这一教学环节,一般三分钟以内为好,短些好。

上课的结束,也要力求短小精悍,切忌拖泥带水。要学习中央电视台的节目主持人,时间一到,一两句话,就"干干脆脆"地结束。有的教师在下课铃声已经打响之后,还要讲几分钟,这是学生最为反感的。许多学生不愿再听了,教师千万不要硬讲下去。如果硬讲,浪费时间,又无效果,适得其反。

在教师培训中,讲课时间一到,作者通常用一句话就结束:"与其讲得很多,令人讨厌;不如少讲一点,令人喜欢。"及时体面结束,赢得一片掌声。

● 开头要激发兴趣,结束要让人回味,开头结束都力求短小精悍

【教学实例】 我听的一节好课

2009年10月20日,作者应深圳平冈中学校长的邀请,为全校教师讲述《教学模式的建构》。在讲学之前,听了高中教师的几节课。其中,有一节课是王雪娟老师在高三年级二班上的语文课,是一节阅读课。

题目:米菩萨——袁隆平。上课前教师发了语文阅读活页文选。阅读材料之一,袁隆平的文章:《我成功的秘诀:知识、汗水、灵感、机遇》;阅读材料之二,人物介绍:袁隆平的事迹。

王雪娟老师上课的开头简短而又引人入胜。她在屏幕上打出一行字:

有网民提出,中国农民吃饭靠"两平":一靠邓小平,二靠袁隆平。

这个开头,立即引起学生的高度关注,提高了阅读的激情。对于这节课,作者的简要评述如下。

这节课的教学特点是:精读泛读,思考写作。教师采用"阅读—写作"教学模式。

老师提供一篇范文:《我成功的秘诀:知识、汗水、灵感、机遇》,同时,要学生阅读对于袁隆平的人物介绍。阅读完毕之后,教师将袁隆平与比尔·盖茨的财富、人格做比较,让学生理解什么是正确的财富观。既肯定了袁隆平的伟大,也肯定了比尔·盖茨的伟大,辩证地分析了人们的仇富心理。在阅读的基础上,要求学生写作。结构紧凑,讲解感人。学生有感受,写作就有深度。"阅读—写作"教学模式,是语文的基本教学模式。

教师做到了开头激发兴趣,结束让人回味,开头结束都力求短小精悍。

● 板书演示要清楚明了,重点关键要突出鲜明

板书演示要清楚明了,重点关键要突出鲜明。重点难点一定要突破。这也是教学的基本艺术与技术。教师该写的重点内容,应当在课堂上边讲边写。一位教师的书法好,是基本功。不能因为有了现代技术手段,就不要求教师要写

出一手好字。制作了很好的投影片,要控制好两个时间,让学生有思考的时间,有将重点记下来的时间。重点突出,把握关键,有效地化难为易,这需要教学的艺术与技术,两者有机地配合。

● 重点难点一定要突破,掌握通用的技术与艺术

教学艺术具有突出的个性。教学艺术是形成教学风格的主要标志。教学艺术总是与情感、个性、审美、立美、风格、魅力等相关联。中国和美国的学生认为优秀教师应具备的素质中,总有属于教学艺术的素质。例如:"有幽默感"、"教学生动有趣,容易领悟"、"有伸缩性"、"兴趣广泛";等等。

关于有幽默感,作者总结出"幽默自己,让大家轻松愉快;幽默别人,把自己放入其中;共同幽默,从幽默中调节气氛"。

关于教学生动有趣,容易领悟,作者总结出"从整体到部分,再从部分回到整体";"既形象又抽象,既和谐又奇异,既多样又统一"。这主要是在教学中,要充分应用美学的一般原理。教学艺术性的标志,在于激发学生学习的兴趣,循序渐进,引人入深;周期飞跃,引人入胜。

技术主要具有共性。应用技术时,程序是基本一致的。在教学中通常都是艺术和技术融合在一起,显示出将个性和共性协调起来的多样性。教学中要根据教学的对象和教学的内容,采用适宜的教学技术。应用黑板粉笔,就要边讲边写;应用投影器呈现,就要先制作好文字与图片;应用实物演示,就要让大家都能看清楚。在应用教学技术时,还要注意是否需要与可行,是否经济与有效,是否简单与可靠。提高教学的艺术和技术的首要一条,是要将教学艺术和教学技术有机融合起来,艺术与技术要相互匹配,教学效果才会更好。

● 坚决守时,决不压堂

坚决守时,决不压堂。要提高到"以人为本"的高度来认识。学生每天6～7节课,课间休息时间较短。学生需要去走动一下、嬉戏一下、去卫生间、去呼吸新鲜空气、去准备下一节课需要的东西、调节身体和大脑。所以,教师一定要保证学生有充足的课间时间。考虑到学生的身心健康,教师一定要坚决守时,决不压堂。这是教学的常规,不要违反常规。按时上课,按时下课,这是教师

"身教"的重要细节之一。

教师们要学习中央电视台组织节目那样准时,守时。时间一到,准时开始;时间一到,在几秒之内就结束。因为,课间只有10分钟的休息时间,所以,下课时间一到,教师应当在几秒内就结束。如果下课铃已经响了,"黑板上老师的粉笔还在拼命叽叽喳喳写个不停",学生却已"身在曹营心在汉"、"等待着下课,等待着放学,等待游戏的童年"。如果教师还要占休息时间,讲几分钟,不仅没有正面效果,反而会适得其反,只有负面效果,引起学生普遍反感。

【模式建构】

过去的教学大纲和统编教材强调"双基"。20世纪50年代起,中国的中小学教育中,每一学科都有教学大纲和相应的统编教材。这些教学大纲和统编教材都强调"双基":基本知识和基本技能。这无疑是正确的。在教学中基本知识是突出掌握知识要点;基本技能则是重视技能训练。

基本知识的教学主要采用赫尔巴特的五段教学模式:预备、提示、联合、统合、应用,以及凯洛夫的五段教学模式:组织教学、复习旧课、讲解新课、巩固练习、布置作业。基本技能的教学,主要采用反复训练的办法,应用行为主义的公式:刺激—反应,建立条件反射,从而形成技能。

在强调"双基"的年代,虽然自上而下提倡的教学模式较为单一,但是广大教师在教学中仍有许多创造。优秀的教师不仅重视基本知识、基本技能,同时,也重视基本态度、基本方法。所以,培养出许多全面发展的各类人才。说过去的教学都不行,这不符合实际。

现在的课程标准和多种教材强调"四基"。我们必须看到,仅仅强调"双基"是不够的,这容易导致忽视情感和态度,忽视过程与方法。根据作者的理解,过去的教学大纲和统编教材是强调"双基"的二维模式;现在的课程标准和多种教材则是强调"四基"的四维模式。这"四基"是:基本知识、基本技能、基本态度、基本方法。四维模式包容了二维模式,而不是完全否定二维模式。过去教学中行之有效的方法,仍然有效。在纠正过去的"过于"时,也不要"过于"了。新课程标准和多种教材是对旧教学大纲和统编教材的扬弃,是包容的发展,而不是全盘否定,不是要彻底转变。但是,必须看到,新课程标准背景下的教学模式比过去丰富多了,要求教学必须与时俱进。

新课程与教学的四维模式可用下图表示。

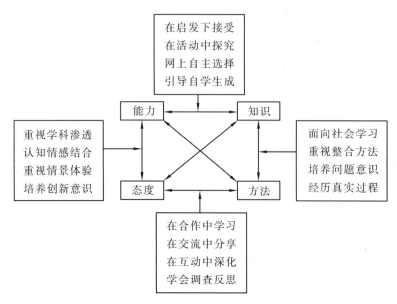

根据新课程标准的四维模式,可以演绎出多种多样的教学模式。在《新教学模式之建构》一书中指出,既能传授知识,又能发展能力的教学模式有:

在启发下接受(启发模式)、在活动中探究(探究模式)、网上自主选择(选择模式)、引导自学生成(自学模式);

既能促进能力,又能发展情感态度的教学模式有:

重视学科渗透(渗透模式)、认知情感结合(情知模式)、重视情景体验(体验模式)、培养创新意识(创新模式);

既能发展情感态度,又能掌握过程方法的教学模式有:

在合作中学习(合作模式)、在交流中分享(交流模式)、在互动中深化(互动模式)、学会调查反思(反思模式);

既能传授知识,又能掌握过程方法的教学模式有:

面向社会学习(社交模式)、融合多种方法(融合模式)、培养问题意识(问题模式)、经历真实过程(过程模式)。

第二节　要激发学生，要因材施教

> **6.** 上课要关心每位学生，要使绝大多数都能真懂。在让学生思考、操作、鉴赏、讨论时，优秀生和后进生应有所区别，体现出因材施教。要使优生感到有一定困难，要使后进学生感到在进步。因材施教建立在充分认识学生的基础上。

"圣人教人各因其才，吾道一以贯之，惟曾子为能达此，孔子所以告之也。"（朱熹：《论语集注》卷二）

"孔子教人，各因其才，有以政事入者，有以言语入者，有以德行入者。"（程颐：《二程集》卷十九）

"因人而施之，教也，各成其才矣，而同归于善。"（王守仁：《王阳明全集》卷七）

《论语》中虽然没有"因材施教"这四个字，但是，孔子教育学生时，充分体现了因材施教。对于不同的学生问同样一个问题"什么叫仁"，孔子的回答不一样，因人而异。所以，朱熹说："圣人教人各因其才。"程颐也说："孔子教人，各因其才。""因材施教"是孔子教育方法的一大特色。

● 上课要关心每位学生，要使绝大多数都能真懂

这里要应用一个教育原理：

【生存与发展原理】世界上的每一个人，都享有基本人权，即生存权和发展权。你自己想生存，也帮助别人生存；你自己想发展，也帮助别人发展；你自己想受教育，也帮助别人受教育。教育促进健康生存，教育促进和谐发展。健康生存，才可能和谐发展。

【教学实例】 《雪地里的小画家》

小学一年级语文课,成都师范附属小学 程科老师。

[教学过程]

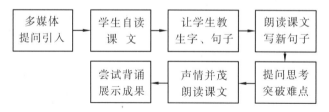

[教学特点]媒体引导,学读课文。

[模式名称]"画图—启发"教学模式。

[简要评述]

为什么"小鸡画竹叶,小狗画梅花,小鸭画枫叶,小马画月牙"? 这是难点。教师通过展示图画,启发学生思维,从而很好地突破了难点。让所有的一年级学生都理解了课文的内容。学生学得生动活泼,当堂就敢于尝试背诵,并取得成功,教学效果甚佳。"画图—启发"是小学语文课应当选择的教学模式之一。

[模式类型]

这堂语文课,就内容看是认知,教师为了突破难点,采用"画图—启发"。这是用艺术的方法解决认知问题,即"情感—认知"教学模式,简称"情知模式"。用"情"的教学方法,落实到"知"的教学内容。

这一堂课的开头与结束,都短小精悍。做到了开头能激发兴趣,结束又让人回味。难点突破得很好,真正做到了:上课要关心每位学生,要使绝大多数都能真懂。

● **在让学生思考、操作、鉴赏、讨论时,要因材施教**

这里要应用一个教育原理:

> **【适应与超越原理】**教育一定要适应自然、适应社会、适应个性,才可能是面向现代的有效教育;同时,教育又要超越自然、超越社会、超越个性,才可能是面向未来的进步教育。教育要做到适应与超越的有机结合,适应是超越的基础,超越是适应的提高。

【实例】 四大思维模式

教学中注意交替使用四大思维模式,这就有可能使绝大多数学生都能真懂。

作者将思维模式与课程分类、方法模式、学习模式、教学模式、智能模式、气质类型、神经活动类型、全脑模型等分类,进行系统分析,来回调试,进行尝试性归纳和探索性演绎。经过长期研究,最后,将思维模式分为四大类:①逻辑思维(A)、操作思维(B)、情感思维(C)、交往思维(D)。

逻辑思维(A)的特点是:人应用语言、数学、逻辑(包括形式逻辑、辩证逻辑、数理逻辑)等文字、数字、符号等,通过抽象概念去解决问题。与逻辑思维等价或近似的表述是:理论思维、形式思维、抽象思维、辩证思维。

操作思维(B)的特点是:人应用实物、仪器、机器等,通过动手操作去解决问题。与操作思维等价或近似的表述是:经验思维、具体思维、行动思维、实验思维。

情感思维(C)的特点是:人应用图像、音乐、模型等,通过体验到的形象去解决问题。与情感思维等价或近似的表述是:形象思维、艺术思维、直觉思维、审美思维。

交往思维(D)的特点是:人与人之间应用调查、统计、讨论等,通过交流、互动、反思去解决问题。与交往思维等价或近似的表述是:统计思维、互动思维、反思思维、换位思维。

一个班有40多位学生。有的学生长于逻辑思维,有的学生长于动手操作,有的学生长于艺术鉴赏,有的学生长于辩论。对长于逻辑思维的学生,教师要晓之以理,让学生思考接受;对长于动手操作的学生,教师要导之以行,让学生活动探究;对长于艺术鉴赏的学生,教师要动之以情,让学生情感体验;对长于辩论的学生,教师要传之以神,让学生合作交流。

课堂教学面对40多位学生,比较难于因材施教。有时也是可以做到的,例如,教师给出两道思考题,5分钟内,要求同学积极思考。对于大多数同学,只要求解决第一题。思考了第一题的少数同学,可以思考第二题。这也可以体现因材施教。在语文和外语的教学中,阅读与写作的训练,不同水平的学生要求不同,这也容易做到。

---

① 查有梁:《论思维模式的分类及其应用》,《教育研究》,2004年,第1期。

一位优秀的教师在教学中,要尽可能做到:晓之以理、导之以行、动之以情、传之以神、创之以新。让不同的学生分别在以下5个过程中,各有不同程度的收获:思考接受、活动探究、情感体验、合作交流、整合顿悟。这就能保证大多数学生都有收获,各自发挥自己的优势和特长。当然,这给教师的教学技术和艺术,提出了很高的要求。

● **要使优生感到有一定困难, 要使后进学生感到在进步**

教师要精心备课,充分考虑不同学生的需求。教师上课,如果学生感到很容易,没有困难,这样的教学不一定好;相反,如果学生感到很困难,一头雾水,这样的教学肯定也不好。教学过程要使优生感到有一定困难,要使后进学生感到在进步,这样的教学,效率才高,才是真正有效的教学。

这里要应用一个教育原理:

【适应与超越原理】教育一定要适应自然、适应社会、适应个性,才可能是面向现代的有效教育;同时,教育又要超越自然、超越社会、超越个性,才可能是面向未来的进步教育。教育要做到适应与超越的有机结合,适应是超越的基础,超越是适应的提高。

● **因材施教建立在充分认识学生的基础上**

认识学生,这是提高教学效率和教学质量的基础所在。怎样认识学生?重要和有效的方法之一是:应用问卷调查学生"什么样的教师是好教师",并进行统计和分析。最好是以一个班级或一个年级为对象,进行问卷调查和统计分析。因为,不同年级的学生对"什么样的教师是好教师"看法不完全一样;而且,最好是每学年之初进行一次,因为,随着时代发展、教育进步,学生对老师的期望会发生变化。有了对问卷的统计,就能了解学生群体的倾向性的看法;再辅之以个别交谈,就能做到较完整、较准确地认识学生。

个别交谈,教师要有计划,力争做到在一学期内,同所有学生都有一一交谈的机会。个别交谈,可长可短,但不要有"被遗忘"的学生,因为学生喜欢一视同仁的教师。

了解学生群体究竟喜欢什么样的教师,并努力去做一位学生们所喜欢的教师,这是搞好教学工作的前提。学生喜欢教师有责任感,如果一位教师无责任感,这就搞不好教学。学生喜欢教师教法生动有趣,容易领悟,如果一位教师的教法呆板无趣,不易领悟,这就搞不好教学。

有效率的教学,总是始于鼓励,终于成功;无效率的教学,大多始于责骂,终于失败。一位学生写道:"知道'骂人'是最大的无能,这才是个好教师。"

在学期中和期末,还要应用问卷调查、开座谈会、个别交谈等多种方法,了解学生对所学学科有什么希望和建议。教师应努力满足学生的希望,接受学生的好建议。

问卷调查、统计分析、开座谈会、个别交谈,这为因材施教提供基础,是完全可以操作的。教师把一些功夫花在认识学生上,是很值得的。教师既要认识书本,更要认识学生。心目中有学生,才可能确保有高效率、高质量的教学。

第三节　有"愤悱"状态,才是启发式

7. 要善于提出恰当的问题,要让学生有独立思考和独立操作的时间。一堂课要有动有静、有张有弛、有严肃有笑声。要让学生达到"愤悱"状态,才是启发式。每一节课的精华之处,一定要放慢速度,让学生能铭刻在心。启发与创新密不可分。

"学而不思则罔,思而不学则殆。"(《论语·为政》)

"不愤不启,不悱不发,举一隅不以三隅反,则不复也。"(《论语·述而》)

"博学而笃志,切问而近思,仁在其中矣。"(《论语·子张》)

"愤者,心求通而未得之意。悱者,口欲言而未能之貌。启,谓开其意。发,谓达其辞。物之有四隅者,举一可知其三。反者,还以相证之义。复,再告也。"(朱熹:《论语集注》卷四)

孔子提倡"学思结合"。孔子说:只学习而不思考,就会迷惑不解;只空想而不学习,就会陷入混乱无序。启发式的教学,就是启发学生思考,学生要又学

又思,边学边思。思考要达到"愤悱"状态,才有真正的进步。朱熹对于什么是"愤悱",做了精彩的论述。心求通而尚未通,即"愤";口欲言而未能言,即"悱"。"愤悱"状态,就是苦苦思索的状态。

广博地学习,是为了追求远大的志向,这就叫"博学而笃志"。善于多问问题,不要好高骛远,而是多思考与自己的实际情况密切相关的事情,这就叫"切问而近思"。如果做到博学笃志、切问近思,良好的道德也就渗透在其中了,这就叫"仁在其中矣"。

这里应用了教育的基本原理:

【继承与创新原理】生命的进化依靠遗传与变异,社会的进步依靠继承与改革。教育是培养人的社会活动,一定是在继承基础上的创新。教育没有继承就没有创新,没有创新也就没有真正的继承。教师一定要领会前人的创新,自己才可能有创新。

● **要善于提出恰当的问题,要让学生有独立思考和独立操作的时间**

在教学过程中,通常是教师或者学生提出一个基础性的问题,让学生思考,学生处于"愤悱"的状态,就是积极思索的状态,大约 3～5 分钟左右,教师就可以给予提示,让学生恍然大悟,一下就开窍。对于班级教学而言,这是一般情况。在打好基础的阶段,需要广博地学习。对于一个问题"愤悱"的时间不宜太长,要考虑教学效率。在通常的教学中,较为普遍存在的毛病是教师让学生思考的时间太短,没有真正达到"愤悱"状态。

高考中对于不同学科有几种评分方法:150 分钟完成答卷 150 分,即 1 分钟要得 1 分;或 150 分钟完成答卷 300 分即 1 分钟要得 2 分。这启发我们在高中阶段的教学中,如果一道类似高考 10 分的题目,要求学生 10 分钟(或 5 分钟)完成。如果让学生思考,看能否找到解题的基本正确的思路,至少也要给学生 5 分钟(或 3 分钟)的思考时间。显然,"愤悱"的时间太长,或者"愤悱"的时间太短,都不利于真正启发学生。

对于一道难题,学生对此问题很有兴趣,一直处于"愤悱"的状态,就是积极思索的状态。经过一月两月,甚至更长时间,学生终于解决,这会提高学生的自信心。因材施教,对于一些较难的问题,就要采用这种放手让学生独立勤奋地思考的方式。但这不是班级教学的常规。研究性教学中,对于一些较难的课题,可以采用这种方法。为了培养创新型的人才,我们在小学、中学、大学中,都要鼓励学生独立思考。

● 一堂课要有动有静，有张有弛，有严肃有笑声

教学是一门艺术。在 40 分钟至 45 分钟的时间内,要做到生动活泼,有安静的思考、有热烈的讨论、有紧张的作业、有幽默的评论、有严肃、有笑声。积极思考时,是"此处无声胜有声"。上课需要有这种状态。

上课有笑声,平均 10 分钟左右 1 次。没有笑声不好,太多的笑声也不好。上课是学习,不是看小品表演。要做到这些,并不是容易的。讲台上 10 分钟,讲台下 10 年功。教学要达到行云流水、炉火纯青的境地,是需要教师下很大的功夫。

● 要让学生达到"愤悱"状态，才是启发式

孔子为"启发式"给出了简明的定义:"不愤不启,不悱不发。"教师给学生提出一个问题,学生在积极思考,但是"心求通而尚未通",这就是"愤"的状态;学生在积极思考,但是"口欲言而未能言",这就是"悱"的状态。只有当学生达到"愤悱"状态时,教师再去引导学生,这才叫启发式。显然,"愤悱"是需要一定时间的。

简单的一问一答并不是启发。对于一个问题,学生脱口就乱猜,没有"愤悱"的状态,这也不是启发。

● 每一节课的精华之处，一定要放慢速度，让学生能铭记在心

【实例】　长方形和正方形面积的计算

小学二年级数学课,成都市龙江路小学,易洁老师

[教学过程]

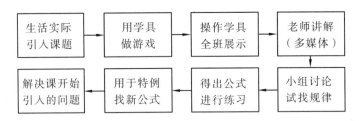

[教学特点]应用学具,试找规律。

[模式名称]"操作—尝试"教学模式。

[简要评述]一开始就提出:学校的前花园和后花园哪一个面积大?学生们都回答不出。全班学生都处于"愤悱"状态,然后让学生先自己探索,教师很好地应用了启发式教学。

然后通过应用学具,学生尝试找出了计算长方形面积的公式,作为特例,又找出了计算正方形面积的公式。这节课的关键,是要让学生自己尝试发现计算长方形面积的公式。这一环节,教师放慢速度,让学生能铭记在心。

前花园长 14 米,宽 9 米;后花园长 13 米,宽 12 米。学生们应用自己发现的公式,计算得出前花园面积(126 平方米)比后花园面积(156 平方米)小。前后照应,善始善终。这节课的精华是要学生自己找出计算公式。

[模式类型]

学会计算长方形面积,理解长方形面积公式,这是认知的内容;采用应用学具,试找规律的方法,这是"行"的方法。"操作—尝试"教学模式属于"行为—认知"教学模式,用"行"的教学方法,落实到"知"的教学内容。

【故事】 冯·卡门的教学艺术

钱学森在美国加州理工学院读研究生时,导师是美籍匈牙利人冯·卡门(1881—1963),他是美国的航空之父。冯·卡门上课,很有特色。讲到最重要的地方,例如,讲到空气动力学的一个重要方程时,他有意设置一个"陷阱",让自己掉进去,解不出来,学生处于"愤悱"状态,他也处于"愤悱"状态。这是一节课的精华之处,他一定要放慢速度。最后他跳出"陷阱",解出方程,让学生终生难忘。[①]

---

① 参看《力学与实践》,1979 年,第 1 期,创刊号。

● 启发与创新密不可分

"不愤不启,不悱不发"的意思是:不到学生心求通而尚未通时,不去启发他;不到学生口欲言而未能言时,不去点拨他。这是启发式教学的要点。"愤悱"的状态,就是积极思索的状态。要有这种状态,才可能教好学好;推而广之,要有这种状态,才可能有所创新。

对于一个公认的未知问题,如果学生"愤悱"多年以后,终于解决,那就是重大创新。所以,在教学中,教师不仅要给学生提出人们已经解决了的问题,还应当在恰当的时候,告诉学生人类还没有解决的问题。这是鼓励学生今后有准备去攻克这个问题。陈景润的中学老师,告诉学生哥德巴赫猜想这个问题还没有解决。为此,陈景润努力了一辈子,有了独特的创造,取得至今最好的结果。但是,这个问题还没有解决。

对于创新性的研究而言,"愤悱"状态是一个较长的过程。爱因斯坦16岁时思考这样一个问题:"如果我以速度C(真空中的光速)追随一条光线运动,那么我应当看到什么?"经过十年沉思以后,爱因斯坦终于解决了上述问题及其引起的悖论,从而创立了狭义相对论。[1] 我们进行狭义相对论的教学时,按照"启发—创新"教学模式,也应当让学生达到"愤悱"状态。当然,学生处于"愤悱"状态的时间,不可能像爱因斯坦创立狭义相对论那样长达10年。但是也应当有一段时间处于"愤悱"状态,其时间的长短,取决于提出怎样的问题,以及学生的实际水平。对于中学生、大学生、研究生,这些不同水平的教育对象,问题的提法与"愤悱"状态的长短,显然是有差别的,这需要具体情况具体处理。

● "启发—创新"教学模式的主要特征

"启发—创新"教学模式的主要特征,是要通过问题思考,让学生达到"愤悱"状态"心求通而尚未通,口欲言而未能言"的状态。这就是孔子所强调的"不愤不启,不悱不发"。对于创新性的研究而言,"愤悱"状态是一个较长的过程。

---

[1] 《爱因斯坦文集》(第1卷),许良英等编译,北京:商务印书馆,1977年,第24页。

● "启发—创新" 教学模式有五个不可或缺的基本过程

过程1:感性体验。让学生获得内隐的、意会的、经验的、不可言传的知识,简言之,获得感性认识。如果学生已具备有关知识的感性体验,则可缩短这一过程的时间。

过程2:问题思索。教师设计问题,合理安排时间,激励学生思维;学生思考问题,查阅有关资料,尝试解决问题。这一过程中,必须有一个恰当的时间,让学生处于"愤悱"状态"心求通而尚未通,口欲言而未能言"的状态。不在于学生能否解决问题,而在于学生积极思考问题。处于"愤悱"状态的时间,既不能太长,也不能太短。时间长短根据学生的实际和问题的深浅,灵活确定。这一过程,简言之要让学生获得问题认识。

过程3:理性讲授。让学生获得外显的、文字的、编码的、可以言传的知识,简言之,获得理性认识。是否掌握了这一理性认识,尚需要让学生加以具体应用,教师给予反馈评价。

过程4:具体应用。应用获得的理性认识去解决问题,使之巩固,且又深化问题认识。问题思考与具体应用是同一类型的。

过程5:反馈评价。教师针对学生具体应用的结果,及时给予反馈评价,使学生知道正确与否,深化理性认识。反馈评价与理性讲授是同一类型的。

上述五个过程整合起来,即是"启发—创新"教学模式的基本过程。

上述五个基本过程的顺序是可以变换的。其中过程1、2、3是主要的过程,过程4、5是过程2、3的深化。在教学中五个过程都有,且符合学生实际,这就较好地体现了"启发—创新"教学模式的基本特征。相反,纯粹的1→1→1,这是经验式;2→2→2,这是问题式;3→3→3,这是注入式,都不是"启发—创新"式。在具体实施"启发—创新"教学模式时,有更为具体的子模式群,例如:

M01:感知→问题→讲授→练习→评价

M02:问题→发散→收敛→综合→创造

M03:渗透→模仿→内化→审美→创新

M04:激趣→讲解→问题→反馈→矫正

M05:质疑→思索→研讨→练习→改错

M06:框架→问题→启发→讨论→评价

M07：整体→分析→组合→结构→转换

M08：问题→假设→推演→论证→反馈

M09：调查→分析→问题→研讨→总结

M10：提问→思考→答疑→练习→评价

M11：讲授→理解→巩固→运用→检查

M12：自学→解疑→练习→自评→反馈

M13：诱导→学习→讨论→练习→评价

M14：问题→探索→报告→答辩→评价

"启发—创新"教学模式，在具体实施时，应当非常灵活，体现出教育的智慧，富于创新精神。但是最基本的三个过程(1、2、3)，则是不可或缺的。

【实例】　一堂作文课的设计

作者设计的一节高中生作文练习题："树·人生"

要求学生以"树·人生"为题，写一篇散文或诗歌，内容应当将科学精神与人文精神融合起来。

过程1：让学生到森林中去感受；视听有关树和人生的音乐与影片。

过程2：讲述什么是科学精神与人文精神的融合。使学生认识到：没有科学精神的人文精神，不是现代的人文精神；没有人文精神的科学精神，不是真正的科学精神。

过程3：让学生写一篇具有新意的散文或诗歌。让学生处于"愤悱"状态，时间1～2小时。

过程4：以我自己写的《树·人生》为例，具体讲解。达尔文在《物种起源》中，论述生物进化过程是一系列的性状分歧，从而画出进化过程像一棵"进化树"。① 于是使作者产生灵感，写出以下这首诗：

---

① 达尔文：《物种起源》，谢蕴贞译，北京：科学出版社，1955年版，第78～80页。

树·人生①

我看见树,就看见进化;
我看见树,就看见人生!

我看见树,就看见进化,
在临界点要分叉。
树枝向上伸展,冒出新芽;
根须向下延串,对称触发。

来自土地,又保护土地;
吸收空气,又净化空气;
聚集能量,又转化能量;
遗传信息,又变异信息。

我看见树,就看见人生,
在关节处要更新。
双手向上用劲,敢于攀登;
双脚向下踏地,基础打稳。

来自他人,又服务他人;
倾听声音,又发出声音;
提出问题,又解决问题;
学习作品,又写出作品。

我看见树,就看见进化;
我看见树,就看见人生!

　　这首诗以"进化"这一科学概念,将"树"与"人生"联系起来,体现了科学精神与人文精神的融合。这首诗的创新之处在于:看到树,即看到生物的进化和人生的发展。说出了别人可能想到但不曾说出的诗句,这就是创新。从写出的

---

① 查有梁:《教育诗:童心》,北京:教育科学出版社,1996年,第28～29页。

诗句中,读者不难领悟出一些未能直接写出的思想。这就是从可以言传的诗句中,悟出不可言传的感受。

教师要求学生作文,教师本人也应当作文,互联网上称之为"下水作文"。每一学期里,语文教师都要讲几次自己写的作文,供学生评论、借鉴、模仿。榜样与实例,最能激发学生。身教重于言教,教师示范相当重要。

过程5:对学生的作文进行评价。让学生在听讲解后,再修改作文。

● "启发—创新"的简要表述 ①

"启发—创新"教学模式的目的,是要生动、主动地给予学生比较完全的知识。在教育过程中,一定要使学生达到"愤悱"状态,从而启发之;要按照知识创新的过程,提出问题,使学生去尝试创新、感受创新,从而理解创新。没有启发,就没有创新;没有创新,就没有启发。启发与创新,不可分割地联系在一起。没有启发的创新和没有创新的启发,两者都是不可想象的。启发和创新的方式是多种多样的,因而"启发—创新"教学模式的具体实施过程也多种多样。

"启发—创新"没有一个一成不变的刻板模式,它是变化的、丰富的、多样的;但是,变化中又有其不变性,那就是它总要或长或短、或隐或现地包含三个基本过程:感性体验过程、问题思索过程、理性讲授过程。灵活应用"启发—创新"教学模式的关键在于要将历史与逻辑统一起来,要将系统与实例统一起来,要将理性与经验统一起来。从微观上说,既要开发左脑,又要开发右脑。评价教学中是否体现"启发—创新",其依据是:

1. 教师的教案:逻辑简明,贯穿历史,前后联系,形成整体。
2. 教师的讲课:问题鲜明,启发思考,要言不烦,促进创造。
3. 教师的教法:恰当变换,富于情感,充满智慧,体现发展。
4. 学生的状态:主动思考,感受愤悱,积极议论,热情创新。
5. 学生的学法:独立思考,认真领悟,勇于质疑,参与操作。
6. 学生的作业:思路清晰,掌握要领,勇于尝试,有错即改。

---

① 查有梁:《"启发–创新"教育模式建构》,《课程·教材·教法》,1999 年,第 10 期。

第四节　上课要有节奏，要换"节目"

8. 教学过程的关键是"交流—互动"。要依据教学内容和学生实际，尽可能让学生自己活动。学生的听、说、读、写、议、辩、练、评，要交替进行。一节课内，平均5分钟左右要换一个"节目"。要培养学生快速阅读、快速理解的能力。

"实践、认识、再实践、再认识，这种形式，循环往复以至无穷，而实践和认识之每一循环的内容，都比较地进到了高一级的程度。这就是辩证唯物论的全部认识论，这就是辩证唯物论的知行统一观。"（毛泽东：《实践论》）

"人的认识起源于活动，而活动又内化成为可逆的运算活动（内心活动）。"（皮亚杰：《发生认识论》）

"发展独立思考和独立判断的一般能力，应当始终放在首位，而不应当把获得专业知识放在首位。如果一个人掌握了他的学科的基础理论，并且学会了独立地思考和工作，他必定会找到他自己的道路，而且比起那种主要以获得细节知识为其培训内容的人来，他一定会更好地适应进步和变化。"（《爱因斯坦文集》第3卷）

● 教学过程的关键是"交流—互动"

教学过程的关键是"交流—互动"。要依据教学内容和学生实际，尽可能让学生自己活动，做到知行合一。学生的听、说、读、写、议、辩、练、评，要交替进行。为此，作者专门研究并提炼出一种有普遍意义的教学模式——"交流—互动"教学模式。

《学记》上强调了教学过程是一个教与学"交流—互动"的自组织过程。"学然后知不足，教然后知困。知不足，然后能自反也；知困，然后能自强也。故曰:教学相长也。《兑命》曰:'学学半',其此之谓乎!"

对于《学记》上阐述的"教学相长"、"学学半"的道理,有两种解释和理解。

第一种理解,将文中之"教"解释为教师的"教",文中之"学"解释为学生的"学"。"教学相长"便理解为:教师的教和学生的学是相互促进的。有不少人这样理解"教学相长"。"学学半"便相应地解释为:教师一半在教,同时一半在学;学生也是一半靠教师来教,一半靠自己学。

第二种理解,将文中的"教"和"学"指同一个人,既可以是教师,又可以是学生。于是《学记》的这段话便解释为:一个人只有通过学习实践,才能知道自己的不足之处;只有通过教学实践,才能体验到困难所在。知道自己的不足之处,才会反思自省,促进自己努力学习;体验到困难所在,才会自强不息,促进自己认真钻研。所以说:教与学是相互促进的。"教和学各占一半"就是这个意思。

第一种理解,将教师的教和学生的学明显分开来,强调了教学过程中,教师教与学生学是"交流—互动"的,从而达到"教学相长"。第二种理解,将"教与学"同时定义在一个人身上,体现了教师与学生地位平等。教学过程中,教师是一半在学,一半在教(教学生如何才能学好);学生也是一半在学,一半在教(教老师如何才能教好)。教师与学生都是既在学也在教。这种"教学相长",教师和学生相互作用是十分强烈的。这种平等的"交流—互动",是教学过程的核心。

作者持第二种理解,认为这种理解更富有启迪性。学生既可以通过听老师讲,自己钻研来学习;也可以通过自己先学,然后尝试地讲,讲给老师和同学们听,这种方式也是一种有效的学习。教是最好的学。师生在教学中,可以进行交换位置的互动。教学过程中教师与学生之间以及学生与学生之间,要有交流、交往、交换,要相互活动、相互作用、相互促进,这就是《学记》对我们的新启迪。

● 要依据教学内容和学生实际, 尽可能让学生自己活动

根据认识论的基本原理,实践出真知,认识起源于实践。对于儿童而言,认识起源于活动。所以,教师要依据教学内容和学生实际,尽可能让学生自己活动。学生活动的方式多种多样。为了避免单调乏味,学生的听、说、读、写、议、

辩、练、评,要交替进行。每一项活动不宜搞得太长,控制在5~8分钟内为好。如果一节课40分钟,那么,教学过程大约5~8个基本环节。

教学中不换"节目"不行,学生会分散注意力,困倦厌烦;"节目"换得太频繁也不行,学生会跟不上,应接不暇。

一节课内,平均5分钟左右要换一个"节目"。

【实例】 青年歌手大赛的启示

大家看一看中央电视台青年歌手大赛,从1984年开始,到2013年,已经进行了15届,深受全国观众的欢迎。现在,有5种不同的唱法比赛:美声、民族、通俗、原生态、合唱。每一首参赛歌曲,不得超过4分钟。大家可以从网上下载真正受到大家欢迎的经典歌曲,作者统计过,一般都在4分钟以内。一首歌是一个"节目",一个"节目",不能太长。

上课也是一样的,教师要保持学生的注意力,一节课40分钟,必须要换"节目"。一个"节目"的时间,不能持续得太长。平均5分钟换一个"节目",是比较好的。当然,可以有微调、伸缩。例如,让学生分小组讨论,时间就可以长一些,但也不要超过8分钟;再如,上课的"开头"与"结束",也分别是一个"环节",时间就应当短一些。教师要看学生上课中的整个注意状态。大家聚精会神,就不要马上换"节目";大家神态分散,那就要赶快换"节目"。

我统计了300多节优质课,主要是小学和中学的课,绝大多数都有7~8个环节,核心的环节有5个,加上"引入"与"结束",此外,还有课堂上随机生成的一个环节。要集中学生的注意力,教师必须学会换"节目"。对于基础教育,最好平均5分钟要换一个"节目"。这样就能紧紧抓住学生的注意力。

【实例】 教学要分阶段

朱熹(1130—1200)早就提出教育要分阶段,他提出15岁之前是"小子之学",15岁之后是"大人之学"。对于"大人之学"的学习程序,朱熹强调采用《中庸》上提出的"大学之序":

> 博学之,审问之,慎思之,明辨之,笃行之。

根据对中国古代教学方法的体验,以及我们的教学实验,作者建议"小学之序"表述为:

> 熟读之,背诵之,对话之,领悟之,创新之。

中国古代有小学、大学，没有中学。现代有了中学，理应有"中学之序"。建议"中学之序"表述为：

具体之，抽象之，讨论之，练习之，评价之。

2000 多年来，中国的"为学之序"，大多可分为 5 个阶段。从近现代教育发展史看，也强调课堂教学要分段。

小学时期，从认识论看，主要的课堂教学模式是"具体模式"。基本教学过程是：

直观→记忆→理解→练习→评价

这是夸美纽斯式的课堂教学阶段。

初中时期，从认识论看，主要的课堂教学模式是"形式模式"。基本教学过程是：

预备→提示→联系→系统→应用

这是赫尔巴特式的课堂教学阶段。

高中时期，从认识论看，主要的课堂教学模式是"直觉模式"。基本教学过程是：

问题→假设→推演→验证→反馈

这是杜威式的课堂教学阶段。

300 多年来，有世界影响的课堂教学"阶段模式"，也大多分为 5 ~ 8 个阶段。如果一节课为 40 分钟，则归纳得知：每一阶段平均为 5 ~ 8 分钟。在中小学课堂教学中，一定要分阶段，不能讲到底、满堂灌。核心环节分为 5 个阶段，即要"换节目"，每个阶段平均为 5 分钟。

以学习中文、英文为例，听、说、读、写、练要交替进行。请注意，这里是讲"平均"。小学可分为 6 ~ 8 个阶段；初中可分为 5 ~ 7 个阶段；高中可分为 4 ~ 6 个阶段。课堂教学不分阶段，这是不行的；"走马灯"似的分成太多的阶段，也是不行的。总之，一切都要根据教学内容、教学对象、教学条件，灵活加以变换。

● 要培养学生快速阅读、快速理解的能力

一节课内，平均 5 分钟要换一个"节目"。上课之中，要求学生阅读，这是不可缺少的一个环节。学生的阅读能力，有高有低。教师一定要有效提高学生的阅读能力。不仅是语文、外语这两门学科，阅读和写作是基本的内容、基本的方

法,其他的学科,无论文科、理科、工科、商科,等等,同样要求学生善于阅读、理解、写作。基础教育阶段,学生打好阅读、理解、写作的基础,终身受益。

快速阅读,快速理解是需要长期培养训练的。一篇文章如何快速阅读,快速理解? 一本书如何快速阅读,快速理解? 已经有了许多成果,而且还在不断充实、发展。现在的课程标准有对阅读和理解的要求。这一能力也是学生将来在社会中生存的一种能力。阅读、理解、写作,有较为深奥的学问,与心理学、脑科学都有关联。教师在这方面需要下功夫研究。

【故事】 语文与数学成绩影响终身

1993 年,作者在美国哈佛大学教育研究生院做高级访问学者,得知那里的一位教授研究一个课题:中学生的语文与数学成绩与今后的经济收入有什么关系? 据我了解,他经过较长时间研究后,得出的结果是:中学生的语文与数学成绩与今后的经济收入成正相关。学生的语文与数学成绩与学生阅读、理解、写作的能力关系密切。培养学生快速阅读、快速理解、快速写作的能力,有很大的实用性。

● **"交流—互动"模式的主要特征**

"交流—互动"教学模式的主要特征是:通过师生交流、教学互动,形成自组织。教师、学生、课程、环境,双双相互作用,在活动中建构。课堂教学不是单向(线性)的封闭系统,而是复杂(非线性)的开放系统。教师与学生、学生与学生、教师与课程、学生与课程、教师与环境、学生与环境等等,都存在相互作用。根据系统科学原理,要形成"自组织",除了通过开放的有序之外,还有通过涨落的有序、通过远离平衡的有序。有序就是指自组织的程度愈来愈高,就是进化、发展。

交流、互动主要是指教师与学生之间、学生与学生之间的信息交流,活动交往,相互作用,教学互动。交流才能使之相互适应,从而最后达到一定教学目标。必须强调:教学目标是不可能在教学之前就完全设定的。如果说认知目标可以相对地确定,那么情感目标、操作目标就有极大的变化性,即有不确定性。只有在"注入式"教学中,单向将知识传输给学生,学生记住了该知识,似乎教学目标就完全达到了。这是"机械教学观"。

"交流—互动"教学模式整个教学过程中,师生之间、生生之间不断有信息交流、活动交往,甚至位置交换——学生讲,教师听。教是最好的学,学生通过"教"去"学",这是很重要的教与学的方式。教学过程中师生与课程、师生与环境都在相互作用。只有在教学互动、互助、互联、互促过程中,去达到有预定而又不确定的目标。可以有一个教学目标,但并非不变的教学目标;教学目标是形成于整个教学过程之后,而不是在教学之前就完全确定。这样认识和实施"交流—互动"教学模式,整个教学过程才可能生动活泼,充满活力,犹如活水一潭。否则,就会使教学单调机械、闷气沉沉,犹如死水一潭。

要开放,即课堂教学不能自我封闭,不能孤立于社会生活之外。不能老是一个模式:老师讲,学生听。要根据学生实际和教材内容,合理组织讨论、探究、调查、反思、参观、鉴赏、操作、表演、辩论、练习、看录像、办报刊、让学生来讲,或请适宜的人来现场交流等等。

有涨落,即要有变化、有变革。课堂教学模式不能不变化。教学顺序要多样化,要变换。在创造性思维中,直觉、灵感、顿悟的产生与涨落有密切关系。正是在认知的关节点上的涨落,导致认识的飞跃,产生直觉、灵感、顿悟,从而有创新。"山重水复疑无路,柳暗花明又一村",这里的涨落就很大,课堂教学做到这一点,印象也就极为深刻。

远离平衡态。皮亚杰(J. Piaget)在《发生认识论原理》中写道:"认识既不是起因于一个有自我意识的主体,也不是起因于业已形成的(从主体的角度看)、会把自己烙印在主体之上的客体;认识起因于主客体之间的相互作用。"[①]这个相互作用表现为活动。儿童的认识来源于活动。在活动的基础上,建构起认识的图式。如果一个事物能纳入已建构的图式,称为"同化";反之,如果一个事物不能纳入原有图式,就要调整改造已有的图式,称为"顺应"(又译为调节)。主体能再现客体,客体符合主体结构,这种状态,即是"平衡"。

自组织理论告诉我们:系统处于平衡态或近平衡态,即使是开放系统,系统的自发趋势乃是回到平衡态,而不会达到新的状态。系统只有远离平衡态,才可能形成新的有序结构。所以,只有通过远离平衡态的新的活动,方能建构起新的图式,从而经同化、顺应又达到新的平衡。如此循环往复,认识才不断进化。由自组织理论的研究得知:在平衡态附近,线性规律起支配作用;在远离平衡态时,是非

---

① [瑞士]J. 皮亚杰:《发生认识论原理》,北京:商务印书馆,1987 年,第 21~22 页。

线性规律起支配作用。线性规律满足叠加原理,不可能产生出系统的新质;非线性规律不满足叠加原理,因而可以产生出系统整体的新质。①"交流—互动"教学模式的主要特征,是通过师生交流、交往,教学互动、互促,形成自组织,自我建构。将自组织理论的思想应用于教学过程中是值得大家探索的。

● **"交流—互动"模式的基本过程**

"交流—互动"教学模式的基本过程,有如下四个特点。

特点一:它是复杂的,非单向(线性)的过程。按照一条不变的程序进行教学,就会忽视交流互动。"交流—互动"的过程总是多向的,并不是简单的"讲→练→读→议→评"就可以加以概括。

特点二:它是开放的,内容和形式都不能将课堂封闭起来,预先制定一个不可改变的框框。要突出交流、交往、交换、交际。

特点三:它是非确定的,有随机性、有涨落。不是像演员背台词一样,每场每幕都是确定了的。教师不只是导演,学生不只是演员,教师和学生在教学中都是现编、现导、现演。要突出互动、互助、互联、互促。教学目标也是不确定的。因为在教学过程中,通过交流互动,教学目标还会有相应变化。

特点四:它是自组织的,在教学过程中师生都通过参与在自己建构。教师、学生、教材、环境,双双都在相互作用,通过新的活动,建构新的图式。不是教师讲"条条"、学生背"条条"、考试考"条条"这种强制性的"他组织",而是要讨论、质疑、启发、对话、反思、选择、组合、审美、评价、创新等等,根据"交流—互动"来确定教学的走向。

"交流—互动"教学模式的基本过程,主要有如下五个过程。

过程 1:[启发、自学、讲授、感知、调查](5 个选一)

过程 2:[交流、讨论、质疑、思考、拓展](5 个选一)

过程 3:[对话、练习、展示、组合、实验](5 个选一)

过程 4:[反思、批评、反馈、复习、整合](5 个选一)

过程 5:[审美、评价、解释、理解、创新](5 个选一)

上述五个过程表现出"交流—互动"教学模式的复杂性、开放性、不确定

---

① 查有梁:《系统科学与教育》,北京:人民教育出版社,1993 年,第 21 页。

性、自组织性。在上述教学过程中有 5 个框,每一个框内有 5 项内容。在一次课堂教学中,每一框内只取一个项目,则有 $5 \times 5 \times 5 \times 5 \times 5 = 3125$ 种教学过程。选定一种教学过程后每一过程有 5 项,这 5 个项目的顺序可以变换,则构成的排列数为 $5 \times 4 \times 3 \times 2 \times 1 = 120$ 种。

从计算看,"交流—互动"的教学过程有多种排列、多种组合,是复杂的,有很大的不确定性。给出的教学过程有不确定性,这使教师在教学过程中有更大的选择空间,更能促进创造性。在教学中设计一种教学模式,如果搞得很机械、很死板,只有一种排列,则只能限制师生的创造性。

在整个教学过程中,强调师生参与,教学互动,教师、学生、课程、环境,双双相互作用,在活动中自己建构,形成自组织。交流,主要指师生的信息交流;交往,主要指师生们在活动中交往;交换,一方面指师生作品的交换,另一方面还有教与学的位置的交换,学生变为教师去教,教师变为学生去听;交际,主要同更大范围的人交往,例如,请一个藏族同胞来教藏族的歌舞,请一位外国朋友来讲他们国家的文化。交流、交往、交换、交际,体现出开放性的教学。

教师、学生、课程、环境,四者双双相互作用,形式多样。互动,主要指教师的活动引起学生相应的活动,同样,学生的活动又引起教师相应的活动。互联,上述四者相互联系,形成网络,形成整体。选择什么课程,建设什么环境,都不能视为确定不变的。互助,主要指学生与学生之间的相互作用是相互帮助,强调合作。抛弃一切有可能伤害人的个体与个体之间的竞争。应该恰当地引导群体与群体在合作基础上的竞争。互促,一切教学活动,都是为了相互促进,共同发展。强调可持续发展:即一些人的发展,不要有害于另一些人的发展;现在的发展,不要有害于今后的发展。

强调"交流—互动",必然要改变我们过去对教学目标的形而上学的理解:认为教学目标一经设定,就不可更改,非要达到不可。这并不符合教学实际。"交流—互动"教学模式,强调在互动中,各自达到有所预定而又不确定的、变化着的目标,即在教学过程中,应该进行动态调整。"交流—互动"的教学过程,类似于"摸着石头过河"的过程,类似于"在无路的山上攀登"的过程。目标是要过河、登峰,但在什么地方登岸、登顶,这是有不确定性的。过河和登峰的过程,更是有不确定性。给程度愈高的学生进行教学,这种不确定性愈明显。

● "交流—互动"模式的简要表述

"交流—互动"教学模式是要通过教师、学生、课程、环境等的信息交流、活动交往、位置交换、更大范围的交际来进行教学。教学过程不是单向确定的,而是多向不确定的。教师、学生、课程、环境等,双双有较强的相互作用,相互活动、相互联系、相互帮助、相互促进。在教学过程中要充分体现认识起源于活动、认识的基础是主客体相互作用、教是为了不教、教是最好的学、教是为了发展。

通过"交流—互动",才能使教学适应自然、适应社会、适应思维,从而以较高的效率将知识、能力、人格转化给师生。以适应去求得转化;以转化去求得更好的适应。转化的实质就是一种超越。没有适应就没有转化;没有转化就没有适应。只有通过交流—互动才可能达到高效率转化下的适应——积极适应;积极适应下的转化,才是高效率的转化。

对不同年级、不同水平的学生,对不同的学科、不同内容的教学,采用"交流—互动"的形式是有所不同的,不能看表面,要看实质。例如,一节课40分钟,教师讲得非常好,学生深受启发,教师与学生之间耦合得很强,即使这40分钟内,学生表观的外在活动不多,但思维的内在活动激烈,这也符合"交流—互动"教学模式。我们应当从整体来评价是否是交流—互动,而不能以部分和表面来作判断。

又如,有一节课40分钟,教师几乎全是让学生作表观的外在活动,而这些活动都是学生早已熟知的。学生在活动中, 直能同化、能顺应,很平衡。师生之间也有交流、互动,但课后学生收获并不大,因为师生之间耦合得并不强。这就不符合"交流—互动"教学模式的要求。要有远离平衡态的活动,才能形成新图式,从而建构新知识。

能否通过"交流—互动"形成新的自组织,这是判断是否是"交流—互动"教学模式的重要标准。作者在一般认识论的基础上,研究出成人教育的四种模式:生产模式、经历模式、交往模式、自教模式。其基本的教学过程主要还是"交流—互动"的过程。①

生产模式是参加劳动,工作中学,其基本过程是:生产→经验→比较→

---

① 查有梁:《教育建模》(第3版),南宁:广西教育出版社,2003年,第54~60页。

理论；

经历模式是参加活动,经历中学,其基本过程是:活动→旅游→体验→总结；

交往模式是结识师友,交往中学,其基本过程是:乐群→亲师→访友→交流；

自教模式是系统读书,自教自学,其基本过程是:阅读→思索→笔记→创作。

既然成人教学过程主要是"交流—互动"的过程,这一教学过程显然是很实用的;那么,在学校里学习的学生,总是要走向社会,参加工作,就应当在教学模式的选择上提前接轨。没有必要先在学校里搞脱离实际的单向"注入式",进入社会才选择结合实际的双向"互动式"。在成人教学中搞单向"注入式"更是一种倒退,这样的教学效果决不会令人满意。成人教学仍然要选择"交流—互动"教学模式。

这里应用了系统科学的三大原理:

【反馈原理】任何系统只有通过信息反馈,才可能实现有效控制,从而达到目的。

【有序原理】任何系统只有开放、有涨落、远离平衡态,才可能进化,走向有序。

【整体原理】任何系统只有通过相互联系,形成整体结构,才可能生成整体功能。

建构"交流—互动"教学模式的始终,都是在上述三原理的引导下进行思考。

● 反馈原理与"交流—互动"

首先,看反馈原理。教育教学系统不是简单系统,而是复杂系统。维纳在研究动物和机器中控制和通讯的科学时,得出"目的"的新概念:目的即负反馈。"一切有目的的行为都可以看作需要负反馈的行为"(维纳等:《行为、目的和目的论》)。机器通过负反馈,才可能自动控制,从而达到预定目的。教育系统太复杂,不可能确定地达到预定目的。进行教学之前,教师当然要设定一个教学目标,一般来说认知目标较好确定,操作目标和情感目标难以确定。因此,教学目标的最终实现,是通过教学过程中的多次反馈,包括知识反馈、操作反馈、情感反馈三大类。其中,问题反馈,让学生去思索;幽默反馈,给学生以机智;热情反馈,给学生以激励;出奇反馈,使学生惊讶,等等。最后实现的教学目标,与预先设定的教学目标肯定有差异。认识和承认这个差异是非常必要的。认识这个差异,正是下一次进行教学的新的起点和基础。教学过程决不能单向传授,而必须是有多次反馈的、多向的"交流—互动"。

● 有序原理与"交流—互动"

其次,看有序原理。它对教学过程中如何进行"交流—互动",给出了新的启示:教学系统一定要开放,教学过程要有涨落、有变化,要远离平衡态去组织教学活动。新的活动,才能形成新的图式,从而建构新的认知。使教学过程成为一个"自组织"过程,而不是强制的"他组织"过程。在教学过程中,真正领悟了"通过开放的有序""通过涨落的有序""通过远离平衡态的有序",这是一个认识的飞跃。只有领悟了这些原理,才可能较深刻地认识"认识起源于活动"、"认识的基础是主客体的相互作用"、"教是为了不教"、"教是最好的学""教是为了发展"。简言之,在学习过程中一定要培养学生的实践能力和创新精神。只有通过实践才能培养实践能力,只有通过创新才能培养创新精神。

● 整体原理与"交流—互动"

最后,看整体原理。它对我们理解为什么教学过程一定要"交流—互动",给出了新的启迪:教师、学生、课程、环境等等,只有通过双双相互作用,形成相互活动、相互联系、相互帮助、相互促进的整体,才能显示出教学的整体功能。同时,评价"交流—互动"教学模式,也应当是整体评价:看整体、看过程、看效果,三者缺一不可。目前,一些教育教学评价不少还是采用牛顿的力学模式:分解还原成几个要素,对各要素进行评价,然后叠加起来。这往往会失真。整体功能并不简单地等于部分功能之和。忽略教育系统是一个复杂系统,用还原论和叠加法进行评价是不行的。①

---

① 查有梁:《"交流—互动"教学模式建构》,《课程·教材·教法》,2001年,第4期~第5期。

第三章 考试的经验

第一节 增强每位学生的自信心

> **9.** 千方百计要让成绩差的同学考出好成绩。一定要增强每位学生的自信心，激发学生的学习兴趣。因材施教地改进学生的学习方法，要让学生能思考接受、活动探究、情感体验、合作交流、整合顿悟地进行学习。学习方式多样，学生自由选择。

"君子曰：学不可以已。青，取之于蓝，而青于蓝；冰，水为之，而寒于水。"（《荀子·劝学》）

"吾尝终日而思矣，不如须臾之所学也。"（《荀子·劝学》）

"积土成山，风雨兴焉；积水成渊，蛟龙生焉；积善成德，而神明自得，圣心备焉。"（《荀子·劝学》）

荀子的《劝学》是一篇经典之作。

荀子开门见山就指出：学习不可以停止。青出于蓝而胜于蓝，冰水为之而寒于水。比喻人经过学习之后可以得到提高，学生可以超过老师。

一个人整日思索，却不如学习片刻收获大。坚持学习就有成效。

堆土成山，风雨就从那里兴起；水流汇成深渊，蛟龙就在那里生长；积累善行，形成良好的品德，就会得到最高的智慧，具备圣人的思想境界。

一位学生成绩较差，只是暂时的，只要坚持学习，就会日积月累，得到提高。学生完全可以超过老师。

荀子的《劝学》，不仅说学习不能停止，需要终身学习，而且，明白地告诉我们，在学习的基础上，需要超越，需要发展，需要创新。教与学要超越，要发展，要创新，就需要研究。研究与创新密不可分。

"使青年人发展批判的独立思考,对于有价值的教育也是生命攸关的,由于太多和太杂的学科(学分制)造成的青年人的过重负担,大大地危害了这种独立思考的发展。负担过重必导致肤浅。"(《爱因斯坦文集》第3卷)

● 千方百计要让成绩差的同学考出好成绩

学校里成绩差的同学,主要就是书面考试成绩差。学校里大多数考试是书面考试。主要考学生的书本知识,考知识记忆,考逻辑思维。国际公认的基础教育阶段的核心课程是:语文、数学、科学。虽然,科学(包括物理、化学、生物、地理)的考试会有实验操作,但是,很难考查学生的实验操作能力,特别是学生人数很多的统一考试,更是不好考查实验操作能力。对于学生的审美能力、交往能力也是难以进行书面考试。

语文、数学这两大学科,通过书面考试,可以了解学生学习的水平。但是,仅仅是书面考试,仍然有一定的局限性。我们完全不必过于看重书面考试的成绩。只要老师不出怪题、难题、偏题,学生的考试成绩不可能太差。对于因多种原因一时成绩很差的学生,老师要进行有效的个别辅导,帮助学生提高学习成绩。千方百计地让成绩差的同学考出好成绩,让学生树立自信心,这是有效减少所谓差生的唯一办法。

老师要严格要求学生,同时,对于暂时成绩差的学生,一定要"手下留情",不要给什么59分之类的分数。老师应当有目标地变换考试方式、考试内容,有意让那些暂时成绩差的学生得到较高的分数,这是完全可以做到的。这里说千方百计要让成绩差的同学考出好成绩,主要涉及教师的学生观。不要认为,必须有不及格的学生才是合理的。相反,教师应当认为,学生都可以掌握基本知识、基本技能、基本态度、基本方法,这才是合情合理的。

● 一定要增强每位学生的自信心, 激发学生的学习兴趣

学生学习的自信心与学习的兴趣,互为因果。学生学习有兴趣,肯花功夫,成绩就好,从而有学习的自信心;学生有自信心,考试成绩好,他就愿意去学,学习就感到有兴趣。

学生对于学习有信心,才可能有兴趣;学生对于学习有兴趣,才可能有信

心。教师一定不要用不及格的低分,把学生搞得灰溜溜的。不断提升学生学习的自信心,不断提升学生学习的兴趣,教师和学生都会"双赢"。

信　心

学习要有信心,循序才能渐进。
做事要有信心,努力服务他人。

生活要有信心,紧张又能安宁。
做人要有信心,诚信视为根本。

信心就是天平,称量你的本领。
信心就是机器,转动时代车轮。

信心就是电脑,连接世界通讯。
信心就是太阳,放射无尽光能。

我们赞美信心,我们歌唱信心。
童心蕴藏信心,创新增强信心。

信心成功之本,信心主导精神。
信心促进贡献,信心人之灵魂。

信心需要培植,信心需要促进。
信心需要自赏,信心产生信心。

● 因材施教地改进学生的学习方法

要让学生能思考接受、活动探究、情感体验、合作交流、整合顿悟地进行学习。教师要针对不同学生,采用不同方法,指导学生有效地改进学习方法:
长于逻辑思维的同学,让他多采用思考接受的学习方法;
长于操作思维的同学,让他多采用活动探究的学习方法;

长于情感思维的同学,让他多采用情感体验的学习方法;

长于交往思维的同学,让他多采用合作交流的学习方法;

长于综合思维的同学,让他多采用整合顿悟的学习方法。

因材施教地改进学生的学习方法,是提高学生学习成绩的有效途径。对于学生而言,既可以扬长避短,也可以用长补短。哪种方式更有效,就多采用哪种方式。对于大多数学生而言,扬长避短和用长补短都是需要的。教师应当尽量避免"只考学生的短处,不考学生的长处"。让学生自己发现自己的长处,有效地去克服自己的短处,所有的学生都能较快地进步。

【实例】 改进学生的学习方法

当代教育有"四大支柱":学会求知,学会做事,学会共同生活,学会做人。学生的任务是学习,是"学字当头"。高效的学习一定要讲究方法。优秀的学生,学习的方法比较科学,知道哪些方法更为有效,不同学科能够采用不同的方法;而学习较差的学生,学习方法往往存在问题,且不知道哪些方法是有效的,不同学科都采用单一的方法。改进学生学习方法的系统策略,可以从四方面分析:(1)从逻辑思维上,要理解学习的规律;(2)从操作思维上,要提高学习的能力;(3)从情感思维上,要端正学习的态度;(4)从交往思维上,要加强交流的途径。

所有的学生都需要不断改进学习方法,才可能不断提高学习的效能。不同的学生存在的问题是不同的,有效的方法是要让学生自己认识学习上存在的问题。根据上述四方面,作者设计了更为具体的问卷 H:学习优秀的学生素质调查,一共有 40 项。一位学生能够做到这 40 项,很不容易。大都是某些项做得好,某些项做得不够好,某些项做得很差。要让学生较好地认识到哪些项是他的强项,哪些项是他的弱项。有一个基本假设是:大多数学生的认识,是较为合理的。因此,学生个体如果知道学生群体的看法,就有利于学生改进学习方法。

作者建议的方法是:将问卷 H 分班级进行调查。学生们在回答"学习优秀的学生素质调查"这一问卷时,其过程本身,就会使学生受到一定的启发。回答完后,即在班上进行统计,可以采用"举手"的方式,这能够较快得出统计结果。当然,也可由几位同学,单独进行统计。问卷 H 中的具体项目,不同学校、不同班级,可以做一些修改,针对存在的问题,提出更加切实的项目。但是,要注意项目必须是正面的、简明的、可操作的。

问卷 H　学习优秀的学生素质调查

什么样的学生学习成绩优秀？请在本表中选出 10 项您认为学习成绩优秀的学生首先应具备的素质,请把本表各项内容全部看完,然后在答卷纸上圈填。

H01. 有上进心	H21. 勤于动手做实验
H02. 学习有兴趣	H22. 主动争取老师的辅导
H03. 课前做好准备	H23. 不懂就问,直到真懂
H04. 勇于质疑	H24. 考试做好充分准备
H05. 积极思考问题	H25. 有恒心、有毅力
H06. 上课集中注意,专心听课	H26. 不自卑、不自满
H07. 当天复习当天的功课	H27. 有自信心
H08. 有自我控制能力	H28. 做完习题后,自我进行检查
H09. 认真听课	H29. 每章学完后,自己做总结
H10. 会记笔记	H30. 讨论问题时能各抒己见
H11. 有超前学习功课的欲望	H31. 虚心学习同学的优点
H12. 珍惜时间,学习有计划	H32. 寻求多种思路解决问题
H13. 生活有规律,上课精力充沛	H33. 循序渐进地学习
H14. 求知欲强	H34. 不断探索适合自己的学习方法
H15. 重视提高阅读能力	H35. 善于从做中学
H16. 独立思考,力求领悟	H36. 积极参与教学活动
H17. 善于抓住要点	H37. 主动适应教师的教法
H18. 重点关键,反复记忆	H38. 边读书边记下要点
H19. 课前认真预习	H39. 善于拓展知识面
H20. 乐于背诵好的课文	H40. 有强烈的成功期望

如果您有不同于上表中 40 项的其他看法,请将您的观点写在下面:

问卷 H 的调查统计结果,在作者十多年的调查中,一次曾有 50% 以上的学生选择过的项目有:

①有自我控制能力;②珍惜时间,学习有计划;③有上进心;④不懂就问,直到真懂;⑤虚心学习同学的优点;⑥有恒心、有毅力;⑦不断探索适合自己的学习方法;⑧善于拓展知识面;⑨独立思考,力求领悟;⑩上课集中注意,专心听课。

这些项目是大多数学生认为很重要的学习方法。其中,既有学习规律、学习能力,也有学习态度、交流途径。当然,不同学校、不同班级,调查统计的结果是不一样的。

例如,作者在一所学校调查高中一年级(2007级)194位学生,同学们选出学习优秀学生的素质是:①有自我控制能力(48%);②有恒心、有毅力(43.3%);③有上进心(41%);④不断探索适合自己的学习方法(37.1%);⑤上课集中注意,专心听课(36.1%);⑥独立思考,力求领悟(35%);⑦有强烈的成功期望(34.5%);⑧有自信心(32%);⑨学习有兴趣(32%);⑩善于拓展知识面(31.4%)。

以上10项中,每一位学生选择自己觉得最弱的一项,力求近期加以改进,也可以说,这就是使学生学得更好的方法。请学生去试一试,一定会有成效。为了加深学生的认识,可以发"学生学习方法评价表",让学生进行"自我评价",按优、良、中、差四级评价。在学生自评的基础上,教师也可以进一步给出教师的评价,帮助学生把握正确的学习方法。每一学期,每一班,进行一次这样的调查统计,以及相应的"自评"和"师评",能够有效提高教学质量。

学生学习方法评价表

学生学习评价的项目	学生自评	教师评价
有自我控制能力		
有恒心、有毅力		
有上进心		
不断探索适合自己的学习方法		
上课集中注意,专心听课		
独立思考,力求领悟		
有强烈的成功期望		
有自信心		
学习有兴趣		
善于拓展知识面		

请学生们在上述10项中,或在"学习优秀的学生素质调查"的40项中,选一项自己最强的,或选一项自己最弱的,写一篇作文,题目自定。这样,可以加深学生的认识,有针对性地改进自己的学习方法。教师看完全班学生的作文后,选择

几篇好的作文,让学生在全班演讲交流。特别要选那些学习较为后进、但真正发现自己的问题所在的学生演讲,让这些学生获得更多的机会提高自己。

学科教师要根据"学习优秀的学生素质调查"的 40 项,以及学生们选出的 10 项,进行认真研究,结合本学科的特点,本学科学习的特点,有针对性地帮助学生,改进学习方法,提高学习效率。有的学生乐于记忆,有的学生勤于动手,有的学生爱好审美,有的学生长于交流。教师一定要因材施教,发挥每个学生的优势素质,提升每个学生相对较弱的素质。这正是实施素质教育所要求的。素质教育不放弃任何一个学生。

不同的课程,主要的学习特点是很不相同的。学习自然科学课程,学习的特点是实验探究,问题理解;学习文学课程时,学习的特点是熟读经典,领悟发挥;学习社会科学课程时,学习的特点是调查讨论,理论研究;学习技术科学时,学习的特点是设计方案,操作试验;学习艺术科学时,学习的特点是模仿鉴赏,审美立美。文学、艺术课程的学习方式与科学、技术课程的学习方式是很不相同的。

我们理解的素质,已突破了原来的狭义的含义,成为既包含先天的特点,还包含后天的发展的广义的含义。后天的发展通常称为素养。素质教育是既有发挥先天的特点,又有提升后天的发展,它是含有这两种意义的教育。每一个学生都有他的优势素质,也有他的弱势素质;经过长期的学习,每一个学生都有他的优势素养,也有他的弱势素养。

一位学生学习文学的成绩不好,并不表明这个学生学习技术不行。同样,一位学生学习科学的成绩不好,并不表明这个学生学习艺术不行。有的学生发展全面:既乐于记忆、勤于动手,又爱好审美、长于交流。有的学生在这四方面中只有一两方面较好,其他方面较差。教师的使命是促进学生的全面发展。但是,全面发展并不是平均发展。在一个人有限的生命中,扬长补短,或扬长避短,都是可以选择的正确策略。

● 学习方式多样，学生自由选择

学生如果通过学习实践,找到了适合自己思维方式的学习方法,有效改进了学习方法,那么,学生的学习成绩一定可以得到较大提高。学习方法与学习态度紧紧地联系在一起。前面的案例就提供了多种学习方式,包括学习态度。

每一学期,调查统计一次,及时反馈给学生,让学生自己反思,让学生自由选择。这对提高教学质量有显著效果。

【议论】 适应考试,超越考试

创新杰出人才成长过程中,应尽早使他们从适应考试到超越考试。尽早将精力用在创造和贡献上,不能长期去应付考试。在学校教育中考试是必要的,是一种测验手段,只要考试题目是合理的、科学的,即考题的信度、效度、难度、区分度是正常的。这有利于发现教学的问题,以便及时改进;也有利于公平、公正、公开选拔人才。在中国,"高考指挥棒"非常灵。中国历史上有漫长的科举制度,这种制度有民主性。考试面前,人人平等,天经地义。得高分,就高兴,无可非议。考试有促进教与学的机制,也有利于选拔人才。

为什么现在的中国,从上到下都在批评应试教育呢?

因为考试已发生异化。题海战术、马拉松补课、疲劳轰炸,这既损害健康,又没有增长知识,发展能力。出难题、偏题、怪题,整学生,这是毛泽东早就坚决反对的。此外,考试作弊、舞弊。不仅一些学生作弊、舞弊,也有少数教师作弊、舞弊。把本来应当生动活泼主动学习的学校教育,基本上搞成应付考试的教育。这是很不科学的。整个社会,从政府到百姓都按学校高考的分数来评价学校,进行升学率排队。学校之间相互攀比,互不服气,这大大助长了为应试而教育的气焰。

大家都承认,一所学校的升学率,很大程度上取决于招生生源的质量。既然如此,小学教育就很重要,贡献就很大。更何况,一些考得好的学生,一是基础好,二是家教严,三是在校外请人辅导、上课。当然中学教师有重要贡献,但不是全部贡献。所以,一所学校升学率高就百分之百地肯定这所中学,这显然很不公平。根本用不着按高考升学率去排队、去奖赏,如果以损害师生健康为代价而获得高出几分的高考成绩,这难道应当受表扬吗?

教育不能只看一次结果,更重要的还要看整个过程。为了考高分,一些教师对一门功课占用了过多的时间教,使学生花费了过多的时间学。为了获得一点基础知识,付出了太高的机会成本、边际成本。这不值得,不经济!教师只应当在规定时间内教好学生。提高教学效率,降低教学成本,提升教学质量,这样的教师才应表扬。减轻学生负担,提高教学质量,这才是优质有效的教育。一项基础知识在合理周期内,练习几次就掌握了,就没有必要练习数十次,"边际效应递减"这一经济规律,对教育也是有效的。

在中国同龄青年中,目前已有20%左右的人在读大学。升学竞争激烈,要立刻制止应试教育是困难的。只有努力发展教育。一旦我们中国有50%的同龄青年能读大学,这将大大缓解教育的压力。另一方面,最为重要的是转变教育观念,克服小教育观,树立大教育观。首先,改变以应付考试为目的的教育。考试是手段,提高人的素质才是目的。

社会上每一个人都要认识到:一两次考试很难确定一个人的实际水平。当前的高考着重在选拔学术人才,并不能很好地选拔出技能人才、经营人才、管理人才。虽然,艺术人才和体育人才,还有另外的考试渠道,但是,仍然要参加统一的文化考试。对这些考生而言,高考题又过分深了!要认识考试的局限性,不要处处都滥用考试选人的办法。

在市场经济、人才竞争的社会中,考试是难以避免的。我们应早日使人们从适应考试,转变为超越考试。把时间、精力集中到创造上、贡献上,而不是用在应考上。这样才利于早出人才,才利于培养杰出人才。否则,即使"范进中举"了,又有什么意义呢?

19世纪最杰出的生物学家达尔文,在学校里考试成绩一直不行;20世纪最杰出的物理学家爱因斯坦,在学校里有些学科考试成绩也不是很好。如果一定要以学校考试来确定选拔创新杰出人才,那么,达尔文、爱因斯坦这两位"巨星",早就在少年时代就夭折了!

第二节 鼓励才能留下美好的回忆

10. 要从逻辑、操作、艺术、交往这些不同的思维方式进行考试,后进生的比例将大为减少。让每一位学生在一学期中都曾有获得前三名的经历,对你的教学留下美好的回忆。教师的教学要做到:晓之以理、导之以行、动之以情、传之以神、创之以新。

"有教无类。"(《论语·卫灵公》)

"子以四教:文、行、忠、信。"(《论语·述而》)

无恻隐之心,非人也;无羞恶之心,非人也;无辞让之心,非人也;无是非之心,非人也。恻隐之心,仁之端也;羞恶之心,义之端也;辞让之心,礼之端也;是非之心,智之端也。

孔子主张:人人都享有受教育的权利,人人都应该受到教育,不区分类别,不分贫富、不分高低,一律平等。孔子"有教无类"的思想,正是基于他提出的伦理原理:你自己想受教育,也帮助别人受教育。孔子主张:人人都应当接受全面的教育,即"文、行、忠、信"。

孟子在《论语》的基础上,又有新的表述。孟子说:"恻隐之心,仁之端也;羞恶之心,义之端也;辞让之心,礼之端也;是非之心,智之端也。"孟子这里提出的"智、义、仁、礼",恰恰分别对应着孔子提出的"文、行、忠、信"。孟子的"四端",是强调每个人内在就具有"智、义、仁、礼"。

按照孟子的理论,人性本善。人的先天素质就有"四端"。如果再通过孔子的"四教",就会成为一个贤人、圣人。

"教育应当使所提供的东西让学生作为一种宝贵的礼物来领受,而不是作为一种艰苦的任务要他去负担。"(《爱因斯坦文集》第3卷)

"学会认知,即获取理解的手段;学会做事,以便能够对自己所处的环境产生影响;学会共同生活,以便与他人一道参加人的所有活动并在这些活动中进行合作;最后是学会生存,这是前三种学习成果的主要表现形式。"(国际21世纪教育委员会向联合国教科文组织提交的报告,《教育——财富蕴藏其中》)①

● 要从逻辑、操作、艺术、交往这些不同的思维方式进行考试

作者采用思维模式的"四分法",这可以追溯到孔子的思想。《论语》中写道:"子以四教:文、行、忠、信。"孔子用四种方式教育学生,恰恰对应着上述四种思维模式:

"文"指文化知识,强调逻辑思维,教学中要晓之以理;

"行"指行为实践,强调操作思维,教学中要导之以行;

"忠"指忠心处事,强调情感思维,教学中要动之以情;

---

① 这段文字里的"学会认知",又译为"学会求知"。"学会生存",更恰当的译文是"学会做人"。

"信"指诚信交际,强调交往思维,教学中要传之以神。

中国传统文化中强调"仁义礼智"。《礼记》中写道:"有恩,有理,有节,有权,取之人情也。恩者仁也,理者义也,节者礼也,权者知也。仁义礼知(智),人道俱矣。"这与"子以四教:文、行、忠、信"是一一对应的。

"智"对应于"文",权者知也,指文化知识,属于逻辑思维;

"义"对应于"行",理者义也,指行为实践,属于操作思维;

"仁"对应于"忠",恩者仁也,指忠心处事,属于情感思维;

"礼"对应于"信",节者礼也,指诚信交际,属于交往思维。

如果分别采用逻辑、操作、艺术、交往这些不同的思维方式进行考试,有些所谓的差生,其实并不差。许多所谓的差生,是书面考试时,逻辑思维暂时较差。但是,如果考查他们的操作思维、情感思维、交往思维,那就不一定是差。作者把四大思维,画成以下的坐标图:

操作思维(B)	逻辑思维(A)
人——实物、仪器、机器	人——语言、数学、逻辑
主要使用左脑下部	主要使用左脑上部
情感思维(C)	交往思维(D)
人——图像、音乐、形象	人——人(调查、统计、讨论)
主要使用右脑上部	主要使用右脑下部

四大类思维模式及其特点

课程标准四维模式中的"四基"是基本知识、基本技能、基本态度、基本方法。分别考查基本知识、基本技能、基本态度、基本方法,学生的考试成绩会很不一样的。

基本知识主要指基本概念与基本原理;

基本技能主要指实验实习与手脑操作;

基本态度主要指情感体验与审美取向;

基本方法主要指价值判断与交流传播。

【实例】 教育的"四大支柱"

国际 21 世纪教育委员会向联合国教科文组织提交的报告中指出,教育有"四大支柱":学会求知(Learning to know)、学会做事(Learning to do)、学会共同生活(Learning to live together)、学会做人(Learning to be)。

学会求知,着重在逻辑思维;

学会做事,着重在操作思维;

学会共同生活,着重在情感思维;

学会做人,着重在交往思维。

"四大支柱"综合起来,四大类思维模式整合起来,就是一种系统思维。

作者应用上述四大思维模式分类,建构了适应不同思维模式的教学模式。[①]

我们的课程设计以及教学模式应当是相应的四大基本类型:

重视知识传授的"逻辑型"教学模式(A型教学模式),简称认知模式;

重视技能训练的"操作型"教学模式(B型教学模式),简称行为模式;

重视情感态度的"艺术型"教学模式(C型教学模式),简称情感模式;

重视过程方法的"交往型"教学模式(D型教学模式),简称群体模式。

● 让每一位学生在一学期中都曾有获得前三名的经历

学校的校长、教导主任、班主任、科任教师,要对学生的优点特长,一一进行分析排列。要有计划地设计各种学科考试或竞赛,让每一位学生在一学期中都有获得前三名的经历。要主动给予学生正式的、隆重的奖状:学校盖上公章,校长签下大名。要给学生留下深刻的记忆,终生难忘,长期受到鼓舞。给予学生展示才能的机会,提供学生健康发展的平台,这是学校义不容辞的责任。

根据作者的统计,学生在小学、中学阶段得到的正式奖状,对于一位学生的确有深刻影响,甚至影响专业的选择、毕生取得的成就。当然,学科考试或竞赛一定要公开、公正、公平;如果弄虚作假,违法乱纪,这对学生将会产生终生的负面影响,这种坏事学校要坚决杜绝,坚决反对。

特别是所谓后进生,让他们得到应当得到的及时肯定,对于他们的健康成长,更是效果明显。

【故事】 学生时代的第一个奖励,终生难忘

李品先老师是我们读初中时的语文老师。她是一位杰出的语文教师。李老师的教学风格是非常认真,给我们的阅读和写作打下了良好的基础。有一次,她组织全年级的讲演比赛,作者得了第三名。她送作者一个笔记本,第一页

---

① 查有梁:《新教学模式之建构》,南宁:广西教育出版社,2003。

上,用毛笔写上:"送给查有梁同学 祝贺你讲演比赛获得第三名 李品先。"作者很感动,这一鼓励影响了一生。

在《给教师的 20 把钥匙》(2007 年)一书中,作者讲了一条经验:"要从逻辑、操作、艺术、交往这些不同的思维方式进行考试。让每一位学生在一学年中都曾有获得前三名的经历,对你的教学留下美好的回忆。"作者的这一条经验,就是来源于李品先老师的教学给一位学生的启迪。2003 年 12 月 12 日,作者写了一首诗,送给 90 高龄的李品先老师:

致李品先老师

您的教学总是非常认真,
感动了顽皮的少年学生。
黑板上书写得端端正正,
作业本批改得恰到分寸。

您从不刺伤学生自尊心,
总是轻言细语给予信任。
学生们估计您受过委屈,
您本是教高中的国文先生。

有一次您组织讲演比赛,
我读了《神秘岛》小书一本。
要在年级里讲这个故事,
很快提高了表达的本领。

这正是从活动中培养学生,
这是以任务驱动去提高水平。
您送了我一个小小的笔记本,
成了一生中最难忘的大奖品。

50 年后对您的教学再评论,
您超越了当代的教改精神。
在我提笔写这首短诗之时,
都知道这是您的一位学生。

● **晓之以理、导之以行、动之以情、传之以神、创之以新**

在解决教学问题时,晓之以理,导之以行,动之以情,传之以神,四种方式都应用到,教学效果难道不会好吗? 对于优秀教师来说,常常还要增加:创之以新。就是说,教学中要有创新,能够让学生整合顿悟。

孔子在教学中用了四种方式:文、行、忠、信,这恰恰对应着现代心理学强调的四要素:知、行、情、意。可见,孔子的教育思想中也包含有心理学的内容。

现代心理学强调的四要素"知、行、情、意"已经引申出四种理论:

"知"方面已有认知主义心理学,着重解决认知方面的问题;

"行"方面已有行为主义心理学,着重解决行为方面的问题;

"情"方面已有人本主义心理学,着重解决情感方面的问题;

"意"方面已有建构主义心理学,着重解决群体方面的问题。

上述分类当然是相对的,并非彼此孤立,而是相互联系,是你中有我,我中有你。既要分类思维,又要组合思维,这样才是辩证思维。"知"方面有认知主义心理学,"行"方面有行为主义心理学,"情"方面有人本主义心理学,这些是容易理解的。为什么把"意"与建构主义心理学联系在一起呢? "意"指人的意志,既有个人的意志,又有群体的意志。建构主义心理学强调学习的社会特性,着重解决群体方面的问题,所以,在"知、行、情、意"四要素中,相对的可归在"意"这一要素之下。当今上述四种心理学理论都共存着,发展着,相互影响,相互渗透,并不是一个理论取代另一个理论。

在思维模式的启发下,作者总结了教学的五条基本方法:

方法一:教师在教学中晓之以理,让学生思考接受。(逻辑性)

方法二:教师在教学中导之以行,让学生活动探究。(操作性)

方法三:教师在教学中动之以情,让学生情感体验。(艺术性)

方法四:教师在教学中传之以神,让学生合作交流。(交往性)

方法五:教师在教学中创之以新,让学生整合顿悟。(顿悟性)

第三节 让学生知道:不进则退

> *11.* 对成绩优秀的学生,真正有效的促进方法,是让他们深切地知道:不进则退。考试要让他们感受到一定压力,保持必要的张力。避免他们盲目自满,但不能伤害他们的自信与自尊。学生身体、心理健康这是第一重要的。

"学如逆水行舟,不进则退。"(《增广贤文》)

"是故弟子不必不如师,师不必贤于弟子,闻道有先后,术业有专攻,如是而已。"(韩愈《师说》)

韩愈这句话,不仅说学生应当后来居上,要有发展,而且明白地告诉我们,师生之间的差别在于理解规律的先后,以及专业的方向不尽相同。我们现在知道,每个人都是独一无二的,经历有独特性,只要"站在巨人肩上",就有可能超越。

"体育一道,配德育与智育,而德智皆寄于体。无体是无德智也。"(毛泽东的笔名:二十八画生,《体育之研究》)

"松弛的琴弦弹不出悦耳的音乐,懒惰的作风谱写不出成功的乐曲。混乱的目标培养不出杰出的人才,散漫的生活燃不起智慧的焰火。"(民间谚语,作者综合)

● 对成绩优秀的学生,要让他们深切地知道:不进则退

我们的学校里有一种不太好的现象:一位学生只要考试成绩好,似乎一切都好。一俊遮百丑,以点代面,这有片面性,容易使考试成绩优秀的学生"飘飘然"。考试成绩优秀,当然是好,但是要问:学生的动手能力好吗? 鉴赏能力强吗? 交往能力行吗? 道德品质好吗? 身体健康吗? 心理健康吗?

一定要让学生看到自己的长处,也要看到自己的不足。这样才有持续前进的动力。

● 考试要让他们感受到一定压力，保持必要的张力

考试有两大作用。其一是，了解学生对于学科的基本知识、基本技能、基本态度、基本方法掌握得如何，以便有针对性地及时反馈，及时弥补，这称为"形成性的考试"；其二是，考查学生对于学科的知识、技能、态度、方法达到的水平，以便进行分类，选择出学习优良的学生，淘汰学习很差的学生，这称为"分类性的考试"。学校里的大部分考试属于"形成性的考试"；升入高中、升入大学的升学考试，属于"分类性的考试"。

考试对于所有的学生都有一定压力。特别是"分类性的考试"，常常会影响到一个人的一生。考试的题目分为客观性问题和主观性问题。客观性问题通常有确定的标准答案，可以用机器来阅卷，选择题、是非题是客观性问题；主观性问题通常没有确定的标准答案，难以用机器来阅卷，作文题、论述题是主观性问题。

近几年，高考的作文都有满分。我看了一些满分的作文，在短短时间内，能够写出文采过人的作文，值得肯定，但是给满分，还是不大妥当。主观性问题除非有极大的创新，一般不宜给满分。尤其是在学校里的"形成性的考试"，更不宜为主观性问题给满分。考试一定要让学生感受到一定压力，保持必要的张力。

升学考试的题目，因为有多年积累的统计分析，常常保存有题目的信度、效度、难度、区分度的记载。这是可贵的资料。这对教师出题有极大的参考作用。学科教师都非常重视研究升学考试的题目，这是有规律可循的。只要课程标准、通用教材、考试大纲一确定，几乎每一学科每一次考试的核心考点都是趋同的。考试题目并不神秘。

● 避免他们盲目自满，但不能伤害他们的自信与自尊

【故事】 学生进步，需要批评

在石室中学学习的三年中，高中一年级时，戴良平老师教我们班的物理学一段时间。他让我们理解了：实验是物理学的基础；要建立正确的物理概念；物理学的理论要接受实践的检验。我们班的同学在初中都是很优秀的学生，为了使我们不盲目自满，戴良平老师对我们要求很高，物理作业常常都较难，作者在物理学的学习方面下了相当大的功夫，考试仍然很不容易得满分。

学校的教导主任,给学生们讲了一句印象深刻的话:"重点学校的作业就是要'重点'。"这些方法有效地避免了我们盲目自满。后来,作者也成为中学物理教师。2003 年 11 月 27 日,作者写了一首短诗。

戴良平老师

他的讲课非常有神韵
头发从正中间,对分
实验室有法拉第的像
神态活像老师戴良平

他激起我持续的兴奋
物理学就伴随了一生
后来也当上了物理教师
追步我的老师戴良平

有一次他在文化宫讲演
介绍苏联的人造地球卫星
大家都听得目不转睛
他节奏分明 我记忆犹新

后来我发表了小书一本
《牛顿力学与星际航行》
杰出科学家钱学森来信
建议改为《力学与航天》

我感谢戴良平老师的指引
带我走进物理学的园林
在这里学习 耕耘 创新
但愿种的小树能够成林

1993 年 12 月 18 日,钱学森先生给我的来信中写道:

《牛顿力学与星际航行》实际是讲太阳系内的航行,能用"星际"二字吗?我国习用名称是"航天"。

就说太阳系内的航行,您的书似也未提及用行星的引力改变航天飞行器轨道的计算,也未提及三体运动可能出现的混沌。这些您可能认为是小问题!①

钱学森先生的批评,很有深度,再次促进我进一步思考。这本书的第二版,书名就改为《力学与航天》(2013)。

● 学生身体、心理健康这是第一重要的

毛泽东有一句名言:"体育一道,配德育与智育,而德智皆寄于体。无体是无德智也。"这对我有很大影响。如果身体不好,您有再好的想法也不能付诸实践。现在学校里的体育课,名称改为:体育与健康,这是很对的。健康包括身体健康和心理健康。毛泽东还有一句名言:"健康第一,学习第二。"

儿童、少年、青年,正在长身体、长智慧,学生身体、心理健康这是第一重要的。当代的一些学生生活起居没有规律,天天熬夜,又睡懒觉;三餐不定时,乱吃些垃圾食品;不认真参加体育锻炼,通夜打游戏机,长此以往,大大损害健康。君不见:一些人"上半辈子读书工作,下半辈子看病吃药"。这对于自己,对于家人,对于国家,都是很大的损失。

【故事】 健康第一,学习第二

1950年,毛泽东给教育部部长马叙伦写信:"此事宜速解决,要各校注意健康第一,学习第二。"1951年,毛泽东就学生健康问题再次致信教育部长马叙伦:"提出健康第一,学习第二的方针,我以为是正确的。"后来,毛泽东又相继提出要使学生"身体好,学习好,工作好"的三好思想。同样,将"身体好"放在第一位。

【故事】 自创新的太极拳

我年轻时,曾学习过太极拳,是一位老先生教我的,不久,我就心领神会了。太极拳的特点是:意识引导动作,行若流水。这是太极拳精妙之处。太极拳有多种模式,由一系列太极拳的子模式组成,如24式、40式、42式、108式、115式,等等。至今,民间流传的太极拳的程序都比较复杂,学会后,如果不天天坚持练习,容易忘记。

---

① 查有梁:《再读钱学森先生的3封来信》,《科学时报》,2007年9月28日。

有一天早上,我应用建模方法,在公园里练起自编太极拳:以双手草书诗句,大如人体;两腿自然上下左右,腰部随之自由转动,与太极拳似像非像。既然是草书诗句,那肯定是用"意识引导动作";同时,草书笔路圆滑,处处连续可微,较少拐点,这就很像行若流水。

我用太极拳法书写:

> 白日依山尽,黄河入海流。欲穷千里目,更上一层楼。

慢慢舞动,这20个字,即20式,约8分钟书写完毕。又用太极拳法书写:

> 朝辞白帝彩云间,千里江陵一日还。两岸猿声啼不住,轻舟已过万重山。

慢慢舞动这28个字,即28式,约12分钟书写完毕。一位公园的游人问我:"你这套太极拳是哪里学的?"答曰:"自己编的,不会忘记。"

这个例子说明:学习模式重要,使我领悟太极拳的特点,学会了一种太极拳;同时,又说明建构模式更重要,我可以自行建构"自由草书式太极拳",或者称为"草书唐诗太极拳",这就超越了原有的模式。

道家张三丰大师的太极拳,达到应用自如、不拘一格、出神入化的境地,这正是他老人家善于建构模式,又超越模式。我是从张三丰大师那里领悟太极拳的。我自称是张三丰真人的徒弟,不知他是否收我入门?

中国功夫的特点就是:

> 上善若水,以柔克刚。动静结合,阴阳互补。
>
> 大道至简,道法自然。大用流行,归真返璞。

中国功夫极为深刻,是科学与人文的有机结合。要真正学会中国功夫,需要找好有本领、有修养的师傅,学生必须刻苦练功,持之以恒。

第四节 学习要"趁热打铁",及时反馈

12. 每次考试后,应立刻将正确答案公布或发给每位学生。要学生趁热打铁,修正错误,巩固正确,打好基础。当天知道作业正确与否,对于有效的学习是十分必要的。考试成绩不要排名次,但可以公开成绩的分布图像。

子曰:"学而时习之,不亦说乎? 有朋自远方来,不亦乐乎? 人不知而不愠,不亦君子乎?"(《论语·学而》)

子曰:"温故而知新,可以为师矣。"(《论语·为政》)

子曰:"学而不思则罔,思而不学则殆。"(《论语·为政》)

孔子说:"学习知识,按时温习它,不也是令人高兴的事吗? 有朋友从远方而来,不也是令人快乐的事吗? 我有才学,别人不了解我,可是我并不恼怒,不也是品德高尚的人吗?"孔子又说:"温习旧的知识,就会懂得新的知识,这样的人可以做老师了。"孔子说:"光读书学习不知道思考,就迷惑不解;光思考却不去读书学习,也会混乱无序。"

这里应用了系统科学的反馈原理。

【反馈原理】任何系统只有通过信息反馈,才可能实现有效控制,从而达到目的。

● 每次考试后,应立刻将正确答案公布或发给每位学生

进行一次测验,应当立即将正确答案告诉学生,并要求学生认真及时改错。这是一条完全可以操作的建议。只要认真做到这一条,教学效率将是较高的。批改试卷有三种方法,可以交替进行。

其一,教师发正确答案,学生当堂自评自改;教师收回试卷,再评学生自评自改的结果。

其二,教师发正确答案,学生当堂互评互改;教师收回试卷,再评学生互评互改的结果。

其三,教师发正确答案,学生当堂自我反思;教师当天全评全改,并在当天交给学生。

对于第一、第二种方法,只要学生认真改正了错误,就以改正后的结果作为评分。一般成绩都是"优"。当然,有极少数学生,连教师给了正确答案,也没有及时改正。这时,教师必须及时做有针对性的辅导。对于第三种方法,一般是检测最基本、最关键的知识。要让大多数学生都能得到"优"和"良"的成绩。

有经验的教师,常能预先知道学生在什么地方容易出错,或能根据前一阶段的学习,预测到后一阶段的学习可能出问题的地方,从而有针对性地给予反

馈信息,这对于提高教学效率和质量,是大有好处的。

● 当天知道作业正确与否，对于有效的学习是十分必要的

"及时反馈"是一条重要的教学方法。对中小学生而言,所做习题,如果当天知道正确答案,学习效率才可能较高;如果一周后才知道正确答案,学习效率已大为降低;如果根本不知道正确答案,这只能是无效的学习。

建议教师:做了习题,最好当天就让学生知道正确答案,并且自己加以比较和改正。什么叫学习? 根据反馈原理我们可以给学习下一个较为科学的定义:学习者吸收信息并输出信息,通过反馈和评价知道正确与否的整个过程,称为学习。

这个学习的定义是有实际意义的。这个定义表明只有吸收信息、输出信息,没有反馈信息和评价信息,并不是一个完整的学习过程。一个完整的学习过程,四者缺一不可,而且时间不能拉得过长。要趁热打铁,信息要即时反馈,即时评价。否则,根据人脑的记忆和遗忘规律,如果时间拉得过长,不即时反馈,不即时评价,就会大大影响学习的质量、学习的效率。这一关于学习的定义,要求教师和学生把问题解答、评讲、改错,紧密结合为一整体;把看书、思考、讨论、评价,紧密结合为一整体;把讲授、测验、改卷、评讲,紧密结合为一整体。而且不要把几个阶段拖得太久,信息要即时反馈。实验表明,对于中小学生的学习,"即时反馈"以在一日内反馈为好。

有一些学生学习效率低,重要原因之一是花费了时间学习,但并未真正学习。常常是问题→解答,结果正确与否并不知道,这不是一个完整的学习过程。尤其是难题→乱猜,更不知道什么是正确结果,用了时间,效果很差。更严重的是,长此下去,学而无趣,影响情绪。学生感到学得苦,苦在什么地方? 苦在自己感到没有进步,学习效率低。

"有针对性"是又一条重要的教学方法。一位教师给学生讲的内容,学生早就懂了;学生不懂的地方,教师又恰恰没有讲这种无针对性的教学,效率肯定很低。有的教师教学质量不高,重要原因之一,是不即时听取从学生得来的反馈信息,不即时给予学生以评价信息。教师经过思考,再给予评价,在学生一方又再次得到反馈信息。因此,教师与学生之间,相互的及时信息反馈,非常重要;否则,不能形成真正的教学。双向"及时反馈",对于我们认识什么是真正

的学习,什么是真正的教学,很有帮助。

【故事】 及时反馈,认真得法

1968 年,作者是成都市教育科学研究所数学组的教研员。成都 24 中学的一位青年教师所教的普通班,全班的数学统考成绩名列全成都市第一。作者感到很惊异,去同他个别交谈。他说:"我的基本方法是,绝不把今天的数学作业留到明天去,今天的作业,今天过手,今天解决。"这真是大道至简,用现代教学论的语言说,就是"及时反馈"。当天知道作业正确与否,对于有效的学习是十分必要的。要搞好教学,重要的有两条:一是认真,二是得法。

2002 年,作者为四川省雅安市的校长讲学。当讲了上面这个故事之后,一位校长马上举手,他说:"我给你佐证你的这条经验。我们学校的一位数学教师,数学统考的班平均成绩,遥遥领先于全市的第二名,高出 10 多分。这位数学教师,上午上了数学课,布置作业,当堂完成,中午就改完作业(或考试的试卷),下午就发给学生,天天及时,月月如此,年年坚持。"这说明,教师只要具有责任心,认真做到"及时反馈",大多数学生的成绩是会较好的。对于少数后进学生,有针对性的个别辅导,永远是需要的。

● **考试成绩不要排名次,但可以公开成绩的分布图像**

考试成绩属于学生的隐私,不要公开宣布。公布考试成绩的名次是一种费力不讨好的事。公布名次,教师花费了时间,却伤害了大多数学生。为了使学生了解自己的成绩在全班处于什么地位,有比较,才知道自己的差距。重大的考试,一方面要及时告知每一位学生的成绩,单独通知;同时,可以公布全班(或全年级)这一次考试的成绩分布图。即优、良、中、差各占的比例——用饼状图或柱形图,一目了然。学生一看,即可以知道自己的成绩处于哪个比例之中。

更为重要的是,及时反馈,及时弥补,趁热打铁,强化基础。不要引导学生只去关心名次。统计地看,学生的名次有随机性,是有起伏的。老师用精力把握学生考试的排名顺序,不如认认真真记录每一位学生存在的问题,以便有针对性地及时加以弥补。

【资料】 心中有数,定量研究

心中有数,是指对于教学过程要分阶段,每一个阶段,平均为多少时间? 逐步深化,学习的"一步",多长为好? 一节课 40 分钟,平均可以学习多少知识?或者说,一节课,平均可以学习多少组块和产生式? "学而时习之",复习的周期如何安排更为合理? 要掌握一个产生式,需要复习多少次才行? 等等。这些问题,都需要通过实验,定量地加以研究。其目的是为了减少无用功,注重教学的实效,提高教学效率。

大家知道,人脑在学习时的微观结构与功能,至今尚未搞清楚。科学家研究学习和记忆的微观机制,还没有实质性的进展。目前,只能在一些宏观实验结果的基础上,提出唯象的定量分析。并非定论,但有启发。首先,我们看教学过程怎样分阶段。

一门科学的知识,可以分解为若干组块与产生式。以学习中文、英文而言,一个字或词,可作为一个组块;一个句型,可作为一个产生式。以学习数学而言,一个名词或术语,可作为一个组块;一个定义,或公理,或定理,可作为一个产生式。

根据实验,人的短时忘记的容量为 5 组块,贮存时间每组块为 0.5 秒;长时记忆的容量为无限大,贮存时间为每组块 8 秒。根据作者对人类学习的统计,每 1 小时平均学习 4~20 个组块,1 个产生式。

根据记忆与遗忘的实验研究,遗忘的规律是先快后慢;因此,复习的周期应先短后长。为了有效地记住一个组块,一个产生式,第 1 复习周期,是当天复习,$T_1 = 1$(天);第 2 复习周期,是第 2 天,$T_2 = 2$(天);第 3 复习周期,是第 4 天,$T_3 = 4$(天);第 4 复习周期,是第 8 天,$T_4 = 8$(天);第 5 复习周期,是第 16 天,$T_5 = 16$(天);第 6 复习周期,是第 32 天,$T_6 = 32$(天),等等。其一般的复习周期公式是:$T_n = T_1 2^{n-1}$($n = 1, 2, 3 \cdots\cdots$)。实验表明:按 1、2、4、8、16、32……为复习的周期是较为合理的。

学习的知识需要长时记忆在大脑中。短时记忆的贮存时间每个组块 0.5秒,若重复 20 次,则总时间为 10 秒,已大于长时记忆一个组块的时间(8 秒)。以记忆一个生字为例,一天重复 20 次,就已经贮存在长时记忆中了。重复太多,则效率大降;重复不足,尚未贮存在长时记忆中,学习效率也低。

人们 1 小时内,学习 4~20 组块,1 个产生式。从长时记忆的角度看,最多3 分钟;但是,真正掌握,能够应用,却要花费 60 分钟。这启示我们:学而时习之,需要反复20次,才能贮而能用。这即是说,1个产生式,要从长时记忆中取出来,又贮存进去,需要重复20次,这个产生式才真正贮而能用了。例如,掌握勾股定理这一产生式,重复20次,即可。这就没有必要重复30次。正弦定理如果只重复了10次,恐怕就复习不够。要恰当分配时间,使必须掌握的产生式,都有合理的复习次数。

人们短时记忆的容量是5个组块。1个产生式中,包括的组块数,平均约为5个组块。例如,一个完整的句型,这是一个产生式。但一个完整的句型内,可以分解为:主语、谓语、宾语、补语、定语,等等。从语法上看,一般可分为5个成分左右。

对于中小学教学而言,一节课40分钟,平均地说,可学习5个组块,1个产生式,必须是一个完整的产生式。在一节课内,对这5个组块,1个产生式,能重复(听说读写问)20次,即已贮存在长时记忆中了。

如果学生能自觉地对当天功课,当天复习;教师能主动地当天练习,当天评议,这就已经实现了第1复习周期的要求。再恰当地按照2、4、8、16、32……的复习周期;或在随机的周期内,能重复20次。这5个组块,1个产生式,学生就可能牢牢地掌握了。

上述定量分析,是在记忆掌握组块与产生式这种水平;进一步在理解创新水平上的定量分析,还有待深入研究。对于学习语文而言,前者是在认字造句水平;而后者则是在对课文整篇的理解和作文要有创新这种更高水平。对此,中国人也有一些经验。比如说:"古文要过关,背诵50篇。""熟读唐诗三百首,不会作诗也会吟。"这是对理解创新水平的一种定量说明。看来,比之于记忆掌握水平需要重复20次,理解创新水平需要付出更大努力。两种水平的学习是相互联系、相互促进的。正因为如此,学中文则要求:集中识字,提前读写;学英文则要求:听说领先,读写跟上。两种水平的学习,要紧密结合。

上面这些定量分析,对中小学生学习语文、英语、数学是有启发性的。教师们可自行设计教学方案,进行实验,使之在较少时间内,让学生们学得更好些。

第四章　提问的经验

第一节　设计教案的核心是设计问题

13. 设计教案的核心是设计问题。问题要深浅适度，有利于启发学生；问题要有生活背景，能激发兴趣；问题要有实际意义，为今后的学习奠基；精选问题，是教师的一项重要任务。问题解答要及时反馈，真正巩固。例题、习题、考题三者要相互照应。

"什么叫问题？问题就是事物的矛盾。"（毛泽东:《反对党八股》）

"科学的态度是'实事求是'，'自以为是'和'好为人师'那样狂妄的态度是决不能解决问题的。"（毛泽东:《新民主主义论》）

"'的'就是中国革命，'矢'就是马克思列宁主义。我们中国共产党人所以要找这根'矢'，就是为了要射中国革命和东方革命这个'的'的。"（毛泽东:《改造我们的学习》）

毛泽东认为，解决问题，要"从实际出发""实事求是"，要"有的放矢"。矛盾具有普遍性，问题即矛盾，人们要善于抓住主要矛盾，即是要善于抓住主要问题。

● **设计教案的核心是设计问题**

教学过程是一个发现问题、提出问题、分析问题、解决问题的过程。高明的教师常常是启发学生自己去发现问题、提出问题、分析问题、解决问题。教学过程中，教师必须发挥主导性。教师发挥主导性的关键，是让学生能够发挥主动性。为此，教师在设计教案时，其核心任务是设计问题。教师准备教案，一定要有问题意识。

我们中国有一本古书《九章算术》,春秋时代成书,有学者认为这本书是集体创作,有学者认为主要作者可能是刘歆。《九章算术》一共提出243个数学问题。当学生学完这243个问题,数学基础就打好了。南宋时代有一位世界闻名的数学家秦九韶,他在给母亲守孝的三年之中完成经典之作《数书九章》。这本书一共提出81个问题。这81个问题,有相当的广度与深度。学完这81个问题,相当于达到研究生的水平。

牛顿的《光学》这本经典著作,提出31个问题。这31个问题对于理解光学有重要价值。1900年,杰出的数学家希尔伯特在第二届国际数学家大会上提出了著名的"希尔伯特23个问题"。这23个问题是希尔伯特根据19世纪数学研究的成果和发展趋势而提出的,只要解决其中任何一个问题,都能对整个数学的发展产生很大的促进作用,甚至能创立新的分支学科。

希尔伯特认为提出的重大问题应当具有以下三个特点:①清晰性和易懂性;②虽然困难但给人以希望;③意义深远。希尔伯特是对全世界的数学家提出这23个问题。

教师给学生提出的问题,要有层次性,包括:①基本问题,有利于打好基础;②较为灵活的问题,有利于提高兴趣;③比较困难的问题,促进学生钻研。教师在适当的时候,除了给学生提出那些人类已经解决的问题之外,还要告知学生人类至今尚未解决的问题。这有利于学生选择今后努力的方向。

陈景润的中学老师沈元,在中学时就给学生讲述哥德巴赫猜想这一数学难题,给陈景润留下深刻印象,对于陈景润选定研究方向有很大启发性。

【故事】 陈景润的小故事

陈景润在福州英华中学读书时,有幸聆听了清华大学调来的一名很有学问的数学教师沈元讲课。他给同学们讲了一道世界数学难题:

"大约在200年前,一位名叫哥德巴赫的德国数学家提出了'任何一个大于2的偶数均可表示两个素数之和',简称1+1。他一生也没证明出来,便给俄国圣彼得堡的数学家欧拉写信,请他帮助证明这道难题。欧拉接到信后,就着手计算。他费尽了脑筋,直到离开人世,也没有证明出来。之后,哥德巴赫带着一生的遗憾也离开了人世,却留下了这道数学难题。200多年来,这个哥德巴赫猜想之谜吸引了众多的数学家,从而使它成为世界数学界一大悬案。"

　　老师讲到这里还打了一个有趣的比喻,数学是自然科学皇后,哥德巴赫猜想则是皇后王冠上的明珠! 这引人入胜的故事给陈景润留下了深刻的印象,哥德巴赫猜想像磁石一般吸引着陈景润。从此,陈景润开始了摘取数学皇冠上的明珠的艰辛历程。① 哥德巴赫猜想至今还未完全解决,陈景润已经取得最好的成绩。

● 问题要深浅适度，有生活背景，有实际意义

　　对于不同年级,对于不同学科,教师要善于提出不同的问题。问题太浅了,难以激发学生的兴趣;问题太深了,打击学生学习的积极性。问题提得太浅太深,都不好;问题要深浅适度,才有利于启发学生。问题的提出需要由浅入深,有阶梯性。问题要引人入胜,逐步进入思维的佳境。

　　教师需要认真研究升学考试的题目,大多数升学考试的题目都出得较好。因为,这些问题大多具有科学合理的信度、效度、难度、区分度。教师设计问题,最好是从学生提出的问题中进行优选,这就是要从学生实际出发;同时,教师设计问题,最好是密切联系学科核心关键的考点,进行组合,这就是要抓住主要矛盾。

　　我们学校教育的基本宗旨是为生活而教育,或者说,为生存而教育,为生命而教育。学校教育中师生们发现问题、提出问题、分析问题、解决问题都是与生活密切相关的,或者说与人类的社会生存密切相关,与个人的生命健康密切相关。师生关注的问题如果有生活背景,有实用意义,往往会引起学生的兴趣。

● 精选问题，是教师的一项重要任务

　　【实例】　给学生提出 20 个问题

　　这一节里,列出作者给大学生提出的 20 个问题,最先,是专为大学生讲学时提出的。作者到北京海淀区教师进修学校附属实验学校,尝试为高中学生也讲了一次,发现这些问题问问中学生也是可以的。当然,并不是要求学生对这些问题都能圆满回答。能够回答一半的问题,就很不错了。要提醒学生:这些

---

① 选自百度百科的"陈景润"。

问题是重要的问题,你应当慢慢将这些问题一一都了解、理解。

大学生应该着力提升自己的文化素养。当今世界的许多大学都强调通识教育,即试图提高大学生的综合文化素养。什么是文化?文化的内核是思维方式,文化的中介是交流方式,文化的外壳是生活方式。作为中国的大学生,应当对中国的传统文化有较深的理解。即应该对中国传统的思维方式、交流方式、生活方式有较深的理解。

从17世纪近代科学产生,到21世纪现代科学的进展,科学已从狭义的自然科学,推而广之为四大门类了:思维科学、自然科学、人文科学、社会科学。

(1)思维科学包括语文(国文与外文)、数学、逻辑学等学科;

(2)自然科学包括物理学、化学、生物学、地学、天文学等学科;各种工程技术,包括农学、医学等,通常也归在自然科学之内,或统称为理工科。

(3)人文科学包括文学、艺术、音乐、美术、体育、历史、哲学、宗教等学科;

(4)社会科学包括政治学、经济学、社会学、法学、商学、管理学等学科。

在西方,人文科学与社会科学通常是分开的;在中国,常将两者合而为一,统称人文社会科学,甚至简称为文科。

作为一位大学生,从专业方向看,大多是四大门类科学之一,且更具体为一门二级学科。但是,每一位大学生都应该对这四大门类科学有较为综合的基本的认识和理解。因为,只有这样才有利于培养创新精神和创新能力。故作者提出以下四大类问题:

其一,关于中国的传统文化(问题1~问题5);其二,关于全球的科学文化(问题6~问题10);其三,关于世界的人文文化(问题11~问题15);其四,关于当代的社会文化(问题16~问题20)。

根据自己的学习经验和自己的理解,简要回答这20个问题。问题仅供思索,回答仅供参考。学生应当独立思考,可以给出不同的答案,也可以自己重新提出其他问题。

其一,关于中国的传统文化。

问题1:中国古代的儒家经典《四书》,其第一书是《大学》。《大学》一开篇就论述了大学之道。什么是大学之道呢?

问题2:《论语》一共有多少篇?第一篇的名称是什么?第一篇的第一句话是什么?最后一篇的名称是什么?最后一篇的最后一句是什么?孔子说的"不愤不启,不悱不发"是什么意思?

问题3:老子的《道德经》(又称《老子》)中所表达的中国古代传统文化的自然观,可以用四个字来概括,即道法自然。道法自然是什么意思呢?您怎样理解呢?《道德经》有多少章?第一章、第二章、第八十一章您能背诵吗?

问题4:中国传统文化的社会观,可以选择《礼记·礼运》中记述的一段孔子的话来表现。这段话中有四个字:天下为公。这四个字孙中山先生经常引用和书写,您能背出这一段话吗?您能背出《礼记·礼运》中关于"小康"的那一段话吗?

问题5:在中国传统文化中,庄子继承了老子道法自然的思想。庄子明确提出天人合一的科学观。您知道庄子是怎样说的吗?

其二,关于全球的科学文化。

问题6:科学无国界,全世界科学工作者对科学本质目标已获得一些共识,您知道这些共识吗?请您说出几条。

问题7:科学和技术既有区别,又有联系。请您说出科学和技术的区别和联系有哪些?

问题8:牛顿力学原理的主要贡献是什么?麦克斯韦电磁理论的主要贡献是什么?爱因斯坦于1905年发表的"狭义相对论"的主要贡献是什么?爱因斯坦后半辈子致力于"统一场论"的研究,其主要目的是什么?

问题9:门捷列夫发现元素周期表的主要贡献是什么?原子结构理论的主要贡献是什么?

问题10:生命的基本单位是什么?生命是由哪些物质组成的系统?生命具有哪些不同于无生命物质的特性?现代遗传学的发展经过哪几个阶段?

其三,关于世界的人文文化。

问题11:斯诺(Charles Percy Snow, 1905 – 1980)在《两种文化与科学革命》的论文中提出有哪两类知识分子?其主要观点是什么?20世纪,知识界的两大思潮是什么?科学主义的方法论特点是什么?其教育的价值取向如何?人文主义的方法论特点是什么?其教育的价值取向如何?

问题12:诗歌被公认为是属于文学艺术,属于人文学科的范畴,但诗歌也能包含许多科学的内容,您同意吗?请您从唐诗宋词中举出一首进行说明。

问题13:当代国际公认的教育理念是哪几点?联合国教科文组织强调教育的四大支柱是哪几个?中国政府强调要提高受教育者的素质是哪些?

问题14:中国伦理教育的基本原理是什么?西方伦理学的"金科玉律"是

什么？中西伦理学的基本原理是一致的吗？

问题15：在世界上，大多数宗教的主要特点是什么？佛教、基督教、伊斯兰教、道教这四大宗教的主要特点是什么？这四大宗教传教的主要方式是怎样的？马克思主义对宗教研究的基本主张是什么？爱因斯坦有什么样的宗教观？

其四，关于现当代的社会文化。

问题16：孙中山先生提出的"三民主义"是哪三个主义？他是如何简要解释这三个主义的？其中美国前总统林肯的《葛提斯堡演说》对他有什么启示？

问题17：毛泽东撰写的"老三篇"是哪三篇文章？请您说出每一篇的一段名言。

问题18：18世纪法国启蒙思想家卢梭在《论人类不平等的起源和基础》中指出不平等的起源和基础是什么？他指出不平等的发展有哪三个阶段？马克思和恩格斯在《共产党宣言》中用一句话概括共产党人的理论，这一句话是什么？当今中国在经济上采用的所有制是什么？

问题19：毛泽东思想的精华及其主要贡献是什么？邓小平理论的精华及其主要贡献是什么？江泽民的思想精华及其主要贡献是什么？

问题20：中国共产党十六届三中全会通过《中共中央关于完善社会主义市场经济体制若干问题的决定》，其中提出的科学发展观是如何表述的？要求政府要做到哪五个统筹？胡锦涛在中国共产党第十七次全国代表大会上的报告中是怎样论述科学发展观的？科学发展观是在什么基础上提出来的？

● **问题解答要及时反馈，真正巩固**

这里应用了系统科学的三大原理。

【反馈原理】任何系统只有通过信息反馈，才可能实现有效控制，从而达到目的。

【有序原理】任何系统只有开放、有涨落、远离平衡态，才可能进化，走向有序。

【整体原理】任何系统只有通过相互联系，形成整体结构，才可能生成整体功能。

【实例】 "问题——建构"培训模式

"问题—建构"培训模式的特点是:针对需要建构的教育模式,提出和解决一系列相关的问题。

例如,为了建构"效能改进"教学模式,作者提出了 20 个问题,先让教师们思考,然后,对这 20 个问题给出相应的思考。这也是一种有效的培训模式。这是将"问题—反思"模式和"案例—建构"模式综合起来。

1. 什么是"效能改进"教学模式? 这种教学模式的主要目的是什么?

思考:科学测评教学效能,不断改进教学过程。特点是:以德育人,科学树人,注重实效,讲究效率。提倡高效教学,减小无效劳动。发现问题,及时改进。这就是"效能改进"教学模式。主要目的是:提高教学效率。上课的可测评量是:①问题提出;②思考时间;③教学环节。课后的可测评量是:①作业设计;②批改方式;③反馈时间。

2. 教师要有教案,学生必须要有学案吗?

思考:老师要有教案,充分发挥主导性;同样,学生要有学案,充分发挥主体性。学生要在预习和复习中,学会提出问题。问题要提得好,能抓住关键和要点。变被动地听课为主动地听课。有整体的教案,也应当有整体的学案。

3. 一节课 40 分钟,平均可以学习多少知识?

思考:一节课教学目标的设定,一定要根据学生实际和教学内容,突出重点,抓住关键,克服难点。一节课仅仅有 40 分钟,不可能面面俱到,教学目标是相当有限的。一节课平均可以学 5～20 个组块,1 个产生式。少则得,多则惑。认识到这一点很重要,才能真正提高教学效率。

4. 知识分为几大类? 教学目标只能写出哪类知识?

思考:广义的知识分为两大类,①外显的编码化知识(事实知识、原理知识);②隐含的经验类知识(技艺知识、人才知识)。前者,可以言传,通常理解为狭义的知识;后者,难以言传,只能意会。教学目标,通常只能写出可以言传的知识;而只能意会的知识是无法写出来的,只能融合、渗透在教学之中。分清两大类知识,有利于提高教学效率。

5. 知识与技能有什么不同? 应该作为"一基"还是作为"双基"?

思考:知识与技能不能作为一维。知识重在逻辑性,技能重在操作性,两者有明显不同,是有差异的。这里的知识显然是指狭义的知识,可以言传;而技能靠体验与感悟,难以言传,传统教学中重视基本知识、基本技能,即"双基",已被实践证明是有效的。有意和无意削弱"双基",这不可能是高效的教学。

6.情感态度和价值观是教学的短期目标还是长期目标？是显性目标还是隐性目标？

思考:情感态度和价值观,大多属于隐含的经验类知识。在制订教学目标时,很难准确地将情感态度和价值观作为教学目标的一维。如果硬性要求每一节课都要写出达到的情感态度和价值观,通常就只能"贴标签"。形式主义地贴太多标签,教学效率必然降低。情感态度和价值观是教学的长期目标,而不是一节课的短期目标;是隐性目标,而不是显性目标。分清长期目标和短期目标,分清显性目标和隐性目标,才可能提高教学效率。

7.什么是启发式教学的关键？提出问题和思考时间的基本要求是什么？

思考:教师要引导学生提出问题,然后选择出好的问题,引起积极思维。一节课内,提出多少问题为宜,要研究,多了不行,少了也不行。提出一个好的问题后,要让学生思考问题,让学生处于"愤悱"状态。思考、愤悱的时间多长为宜,要研究,时间长了不好,时间短了也不行。

8.教学效能测评的两大要素是什么？教学中可以测评吗？

思考:教学效能的测评有两大要素,问题提出和时间控制。问题提得好,问题的量适度,则教学效率高;时间控制得好很重要,时间多了或少了,教学效率都不佳。课堂教学的提问,以学生思考3～5分钟为宜。教师要掌握好上课每一阶段的时间和节奏。

9.基础教学中,每一节课可分为几个环节？每个环节需要多少时间？

思考·在基础教育中(1～9年级),每节课总是要有5～8个环节,平均每一环节占用5～8分钟。每一环节(或称阶段),是一个小"节目",不宜太长,也不宜太短。要根据学生实际和教学内容灵活调整,以提高教学效率。

10.教学中如何才能引起学生的兴趣？

思考:教师在教学中要充分体现出学科的特点和魅力,要能打动学生,吸引学生注意,引起学习兴趣。这样,才可能是高效的教学。教师要逐渐形成独特的教学风格。要使学生会学、好学、乐学,则教师首先要会教、好教、乐教。

11.教师会教,学生会学,各有哪4条要点？

思考:教师会教有四大要点:晓之以理,导之以引,动之以情,传之以神;学生会学也有相应的四大要点:思考接受,活动探究,情感体验,合作交流。每一节课中,上述四大要点最好都能表现出来,教学效率才能提高。

12. 教学中要鼓励学生思维发散,需不需要引导思维收敛呢?

思考:上课时,要求师生的思维要发散,想出解决问题的多种可能性;同时,又要求师生的思维要收敛,不能一味不着边际地玄想。40分钟的教学,必须聚焦在有限的教学目标上,才能提高教学效率。

13. 作业设计怎样才能做到多样化和科学化?

思考:高效教学一定要认真研究作业设计。作业设计要多样化、科学化。有教师布置的作业,有学生自选的作业,有任务驱动的作业,有竞赛准备的作业,有师生共研的作业,有学生合作完成的作业,等等。一定要改变作业的单调乏味。作业要多样有趣。

14. 批改作业的主要方式有哪些? 怎样提高效率?

思考:三种作业批改方式要交替进行:①教师发正确答案,学生自批自改;②教师发正确答案,学生互批互改;③教师全批全改,学生反思自评。要提高作业批改的效能。关键内容,教师应当全批全改。一般内容,可由学生自批自改或互批互改。要提高作业批改的实效。

15. 在教学中,要及时反馈,反馈的时间以多长时间为好?

思考:及时反馈是一条重要的教学方法。对中小学生而言,所做的练习,所考的试题,如果当天学生能知道正确答案,并主动改正错误的部分,强化正确的部分,才能真正提高教学效率。

16. 通用的学习方法和态度是什么?

思考:要在教学中不断渗透科学的学习方法,才能提高教学效率。通用的学习方法和态度是:①专心听课,做好笔记,及时复习,认真做题;②独立思考,勤下苦功,不懂要问,直到真懂;③认真实验,细心大胆,动脑动手,追究根源;④每章学完,系统复习,学会总结,掌握联系;⑤不怕困难,反复钻研,败不自卑,胜不自满;⑥循序渐进,由浅入深,不要急躁,不要停顿。

17. 有针对性的教学如何帮助学生改进学习策略?

思考:高效教学要提倡教学的针对性,因材施教,因材择学。教师要充分了解学生的问题所在,要指导学生在学习过程中,不断寻找适合自身特点的好的学习策略。有强调逻辑的策略,有强调操作的策略,有强调情感的策略,有强调交往的策略。教师可以分别给予不同类型的学生以不同策略的指导。

18. 有效教学的基本过程和突出特点是什么?

思考:有效教学的基本过程和突出特点是:激发思考,逻辑简明;引导活动,幽默有趣;富于激情,饱含诗意;指点迷津,充满智慧。

19.学习的方式有哪些水平? 学习方式有一个发展过程吗?

思考:学习方式有多种水平。不同年龄的学生,对不同的学习内容,应当分别采用相应水平的学习方式,才能提高学习效率。并非一味采用高级水平的学习方式,才是高效率。①初级水平:机械记忆,浅层理解,简单应用,被动接受;②中级水平:意义记忆,中层理解,综合应用,主动探索;③高级水平:整体记忆,深层理解,创造应用,有所发现。三种水平的学习方式都是存在的,应当重视由初级水平向高级水平的自然转化,而不是人为强加。

20.不同学科的学习特点相同吗? 请举出不同学科的不同学习特点。

思考:不同学科,主要的学习特点是很不相同的。充分根据学科的特点,教会学生采用相应的学法,才能提高教学效率。①学习科学时,学习的特点是:探究问题,理解规律;②学习技术时,学习的特点是:设计方案,操作试验;③学习文学时,学习的特点是:熟读经典,领悟发挥;④学习艺术时,学习的特点是:模仿鉴赏,审美立美。对不同学科只强调某种方法,显然不能提高教学效率。

第二节 用四种思维方式提出问题

14. 问题、思维、知识,三者紧密联系。(1)这是唯一的解决办法吗? 还有其他解决办法吗? ——增加思路;(2)如果那样做,会出现什么情况呢? ——要有预见;(3)出现这样的结果满意吗? 我的情感上能接受吗? ——尝试体验;(4)别人怎样看这个问题? 别人会有怎样的感受? ——设身处地。

"已欲立而立人,已欲达而达人。"(《论语·雍也》)

子贡问曰:"有一言而可以终身行之者乎?"子曰:"其恕乎! 已所不欲,勿施于人。"(《论语·卫灵公》)

"你们愿意别人怎样对待你们,你们也要怎样待别人。"("Do to others as you would have them do to you.")(《新约全书·路加福音第六章》)

中国伦理教育的基本原理,是孔子提出的忠恕之道,即由己推人之道。孔子表述为:"己欲立而立人,己欲达而达人。"意思是:你自己想生存,帮助别人生存;你自己想发展,也帮助别人发展。上述孔子原理的等价表述是:"己所不欲,勿施于人。"意思是:你不想别人这样对待你,你就不要这样对待别人。

西方伦理学中的"金科玉律"是《圣经》上主张的:"你们愿意别人怎样对待你们,你们也要怎样待别人。"("Do to others as you would have them do to you.")中国与西方伦理学的基本原理是一致的。通俗地说,都是要将心比心、设身处地、由己推人。用科学的术语说,即是要遵从对称原理,具有变换的不变性。待人处事的原理不要因为你、我、他之间的变换而变换。

● 问题、思维、知识，三者紧密联系

从四象限思维模式来认识知识分类,也有启发性。一些文献上仅仅将知识分类为:陈述性知识和程序性知识。作者以为,这只分两类,是不充分的,是不够的。从四大思维模式分类进行分析,还应当增加:审美性知识和交际性知识。根据回答问题的不同,可将知识分为以下四大类:

(1)陈述性知识,重在逻辑性,回答:它是什么和为什么?

(2)程序性知识,重在操作性,回答:怎么操作? 怎么做好?

(3)审美性知识,重在情感性,回答:怎样感悟? 怎样鉴赏?

(4)交际性知识,重在交往性,回答:怎么交流? 怎么传播?

我们在生活中比较重视陈述性知识和程序性知识,比较忽视审美性知识和交际性知识,这不利于学会做人,学会求知,学会做事,学会共同生活。无论在学校学习,还是在社会工作,这四类知识都是需要的。

做一件事,经常思考下述四个问题,分别从逻辑、操作、情感、交往这四种思维模式去思考,容易使事情获得较大成功。有学者认为,成功者经常思考三个问题(分属 A、B、D),作者增加一个问题(C 型),即有如下四个问题:

(1)这是唯一的解决办法吗? 还有其他办法吗?

这是从逻辑上来思考,可称为选择性的逻辑思维。增加思路。

(2)如果那样去操作,会出现什么样的情况呢?

这是从操作上来思考,可称为前瞻性的操作思维。要有预见。

(3)出现这样的结果满意吗? 情感上能接受吗?

这是从情感上来体验,可称为体验性的情感思维。尝试体验。

(4)别人怎样看这个问题? 别人会有怎样的感受?

这是从交往上去思考,可称为换位性的交往思维。设身处地。

这四个问题以及相关的四种思维模式,并非彼此孤立,而是相互联系,常常是你中有我,我中有你。

我们在生活中,要面临一系列决策、选择。我们可以从孔子的大智慧"文、行、忠、信",从心理学的方法"知、行、情、意",这些"四象限"思维中受到启发。可以进行四种分析来决策、选择:

(1)逻辑分析:认识是优势还是劣势? 如何发挥优势,避免劣势?

(2)操作分析:认识可行还是不可行? 如何采纳可行,拒绝不可行?

(3)情感分析:认识乐于还是不乐于? 如何选择乐于,改变不乐于?

(4)交往分析:认识是机遇还是威胁? 如何抓住机遇,减少威胁?

【论述】 文行忠信与知行情意

在《给教师的 20 把钥匙》和《给学生的 20 把钥匙》中,作者采用思维模式的"四分法",也可以称为思维的"四象限"模式。这可以追溯到孔子的思想。

《论语》中写道:"子以四教:文、行、忠、信。"孔子用四种方式教育学生,恰恰对应着上述四种思维模式:

(1)"文"指文化知识,强调逻辑思维,教师要晓之以理,学生要思考接受。

(2)"行"指行为实践,强调操作思维,教师要导之以行,学生要活动探究。

(3)"忠"指忠心处事,强调情感思维,教师要动之以情,学生要情感体验。

(4)"信"指诚信交际,强调交往思维,教师要传之以神,学生要合作交流。

在解决教学问题时,教师晓之以理,导之以行,动之以情,传之以神。四种方式都应用到,教学效果难道不会好吗?

在解决学习问题时,学生思考接受,活动探究,情感体验,合作交流。四种方式都应用到,学习效果难道不会好吗?

孔子在教学中用了四种方式:文、行、忠、信。这恰恰对应着现代心理学强调的四要素:知、行、情、意。可见,孔子的教育思想中也包含有心理学的内容。

现代心理学强调的四要素"知、行、情、意"已经引申出四种理论:

(1)"知"方面已有认知主义心理学,着重解决认知方面的问题;

(2)"行"方面已有行为主义心理学,着重解决行为方面的问题;

（3）"情"方面已有人本主义心理学，着重解决情感方面的问题；

（4）"意"方面已有建构主义心理学，着重解决群体方面的问题。

上述分类当然是相对的，并非彼此孤立，而是相互联系。既要分类思维，又要组合思维，这样才是辩证思维。

"知"方面有认知主义心理学，"行"方面有行为主义心理学，"情"方面有人本主义心理学，这些是容易理解的。为什么把"意"与建构主义心理学联系在一起呢？"意"指人的意志，既有个人的意志，又有群体的意志。建构主义心理学强调学习的社会特性，着重解决群体方面的问题。所以，在"知、行、情、意"四要素中，相对的可归在"意"这一要素之下。

图4-1 孔子的智慧"四教"　　　图4-2 心理学的"四要素"

在当今，上述四种心理学理论都共存着，发展着，相互影响，相互渗透，并不是一个理论取代另一个理论。

【故事】 借题发挥讲学会做人

我在给中学生、大学生作题为"求学与做人"的报告中，借题发挥。我是从本世纪中国的高考作文题谈起。2001年至2005年全国高考统一的语文试卷中，分别有5道统一的作文题，这5道作文题是：

2001年：请以"诚信"为话题，写一篇作文。

2002年：请以"心灵的选择"为话题，写一篇作文。

2003年：请就"感情亲疏和对事物的认知"为话题，写一篇文章。

2004年：请以"遭遇挫折与放大痛苦"为话题，写一篇作文。

2005年：请以"忘记与铭记"为话题，写一篇作文。

全国统考的这5道作文题，都重在引导学生学会做人。这5个题目对于中学生和大学生都有重要意义。我希望中学生、大学生，以这5个题目自己作文。然后，在网上查一查当年得满分的作文，仔细读一读，比一比，差距在哪里。以下,我引出了给学生提出的学会做人的5条建议。

建议1:学生学会做人的重要标准是自觉诚信。

诚信才可能使你得到持续发展

诚信是最经济、最有效的决策

诚信才可能使你得到真正友谊

诚信,是学会做人的重要标准

建议2:学生学会做人的重要方法是学会选择。

信息太多、太杂,必须善于选择

学会选择才可能降低"机会成本"①

可以选择扬长避短发挥优势

可以选择用长补短迎接挑战

建议3:学生学会做人的重要过程是整合感情和理性。

用理性去驾驭和超越感情

用感情去驾驭和超越理性

处理事情既要有理性也要有感情

阴阳互补,辩证思维,要有弹性

我送给大家一首诗。

理性与感情

没有理性的感情,是一束烧伤心灵的火焰

没有感情的理性,是一团冻坏机体的冰山

我歌颂理性的感情,我赞扬感情的理性

理性与感情相交融,世界才会充满和平

建议4:学生学会做人的心理状态是:要以乐观的态度对待挫折,不要放大痛苦。

放大痛苦是中国和外国一些大学生的通病,心理学家认为,这是一种糟糕的思维模式。看一段英语:

The worst thinking pattern :

---

① 所谓机会成本,简单说是指:你选择了这样,就不可能同时选择另一样,两相比较,收益之差,就是你付出的机会成本。

The biggest problem lies inside me

It affects everything I do , and

It will never change

我建议学生们看一看青城山的一幅名联,可以受到启发。这条名联,反映了道家的思想方法。

青城山名联

事在人为 休言万般都是命

境由心造 退后一步自然宽

个别青年人,想不开,走到悬崖边,你不必往前,跳下去,没意思。你想一想:事在人为,休言万般都是命;境由心造,退后一步自然宽。这不是很好吗?

看一看人间沧桑,个人那点小事,有什么了不起? 特别是个别青年人,为了爱情去寻短,那就更不值得! 看一看大自然,多么坦然! 要道法自然。

成都的宝光寺有一幅名联,反映了佛家的思想方法。这一名联,对于我们处理挫折,也有启发性。这是大彻大悟啊!

宝光寺名联

世外人 法无定法 然后知非法法也

天下事 了犹未了 何妨以不了了之

孔子的语录集《论语》中,有很多名句。这些名句,常常可以变成对联或短诗,反映了儒家的思想方法。这些名句对于我们处理挫折,面对生死,认识鬼神,也有启发性。例如:

《论语》中选出的对联

未能事人 焉能事鬼 未知生焉知死 敬鬼神而远之

知者乐水 仁者乐山 知者乐仁者寿 不知老之将至

建议5:学生学会做人的重要策略是善于忘记与铭记。

我认为,人的大脑既能忘记,又能铭记,两者都是优点。这一优点是有条件的:该忘记的就忘记,该铭记的就铭记,这就很好;反之,就很不好。忘记别人的恩情,忘记了感恩,这是不好的;铭记小是小非,铭记怨恨烦恼,这是不明智的。请看一看下面这首诗。

铭记与忘记

君子能铭记,但更多是忘记

忘记怨恨、忘记烦恼

忘记无意义、不愉快的苦果

忘记生活中的乌鸦与麻雀

剩下的就是智慧与快乐

君子能忘记,但更多是铭记

铭记恩情、铭记原理

铭记事物活生生的整体联系

铭记生活中的亲人和知己

奉献、创新、报恩,都很具体

君子之忘记,是大智大慧

君子之铭记,是大慈大悲

第三节　学会提问比学会解题更重要

15. 教师更重要的任务是要求学生在预习和复习中提出问题,以及在生活中广泛提出各种问题。教师在教学中要善于把学生提出的有价值的问题,让学生思考。学会提问比学会解题更重要。提出有意义的问题和解决未知的问题,都是创新。

子曰:"知之者不如好之者,好之者不如乐之者。"(《论语·雍也》)

"子入太庙,每事问。"(《论语·八佾》)

"现在我提出四个问题,叫做'每天四问'。第一问:我的身体有没有进步?第二问:我的学问有没有进步? 第三问:我的工作有没有进步? 第四问:我的道德有没有进步?"(陶行知:《每天四问》)

这里要应用一个教育原理。

【继承与创新原理】生命的进化依靠遗传与变异,社会的进步依靠继承与改革。教育是培养人的社会活动,一定是在继承基础上的创新。教育没有继承就没有创新,没有创新也就没有真正的继承。教师一定要领会前人的创新,自己才可能有创新。

● 教师更重要的任务是要求学生提出问题

【实例】 中学生提的问题

2004 年 4 月 27 日,作者为成都七中实验学校的全校学生(有初中生,有高中生),作了题为"求学与做人"的报告。报告后,留下 30 分钟回答同学们当场提出的几十个问题。由于时间关系,没有全部回答完。回家后,作者将这些问题在电脑上打印出来,共 76 个问题,一一作了书面回答。[①]

2005 年 4 月 19 日,作者又被邀请到成都七中实验学校,为高中 2007 级全体学生(194 人),作"给中学生谈'学会学习'"的报告。作者的报告,有一个全文的书面稿,于是就可略讲了。在报告之前,龚廉光老师将同学们关注和困惑的十多个问题交给作者。在报告时,并没有一一回答。

这次报告,主要是当场用问卷调查:优秀学生的素质和学习优秀的学生的素质,在五位班长的协助下,当场统计出这 194 位学生倾向性的看法。根据统计结果,讲解如何学会做人、学会学习。同学们的选择结果,实际也直接或间接地回答了同学们提出的问题。

上述两次报告中,从初中生到高中生,共提出的 88 个问题,有一定的代表性。作者将这 88 个问题分为四大类:

其一,有关学会做人,提高思想道德素质的问题;

其二,有关学会学习,提高科学文化素质的问题;

其三,有关学会做事,提高劳动技能素质的问题;

其四,有关学会生活,提高身体心理素质的问题。

一些问题及回答是明显属于上述四大类中的一种,不少问题及回答却既可以属于这一类,又可以属于那一类。于是,作者就稍加微调,以求大致平衡,每

---

① 查有梁:《给学生的 20 把钥匙》,成都:四川教育出版社,2010 年。

一大类都有 22 个问题，为的是便于学生阅读和思考。有的问题和回答，略有重复，可以加深印象，所以保留。现列举如下。

一、学会做人，提高思想道德素质

1. 在未来社会中，人才应具备什么能力？

2. 人们可以根据自己的经验常识作出自以为正确的估计，但有可能会成为一种"自我设陷"，请问我们怎样才能正确地评价自己？

3. 请问老师，我们普遍认为现在的知识学来基本上是对以后没有什么用的，除了英语等，很多高中学的知识根本没有用，有的人说学到初一初二的东西基本就够了。为什么我们不能学习一些更多有用的实际的知识，我们就算高考考得好，考个好大学，毕业后说不定还是庸才，教育制度纯属应试教育，您是怎样看的？

4. 到高中开始分理科和文科时，一般选文科还是理科？

5. 既然您已经觉得中国教育出现弊端，您又为什么不出来独领一面大旗呢？比如说出书等，现在中学生认为只有你们这些人才能解救，或许您还是怕枪打出头鸟？

6. 如果不想学习，但又怕以后没出息，怎样去克服这种不想学习的想法？

7. 老师，报纸上说吸烟、喝酒是抗"非典"，对吗？

8. 通过多种途径获得答案，那么手法上肯定各不相同，如果有不正当的手段，自己又不甚理解，该如何制止？

9. 参加竞赛，在其中花费大量时间没有意义吗？把它当作大学的敲门砖不行吗？我觉得我现在已经有好几科不行，但我觉得我去拼命突出一科，还是有希望进名牌大学，对吗？

10. 中学生怎样才能成为才子？

11. 不必去看别人有多好，把自己该干的事干好就行了。这是真的吗？

12. 您觉得中国现在的教育考试制度，像不像明朝时的八股取士？

13. 您对现在青少年吸烟、饮酒，有什么预防方法？

14. 请问国内外教育体系发展的趋势的矛头指向哪里？作业吗？

15. 您认为国内学生去外国留学有意义吗？

16. 在与同学交往中，与异性深交是不是件好事？

17. 为什么家长总对我说"打你是为你好，黄荆条子出好人"？

18. 现在耍朋友会不会影响学习？

19. 怎样才算优秀中学生？

20. 自己应该做一个什么样的人？

21. 找不到真实的自我怎么办？

22. 世界到底是什么？人为什么而活着？以后我可以干什么？

二、学会学习，提高科学文化素质

1. 我很认真地学习副科(历史、地理等)，可是同学们说学习副科没有用，父母也是这样说，是不是没有用？

2. 怎样才能真正地读懂一本好书？

3. 上课不能集中注意力，怎么办？

4. 在不懂的问题上，有时问老师被同学知道后说自己无知，不问又不懂，怎样才能解决这种问题呢？

5. 请问如何看待如今既要分科，又要有创造力？

6. 如何培养对数学的兴趣？

7. 在面临重要考试前，我们应该怎么做？重要复习什么？

8. 怎样学好语文？怎样学好英语？

9. 我对于您的"在初中不用把一门学科学得十分十分好"有些不明白。我认为，一个人要能把自己所学的东西都学到拔尖，到了中考时才能有一个令自己满意的成绩。请您再细讲一下此问题。

10. 语文的阅读和作文怎样才能有所提高？

11. 如果我并不偏科，但又样样精通，样样稀松的状况，如何消除？

12. 读书具体指哪些书？

13. 怎样提高学习效率？

14. 您认为课外知识应泛泛而学，还是专一地学，把某一样钻得很深，还是每一样都有所了解？

15. 您不是说考试后一定要知道答案，那就是考完试就必须对答案，这样好吗？

16. 我们班有一个同学外语考十多分怎么办？怎样学好数学？

17. 我的数学、物理、化学都特别差，但我还是要学理，因为我怕背书，应该怎么办？

18. 勤奋学习了，一定会有收益吗？为什么有些人学习了，却没有成果？

19. 这是一个需要分象限讨论的问题：英语这个忘了咋办？我发现我初中时做的卷子现在做居然不如以前了。还有，怎样寻找学习的动力呢？你说的那么多的方法，哪个最有效？

20. 怎样算刻苦学习，要到什么程度？

21. 希望了解成功人士的心理历程。

22. 希望了解让我学得更好的方法。

三、学会做事，提高劳动技能素质

1. 如何培养创造能力？如何使我们自身本来拥有的创造力进行发挥？

2. 您说的"如果对艺术和体育方面很擅长，就可以大力发展，不用多在乎学习"，我不赞同。现在的社会很重视艺术和体育，但如果没有重点大学的文凭，就很难找工作。

3. 您对现在的高考制度有何看法？

4. 您说要加强对艺术、体育的培养。在小学时我学钢琴并考了八级，但到了中学，由于学习紧张，我放弃了弹钢琴。我是否应一直把钢琴学完、学好？

5. 关于学习，学某些科作了努力，回报很小，是不是应该尝试其他方法或暂时冷静一下？

6. 您也赞成不学就没有成就吗？为什么有那么多人不学习却可以有成就？他们的成就是像比尔·盖茨一样玩出来的吗？

7. 怎样把文理科（综合）统一起来（寻找共同点）寻求发展？并且在学习中充分发挥自己潜在的动手能力？

8. 如果现在偏科了，怎样进行挽救？

9. 您对现在的中考制度有什么看法？

10. 要分科了，父母要我自己决定，而我理科不行，但文科又不见佳，我该如何选择呢？依靠成绩、兴趣，还是社会的发展趋势而定呢？

11. 现在我们学的所有科目都要学好，但读大学后总要选择自己喜爱的专业，那么您对这些有什么看法？

12. 我不同意您开始说的参加竞赛会影响学习，我觉得参加了竞赛为什么会影响学习，参加了会促进其他科的进步。

13. 怎样找学习目标？找到目标却不能变成学习动力怎么办？

14. 我现在努力学习较差的一门科目,成绩上升了,可其他科,连我的强项成绩都下降了,怎么办?

15. 在成功的道路上,是否要把握住机会,表达自己? 并且,现在的初中学生是否从现在开始就要进入社会实践?

16. 上帝总是公平的,他给每个人每天都只有 24 小时,其中学习的时间更是有限,于是我尝试着 stay up(熬夜),您认为怎么样? 您认为对于高中学生几点睡觉为佳?

17. 发展自己的特长爱好,还是全方面地学习? 但是有的时候,不关自己特长的东西,就是提不起兴趣。

18. 请问:怎样处理好特长发展的时间和学习的时间,特别是面对高中紧张的学习生活?

19. 未来到底应做什么?

20.21 世纪最需要哪些方面的人才?

21. 如何根据现状(自己)选择大学、专业? 如何调整学习压力过大时的心态?

22. 什么时候出国留学最好? 出国要走怎样的道路?

四、学会生活,提高身体心理素质

1. 少量喝酒可以活血、暖身,为什么青少年不能喝?

2. 现在学生着重于全面发展,怎样才能更好地分配和支配时间呢?

3. 大型考试前应有什么状态?

4. 如何最终达到自己的目标? 对于途中的挫折应该如何面对?

5. 孔子曾说:"三人行,必有我师焉。择其善者而从之,其不善者而改之。"但在社会的激烈竞争中,我们应对"别人为了竞争而不向你传教优点"的做法持什么态度呢?

6. 智商不能决定一切吗?

7. 情绪与学习有关,怎样能使情绪不影响学习,学习不影响情绪?

8. 有健康的身体和良好的学业,就能有发展的潜力吗?

9. 我虽然找到了适合自己的学习方法,但有时却坚持不下去,或者有时集中不了精神,该怎么办?

10. 我每天不断地学习,可还是不如其他同学,我不知道这是为什么。老师有什么好建议?

11.当我学不进去一科时,我该怎么办? 虽然那是我曾经最爱的一科也是最好的一科?

12.怎样培养兴趣? 如何保持好奇心?

13.对于学习我已经努力了,但还是没有进步,能告诉我这是为什么吗?

14.我对一项特长很感兴趣,而且很有天赋,但家长不准,只让好好学习,因此我郁闷! 很伤心! 怎么办?

15.怎么样可以在保证充足的睡眠情况下,做好作业,看参考书等等,时间怎么才够用?

16.如果说您的某一科成绩很不好,恰好教那一门功课的老师就是您的班主任,您怎样去与他/她沟通?

17.由于年纪小,所以体育考试总不及格,我觉得这样不公平。

18.我这次数学考得很差,我爸现在看到我就非要喊我去看书,休息不成,弄得我很烦,看到书就讨厌,又不好不看,咋办?

19.如果当家长与孩子之间发生学习冲突的时候,该怎么办?(如家人周末希望你去补课,而你又不愿意)

20.我的数学成绩一直很好,但自从发生了两件令我不高兴的事之后,我的数学成绩就一落千丈。我想请问如何才能提高。

21.怎样制止发泄不良情感?

22.如何克服悲观情绪,融入最佳学习状态? 怎样才能不受外界干扰或排遣内心干扰专心学习?

● **教师在教学中要善于把学生提出的有价值的问题,让学生思考**

教师根据所教学科的知识结构:基本概念和基本原理,以及这些概念和原理的内在关系,可以提出一系列问题。但是,学生会提出什么问题呢? 教师要培养学生预习和复习的良好习惯。预习和复习中,关键是学生要提出问题。学生提出的问题很广泛,教师要善于从学生提出的问题中,选择最有意义的问题,让学生自己先思考,然后教师再讲解。

● 学会提问比学会解题更重要

按照不同的知识类型,可以分别提出以下问题:

(1)陈述性知识,要提出这样的问题:它是什么和为什么?

(2)程序性知识,要提出这样的问题:怎么操作? 怎么做好?

(3)审美性知识,要提出这样的问题:怎样感悟? 怎样鉴赏?

(4)交际性知识,要提出这样的问题:怎么交流? 怎么传播?

工作和学习中,要干好一件事,可以分别提出以下问题:

(1)这是唯一的解决办法吗? 还有其他办法吗?

(2)如果那样去操作,会出现什么样的情况呢?

(3)出现这样的结果满意吗? 情感上能接受吗?

(4)别人怎样看这个问题? 别人会有怎样的感受?

大事要决策,面临一系列选择,可以提出如下问题:

(1)我们是处于优势还是劣势? 如何发挥优势,避免劣势?

(2)这样干是可行还是不可行? 如何采纳可行,拒绝不可行?

(3)大家是乐于还是不乐于? 如何选择乐于,改变不乐于?

(4)这是机遇还是威胁? 如何抓住机遇,减少威胁?

——以上的提问说明:如何提问也是有规律可循的。

● 提出有意义的问题和解决未知的问题，都是创新

在学科专业内,发现问题、提出问题、分析问题、解决问题,是密切联系的。发现问题,需要直觉思维,需要有洞察力;提出问题,需要逻辑思维,要有恰当的语言表述;分析问题,需要多种思维、系统方法、辩证方法,都是不可或缺的;解决问题,也需要多种思维,需要综合集成,融会贯通,才有利于解决问题。

提出有意义的问题,就意味着解决问题做了一半,所以说,提出有意义的问题就是创新;解决未知的问题,需要集中多种智慧,当然是创新。人类的进步,就是不断地从提出有意义的问题,到解决未知的问题。从问题到问题的过程,就是创新的过程,就是进步的过程。

第四节　系统研究学生的问题，回答要有针对性

16. 要鼓励学生提问题，要将学生的问题集中起来，进行系统研究。努力做到针对性强，切实帮助学生解决提出的问题。回答学生的问题之后，能让学生眼睛一亮，心领神会。从问题到问题，学无止境。

子曰："敏而好学，不耻下问，是以谓之文也。"（《论语·公冶长》）

子曰："默而识之，学而不厌，诲人不倦，何有于我哉！"（《论语·述而》）

"论立于此，若射之有的也，或百步之外，或五十步之外，的必先立，然后挟弓注矢以从之。"（［宋］叶适：《水心别集·十五·终论》）

孔子说：聪敏又勤学，不以向职位比自己低、学问比自己差的人提问为耻辱，所以可以用"文"字作为他的谥号。

孔子说：默默地记住所学的知识，学习却不感觉满足，教导他人不知疲倦，这些对我来说有什么遗憾呢？

"有的放矢"和"对症下药"，都有言论和行动要有针对性的意思。但"有的放矢"偏重有目的、有针对性；"对症下药"偏重针对不同的情况确定措施和办法。

● 要将学生的问题集中起来，进行系统研究

【实例】　大学生提的问题

2003 年 9 月 7 日，作者为四川师范大学艺术学院的新生作了题为"求学与做人"的演讲，有 20 多位同学当场口头提问，作者一一作了回答。9 月 8 日，又为公共管理、人力资源管理、政教系、计算机系的新生作了"求学与做人"的演讲。演讲的提纲是一个，但两次讲的具体内容大部分不一样。

9 月 8 日，同学们书面写了 70 多个问题，作者当场作了回答。后来发现还

有几个问题,未在教室里回答,为了遵守诚信的诺言,故整理讲演提纲以及问题与回答,打印出来,供同学们参考。对于中学生的问题,作者的回答要详细些。对于大学生的问题,作者的回答要原则些。要因材施教。①

作者把这些问题也分成四大部分:其一,大学生心理健康的问题;其二,大学生学科学习的问题;其三,大学生专业与就业问题;其四,大学生的生活安排问题。

一、大学生心理健康的问题

1. 人的自信很重要,应该怎样树立自信呢?

2. 如果对于某件事或者对于很多事都很喜欢,担忧、担心做不好,要怎样才能让自己对待事物的焦虑情绪放松下来?

3. 现在的竞争很大,大学生活不再是以前那种悠闲的生活,我们应该保持怎样的心态去面对竞争,尤其是竞争带来的失败?

4. 现在的就业压力、社会变迁太大,我们应该以怎样的心态来面对,应以怎样的信念来好好做人,做自己理想中的人?

5. 高中时候读理科,大学读文科感觉无从适应,对什么知识都不知道,心里有些无奈和烦躁,害怕失败,请问怎样解决?

6. 听了您的演讲,我们感到您对学习、生活是非常积极主动、自信的,但因为种种压力,难免会有挫折、动摇的时候,这时,您如何自我调节呢?

7. 如何使自己在大学里变得自信?

8. 怎样面对高考失败带来的郁闷?

9. 由于对所学专业有些不满意,转专业的希望也比较渺茫,上了两堂课给我的感觉不是很好,对未来四年有些迷惘,有些彷徨失措,应该怎样减轻思想上的压力呢?

10. 您有没有觉得生活没有意义,甚至一切都没有意义。如果有,您是怎么克服这种心理的?

11. 怎么提高我的社会交往能力?

12. 没有自信和胆量去展现和锻炼自己,怎么办?

13. 越学越发现自己很无知,有什么办法克服这种心理?

---

① 查有梁:《给学生的 20 把钥匙》,成都:四川教育出版社,2010 年。

14.我性格很内向,胆量很小,如何提高自己的胆量?

15.请问在大学学习生活期间,怎样的心理状况才算健康?

16.您说的都是如何做一个好人,但是这个社会很现实,社会中的一个人,会被生活所累。我想更重要的是如何做到方和圆。您同意我的看法吗?

17.读书,如何才能保持自己独立的思想,不受偏激思想支配?

18.怎样做到谦虚?

19.怎样才能处理好大学中的人际关系?

二、大学生学科学习的问题

1.上政治课听不懂怎么办?

2.理科生怎么学好政治、历史?

3.大一如何把握、实行高中与大学的转折,使四年大学生活充实、高效?

4.我是计算机科学学院的,成都有电子科大这样的名牌大学,我们的就业压力将会很大,那怎样提高我们的就业竞争力呢?

5.政治课笔记做不完整,老师念得太快怎么办?

6.怎样学才能顺利通过英语四级考试?

7.查教授,您在这短暂几十年里,为什么能学到这么多东西,取得如此大的成就? 有什么秘诀和经验吗?

8.在高中时候使用的学习方法在大学时使用,可以吗?

9.大学里,怎样才能找到适合自己的学习方法,提高学习效率?

10.本是读理科的学生却阴差阳错地被文科专业录取,对老师讲的课懂的不到1%,怎么办? 我真的感到迷惘。

11.大学生应怎样自学?

12.请列举几部经典著作(关于人力资源的)。

13.文科生应该选修哪些理科或阅读什么书籍,以加强我们的理性思维。

14.理论和实践是不可分割的,还是有重点的,我们应该怎样好好地处理两者的关系?

15.请问:"学会学习,学会做事,学会生活,学会做人",为什么学会做人放在后面,是因为它的重要性,排在最后吗? 至少我觉得它应该排在这四点之首。

16.对数学完全丧失信心了,看着它就发火,学着它就睡觉,怎么办?

17.历史老师不讲普通话,讲四川话,我一点听不懂,怎么办?

18. 理科生在文科专业的班级怎样才能学好?

19. 语文很差怎么补?

三、大学生专业与就业问题

1. 怎样才能有一个好的专业?

2. 作为政教院政教专业的学生,我们在就业上会遇到哪些问题? 怎样才能够面对就业压力?

3. 学人力资源的毕业后就业是否非常困难?

4. 学英语专业现在还吃不吃香?

5. 能否请问一下人力资源管理专业今后的就业方向有哪些?

6. 由于对所学的专业的不满意,但换专业的希望十分渺茫,我对未来四年的大学生活有些迷惘,有些不知所措,自己的思想上压力很重,如何才能让自己放松,安心地学习?

7. 师范院校的非师范专业如政教(社会工作、人力资源管理)就业压力是否很大?

8. 怎样培养对专业学科的兴趣?

9. 如今电脑已达到了高峰发展阶段。请问,四年后的中国,按其国情,会计学科会成为冷门吗?

10. 四年后,中国需要什么样的专业人才?

11. 请问:MBA 与 CPA 是很实用的专业吗? 其攻读难度是否太大?

12. 许多人都说人力资源管理这个专业毕业后因缺乏经验而找不到工作,请问您怎样看待这个问题?

13. 人力资源管理现在可谓是一个冷门,那么以后的前景如何呢?

14. 博学是否意味着平庸,现行社会究竟需要的是专业性人才还是多层次结构的人才?

15. 公共事业管理的前景怎样?

16. 人说考研难,考研难,考研到底有多难?

17. 师范院校的非师范专业是不是实力不强,就业压力大? 如思想政治教育(社会工作、人力资源管理)。

18. 对于人力资源管理专业的学生,我们应该具备什么素质?

19. 人力资源在本校属于一个新型专业,请问其前景怎么样?

20.学教育技术专业若想当大学(本科)老师,只能是考研毕业后才行吗?

四、大学生的生活安排问题

1.怎样安排大学生活?

2.能不能给我们建议一下,读哪些书对我们的帮助很大?

3.时间太紧,怎样把学习与休闲娱乐及人际交往、社会实践协调起来?

4.大学生活应怎样度过?

5.请问是一直坚持自己原来的理想好呢,还是应该不断地根据时世的变化改变自己的理想?

6.光看各类名著也会有很多问题,但不知怎么解决?

7.假期的时间该如何最科学地安排?

8.请推荐几本必读或终身受益的经典之作。

9.初入大学的我们应怎样确立人生之路?

10.我一看见厚书就头痛,怎么办?

11.请问:您到美国去是讲英文吗? 如果是的话,您是怎样学习英文的?

12.您指导过您的孩子的学习吗?

13.请问当机遇在不平等的境遇中出现时,应该怎样面对?

14.请问远大的理想与残酷的现实一定是敌人吗?

15.人就像一座矿山! 在人才济济的校园,要怎样挖掘自己这座矿山? 要怎样才能使自己闪光的一面展示给世人? 自己这座矿藏到底有多深,在挖掘的同时要怎样去充实自己? 只有自信与执着行吗?

16.您说过人必须诚信,可是您说给我们六条建议为什么只说了五条?

17.大学时候感到竞争压力大,可以缓解吗?

18.当发觉身边的同学似乎样样都比自己优秀时,该如何树立自己的自信心?

19.您认为美国基础教育好,还是中国基础教育好,或者各有优劣?

20.请您给我们留几句话,好吗?

上面两个实例是说明如何启发中学生、大学生提出的问题,以及系统地研究他们的问题,有针对性地回答他们的问题。对上述问题的回答请参看《给学生的20把钥匙》(四川教育出版社,2010年)。鼓励学会提问,系统研究学生的提问,较好地回答学生的提问,这是提高教师专业水平的一条重要途径。

● 努力做到针对性强，切实帮助学生解决提出的问题

教别人学会游泳,作者有很多故事可以说明,有针对性的教学,才更为有效。

【故事】回答问题要有针对性

2005 年,在四川省游泳馆,有一位成年人学了两周的蛙泳,姿势仍很不协调。主要是她在用手划水时,同时双腿又在蹬。这种姿势,四川人通常就叫"狗刨式",游得又慢又难看。经她的同伴提议,她要我指导一下。我看出她的毛病所在之后,心想要因材施教,要有针对性,要充分利用她已经具有的经验。

于是,我就问她:"学哪一行的?"她回答:"美声唱法。"哦! 原来她是一位歌唱家,刚退休不久。我当然就要用她所熟悉的音乐来引导她了! 我用了两位音乐家的名字来教她。一位是奥地利音乐家莫扎特(Wolfgang Amadeus Mozart,1756 – 1791),一位是德国音乐家巴赫(John Sebatian Bach,1685 – 1750)。我听过他们的音乐作品,是艺术精品啊!

我说:你知道什么叫2/4 拍,4 分音符作一拍,每一小节有 2 拍。请注意:当我说第一小节的 2 拍时,我喊"莫扎特",这时,你只是用手臂划水,双腿是伸直的、并拢的、不动的;然后,当我说第二小节的 2 拍时,我喊"巴赫",这时,你的双腿先弯曲、然后蹬腿、伸直,同时,两臂往前伸直,伸手和蹬腿是同步的。

我一再强调:"莫扎特"是 2 拍,"巴赫"是另外的 2 拍,是不同的两小节。"莫扎特"划水,"巴赫"蹬腿,这两个小节要分开。讲完,我就给她示范,一边游蛙泳,一边高喊"莫扎特""巴赫","莫扎特""巴赫"。反复示范了几次。她体会了一下,然后下到游泳池。按照"莫扎特""巴赫"分成两小节的方式,果然,她的蛙泳姿势较快就基本正确了!

我很高兴,因材施教,有针对性的教学,取得了明显效果。

【故事】　回答问题要有启发性

2009 年,在成都体育学院的游泳池里,有一位年轻教师,在游泳池游蛙泳。她的双手划得很快,不停地划水,很累,又游得不快。她请教我。我问她:你在大学教哪一学科? 她回答:在省委党校教科学社会主义。我立刻感到要应用政

治、哲学的方式,来启发她游泳,这样才有针对性。

我说:你双手划一次水,伸直要漂浮片刻,让自己凭惯性前进,这样游,才不累。这样游泳,才符合科学发展观,才可以持续前进。你不停地划水,节奏太快,太累,没法可持续发展。游泳,也需要全面、协调、可持续发展。

她大为惊异,居然,我给她讲"游泳的科学发展观"。她马上说:明天我讲课,要用你的这个例子。我很久没有被别人的语言感染了,你用科学发展观教游泳,太有趣了!

我很高兴,用别人熟悉的道理,给别人讲述不曾想到的方面,令人惊讶,留下深刻印象,教学效果特好。

● 回答学生的问题之后, 能让学生眼睛一亮, 心领神会

优秀的教师与平庸的教师,在回答学生的问题上,表现明显不同。

我曾做过较多的观察。无论哪一种水平的学生来问教师问题,优秀的教师回答问题的特点是:有针对性,说到要害之处,学生能够心领神会,可以看到:听完教师的回答后,学生的眼睛一亮,还会说一声:"谢谢!"教师也会心地笑了,还会鼓励学生:"你这个问题,问得很好!"

平庸的教师回答问题的特点是:没有针对性,说不到要害之处,学生不知所云,可以看到:听完教师的回答后,学生的眼睛不仅没有一亮,而且模糊了!教师说:"还没有懂吗?我再给你讲一遍。"讲完第二遍,学生的眼睛更模糊了!有少数平庸的教师还要讥笑学生:"这个问题都要问!"严重刺伤学生的自尊心。

每一位教师都需要在回答学生问题方面下功夫,做到因材施教、有的放矢,针对性强。

第五章　综合的经验

第一节　表扬与批评的技巧

17. 对学生好的言行,要及时给予肯定的回应;对学生不好的言行,及时给予否定的回应。大多数应是肯定回应,否定回应只占少数。在肯定或否定时,语音、语调、手势要亲切、真诚、自然,这些,常常比语言信息本身更重要。表扬与批评,一般在私下进行。积极正面地给学生写评语。

"君子所以异于人者,以其存心也。君子以仁存心,以礼存心。仁者爱人,有礼者敬人。爱人者,人恒爱之;敬人者,人恒敬之。"(《孟子·离娄下》)

"天时不如地利,地利不如人和。"(《孟子·公孙丑下》)

孟子这段话的意思是:素质高的人与一般人不同的地方在于他内心所怀的理念。素质高的人内心所怀的理念是仁爱,是礼让。仁爱的人,爱别人;礼让的人,尊敬别人。爱别人的人,别人也总是爱他;尊敬别人的人,别人也总是尊敬他。孔孟之道强调由己推人,又称为忠恕之道。这个道理是简单的,但是,应用是普遍的。孟子有一句名言是:天时不如地利,地利不如人和。人与人之间,只有彼此尊重,懂得"敬人",才能达到"人和"。"天时不如地利,地利不如人和。"可见,"人和"是最重要的。

"想要得到赞许和表扬的愿望,本来是一种健康的动机,但如果要求别人承认自己比同伴或者同学更高明、更强,或者更有才智,那就容易在心理上产生唯我独尊的态度,这无论对个人和对社会都是有害的。因此,学校和教师必须防范使用那种容易产生个人野心的简单办法去引导学生从事辛勤的工作。"(《爱因斯坦文集》第3卷)

● 对学生好的言行，要及时给予肯定的回应

教师要"学为人师，行为世范"，教师的身教重于言教。教师对学生好的一言一行，要及时给予表扬。特别是对所谓的后进生，更需要发现优点，及时肯定。我对于以下 3 个问题的回答，都是立于表扬为主。

问题 1："您对品德不良的学生常常采用的教育策略有哪三点？"

我的经验是：①要发现闪光点，及时给予鼓励；②不空洞说教，最好用文学艺术去启发良知；③巧妙地让他看到品德不良的严重后果。

问题 2："您对成绩很差的学生常常采用的教育策略有哪三点？"

我的经验是：①想方设法让他在学业上取得成功；②发现他学习困难之所在，及时加以弥补；③不断改进他的学习方法。

问题 3："您对心理素质差的学生常常采用的教育策略有哪三点？"

我的经验是：①找出心理问题之所在，有针对性地进行"不言之教"，不要增加学生的心理负担；②让他看到自己的长处，增强自信心；③促进他在参加活动中改进心理素质。

品德不良、成绩很差、心理问题严重，三者常常是连在一起的。

这三个问题都要求教师很好地应用心理学成果，提高教育实效。这三个问题的对象都是学生群体中，相对来说处于弱势的群体，教师应多加关照，要有耐心、要有爱心，更要有信心。上述三个问题的回答是相通的，精神实质是一样的。要充分体现出关心每一位学生的成长，促进每一个学生的发展。

● 对学生不好的言行，及时给予否定的回应

教师对于学生不好的言行，一定要及时给予善意批评。但是，批评的方式很重要。通常情况下，表扬与批评都最好私下进行。学生突出的优良行为，可以公开肯定；一般性的表扬，也最好私下进行。因为，公开表扬一位学生，对于未能得到表扬的学生，也会有不同程度的失落感。对于学生的批评，最好单独进行，最好不要当众批评。

对于每一位学生，大多数应是肯定回应，否定回应只占少数。心理学家研究的结论是，对一位学生表扬与批评的比例应为 4∶1，即表扬 4 次，才可以批评

1次。简单说,表扬为主,批评适当。更为重要的经验是:表扬与批评最好私下进行。这个道理很容易理解,那就是设身处地、将心比心、感同身受。

这就是孔子所提倡的"忠恕之道",由己推人。"己欲立而立人,己欲达而达人。"自己想生存,也帮助别人生存;自己想发展,也帮助别人发展;自己想得到表扬,也让别人得到表扬;自己不想受到批评,也不要让别人受到批评。这与"己所不欲,勿施于人"是完全等价的。你希望别人怎样对待你,你就要怎样对待别人。

● 教师的语音、语调、手势要亲切、真诚、自然

教师对学生讲话一定要态度和蔼。语言要恰到好处,用词贴切;同时,要高度重视体语:眼光柔和,看着学生;面带微笑,轻言细语;手势亲切,尊重人格;体态端正,认真听取学生的回答。千万不要引起学生反感。学校是严禁吸烟的地方,绝不要一边吸烟,一边和学生谈话。

● 表扬与批评,一般在私下进行

只有特别突出的好人好事在全班或全校进行表扬。通常的表扬和批评学生一般都应当在私下进行。教师完全不必在全班或全校指名道姓地批评一位学生。私下进行批评,效果更好,这是表扬与批评的艺术。公开指名道姓地批评一位学生,往往适得其反,引起强烈反感,甚至终身怨恨。

● 积极正面地给学生写评语

无论对小学生、中学生,还是大学生,教师都应当积极正面地引导学生,积极正面地评价学生。不要夸大学生的缺点和错误,不要抓住学生的缺点和错误反复唠叨,记入档案,更不要给学生的错误"无限上纲"。这方面,过去曾有不少教训。学生对于个别老师写的"无限上纲"的评语,很不服,有时还会引发严重冲突,有的还怨恨老师一辈子。

在学生时代,学生年幼无知,往往有叛逆的言行,如果要"无限上纲",很容易打成反革命、打成坏分子,这就会损害学生的一生,对于家庭、社会、国家,都

是极大的损失。我们始终要牢记:学校教育是正面积极的教育。即使对于真正的问题学生,也同样要耐心教育。有问题学生,往往有问题家长。教师需要做好家长的思想工作。

对于家长的素质,作者做过调查统计,学生认为"什么是家长最重要的素质"中第一条就是:经常正面地鼓励孩子。

【实例】 给学生评语的新方法[①]

作者应用系统科学的基本原理,研究教育中各种人才的素质。经过近20年的研究和思考,提出一种学生素质评价的系统方法。基本程序如下。

1.在每一个班上,进行学生素质的问卷调查。问卷一共列出40项优秀学生应当具备的素质。请全班每一个学生根据自己的理解,从40项中选出他(她)认为最重要的10条。由于这40项都是正面表述,不会伤害任何人,同学们都会积极参与选择。学生素质的问卷调查通常用几分钟就能完成,接着,在全班采用每一项举手的办法,统计出这一班的学生认为最重要的10条素质,并按百分比由大到小地排列出来。

2.将统计出来的优秀学生的10条素质,打印成一张表,发给每一位学生。每个学生根据自己的情况,首先自评:对每一条给自己打分。采用优、良、中、差四级评定。用这四个字评定的好处是,其中优、良、中这三级,许多学生都能接受。对于某一素质,学生感到自己实在不行,学生也是可以认为这一项是"差"。这种学生自评的方法,常常能让学生自己发现自己的长处和短处。我们应当相信学生是会认真自评的。

3.在学生自评的基础上,可以在小组内,相互征求意见;学生在横向比较后,再做适当的调整。总之,一定是学生自评。学生能看到自己在某一素质上有不足,这是一个优点,因为,这能够促进他自觉去改进。教师在学生认真自评的基础上,再给予学生评定。教师的评定还是采用优、良、中、差四级评定。根据教师对学生的了解,每一条的评定可以与学生的自评一样,也可以不一样。教师要尽量少给出"差"。

在给家长的成绩通知书上,应将过去的"操行评语"这一栏改称为"素质评语",列出优秀学生素质10条,在每一条后,列出学生的自评和教师的评定。家

---

① 查有梁:《学生素质评价的系统方法》,《中国教师》,2008年,第11期。

长从这张表上,可以得知他的孩子的基本素质哪些是优、良、中,哪些素质还不足,比较差。素质评语上,有学生的自评,有教师的师评,从中,家长又能得到一些学生变化的信息。这样的素质评语通常不会伤害学生,又能促进学生进步,体现了这是以科学发展观为指导的,符合素质教育的宗旨。

每一张问卷列出 40 条,让被调查者根据各自的直觉和逻辑、认识和感情,选择出相对最重要的 10 条即可。问卷不针对任何个人,因此,真实性较高;调查问卷不伤害任何个人,因此,不使人反感;调查问卷不填写被调查者的个人姓名,因此,不使人为难和不安。调查问卷的设计是半封闭与开放式相结合的。所谓半封闭式,指每一张问卷内的 40 条意见相对固定,可以允许使用者微调;所谓开放式,指答案还允许被调查者写出不同于这 40 条的其他任何意见。

总结起来,我们的方法是:从学生中来,到学生中去,通过学生的问卷统计确定素质评价的具体项目;在学生充分自评的基础上,再由教师进行师评。这是一种符合科学发展观,符合素质教育宗旨的学生素质评价的系统方法。

问卷 G 优秀学生的素质调查

什么样的学生是优秀学生? 请在本表中选出 10 项您认为优秀学生应首先具备的重要素质。请把本表各项内容全部看完,然后在答卷纸上圈填。

G01. 诚实	G21. 对前途充满信心
G02. 乐于助人	G22. 关心爱护班集体
G03. 遵守学校纪律	G23. 爱整洁,讲卫生
G04. 对人有礼貌	G24. 学习勤奋刻苦
G05. 活泼大方	G25. 虚心诚恳,不自满
G06. 兴趣多样,爱好广泛	G26. 接受能力强
G07. 积极参加学校各项活动	G27. 要求自己严格
G08. 学习成绩好	G28. 灵活运用知识解决问题
G09. 善于开展班级工作	G29. 生活、学习有规律
G10. 有较强的自觉能力	G30. 按时完成作业
G11. 注意积累知识	G31. 考试认真,不作弊
G12. 喜欢思考问题	G32. 关心国家大事和国际时事
G13. 性格开朗	G33. 劳逸结合
G14. 体质良好	G34. 掌握、运用正确的学习方法

续表

问卷 G　优秀学生的素质调查

什么样的学生是优秀学生？请在本表中选出 10 项您认为优秀学生应首先具备的重要素质。请把本表各项内容全部看完,然后在答卷纸上圈填。

G15. 有自信心,不自卑	G35. 热爱劳动
G16. 知识面较广	G36. 勇于向老师、同学请教问题
G17. 尊重教师	G37. 富于创新精神
G18. 愿意为同学服务	G38. 有较多的文学、美学知识
G19. 有好奇心,有强烈求知欲	G39. 敢于提出自己的意见和见解
G20. 心胸宽广,为人大度	G40. 与同学关系融洽

如果您有不同于上表中 40 项的其他看法,请将您的观点写在下面:

　　例如,2004 年 4 月,作者在成都七中实验学校调查高中一年级(2007 级),194 位学生的调查统计问卷的统计结果是:①心胸宽广,为人大度(65.5%);②诚实(49.5%);③富于创新精神(47%);④与同学关系融洽(38.1%);⑤兴趣多样,爱好广泛(36.1%);⑥有较强的自觉性(35%);⑦劳逸结合(34%);⑧对人有礼貌(33.5%);⑨关心国家大事和国际时事(33%);⑩性格开朗(32.5%)。

　　如果用学生素质评价的系统方法,对于成都七中实验学校高中一年级的学生,就以上述统计结果,印制一张学生素质评价表,请每一位学生首先进行自评。其中,优、良、中、差的标准是相对的,由学生们讨论来确定。师评的优、良、中、差标准,当然由班主任老师自己确定。

学生素质评价表

学生素质评价的项目	学生自评(按优、良、中、差四级评价)	教师评价
心胸宽广,为人大度		
诚实		
富于创新精神		
与同学关系融洽		
学生素质评价的项目	学生自评(按优、良、中、差四级评价)	教师评价
兴趣多样,爱好广泛		

续表

有较强的自觉性		
劳逸结合		
对人有礼貌		
关心国家大事和国际时事		
性格开朗		

　　上表中的素质评价项目，都是从这一年级的优秀学生的素质调查问卷统计中得到的。学生都了解这些素质项目，多数学生是同意这些素质项目的。学生在回答问卷时，一定会受到教育；在自评时，进一步受到教育。教师看了学生的素质自评后，根据教师对每一位学生的了解，比较容易在学生自评的基础上，给出对每一位学生的师评。班主任老师要充分尊重学生的自评，实事求是地给出有所差异的评价，重在激励学生。采用学生素质评价的系统方法，不同年级评价的项目不完全相同，不同学年评价的项目也不完全相同。这样，学生对于素质评价会有新鲜感，也能看到自己素质的变化；既能看到自己的长处，也能了解自己的短处，从而不断地有针对性地提高自己的素质。学生素质评价的系统方法减少了教师的无效劳动，使师生关系更加和谐，使学生懂得如何提高自己的素质，使家长更加全面地了解自己的孩子。这是一种能够体现科学发展观，体现素质教育思想的评价学生素质的方法。

　　【实例】　分辨什么是差生行为

　　我认为，不应该具体明确地称呼一位学生是差生。要尊重每一位学生！尊重每一位学生的人格！但是，可以具体明确地指出哪些是差生行为，哪些是差生表现。每一位学生都有可能表现出差生行为。即使是一位优秀学生，在不自觉时，也会表现出不良言行。对于差生行为，必须进行及时教育，及时批评，及时反省，不能听之任之。

　　学生们期望：学生有错，教师要严加管教。学生有错，如果教师不管，如果家长不管，学生们一定认为：这是不对的！我曾经统计过优秀教师的素质、优秀家长的素质。从小学生、中学生到大学生，都认为学生有错，要严加管教。这一结果并不令人吃惊。因为，学生们是有正义感、有是非观的。

　　请你完成以下这张问卷。

问卷 M 差生不良行为表现的调查

下面列出了 40 项差生不良行为表现,请你圈填出 10 项能反映差生行为主要特点的项目,请将全部项目仔细看一遍后,在答卷纸上圈填。

M01. 虚伪、不诚实	M21. 焦虑过度,烦躁不安
M02. 破坏公物	M22. 逃学
M03. 搬弄是非	M23. 寡言少语,离群索居
M04. 偷拿东西	M24. 性情粗暴,蛮横无理
M05. 自私自利	M25. 容易生气,心胸狭窄
M06. 不守纪律	M26. 容易失去信心
M07. 说话粗野	M27. 早恋
M08. 酗酒	M28. 不爱整齐清洁
M09. 学习不专心	M29. 打扮过分,追求时髦
M10. 知识面窄	M30. 为人冷漠,不讲礼貌
M11. 对学习不感兴趣	M31. 意志薄弱,自制力差
M12. 自学能力差	M32. 情绪不稳定
M13. 不完成作业	M33. 懒于动脑筋
M14. 不关心政治	M34. 贪图享受
M15. 学习时不能集中注意力	M35. 厌恶劳动
M16. 虚荣心强	M36. 不接受批评帮助
M17. 不参加运动	M37. 没有主见,不愿思考
M18. 对低级庸俗的事津津乐道	M38. 学习成绩太差
M19. 过于胆怯	M39. 考试作弊
M20. 好吵架打架	M40. 不参加学校组织的活动

如果您有不同于上表中 40 项的其他看法,请将您的观点写在下面:

十多年来,在调查中,一次曾有 50% 以上的师生选择过的项目有:
①意志薄弱,自制力差;②虚伪,不诚实;③对低级庸俗的事津津乐道;④对学习不感兴趣;⑤不守纪律;⑥学习不专心;⑦不接受批评帮助;⑧学习成绩太差。

【实例】 分析差生行为的原因

为了有效克服差生行为,应当分析差生行为的原因。这就是所谓归因分析。不同的人,对于差生行为的归因是不同的。但是,学生们的民意调查的统计结果,对于每一位学生都有参考价值,可以促进自己反思。

低年级的学生,往往将差生行为归因为他人,归因为客观,较少反省自己;而高年级的学生,则将差生行为较多地归因为学生本人,归因为主观,能够反省自己。这充分说明,学生们在进步,在提高。

请你完成以下这张问卷。

问卷 N 差生不良行为的原因调查

影响学生全面发展的原因有很多,请在下列因素中选出差生不良行为形成的 10 项最主要的因素。请先仔细看完各个项目后,在答卷纸上圈填。

N01. 学生对学习感到厌倦	N21. 很少受到教师的鼓励和表扬
N02. 父母缺乏正确的教育方法	N22. 按分数排名次,学生思想压力大
N03. 教师的水平低	N23. 父母对子女期望过高
N04. 学生学习负担重	N24. 学生缺乏自信心
N05. 社会上坏人坏事的影响	N25. 教师缺乏教育学、心理学知识
N06. 学生缺乏上进心	N26. 学校内外环境污染严重
N07. 教师不注意因材施教	N27. 家庭学习环境差
N08. 学生的基础知识差	N28. 学生体质差
N09. 学生受挫折,感到心灰意冷	N29. 没有适当的娱乐时间
N10. 父母没有时间和精力管教孩子	N30. 考试太难,影响情绪
N11. 学校经费短缺,条件太差	N31. 学生的心理毛病,未得到有效治疗
N12. 当天学的功课,不当天复习	N32. 学校未能及时发现学生的困难、及时帮助
N13. 教师缺乏责任心	N33. 学生思想负担重,有自卑心理
N14. 父母对子女放任	N34. 教师不了解学生的心理特点
N15. 读非重点学校,学生情绪低落	N35. 学生学习不努力
N16. 父母对子女粗暴	N36. 社会上非法出版物的侵蚀
N17. 学生的学习方法和习惯不适当	N37. 学习动机不强,对学习不感兴趣
N18. 学校忽视学生的身心健康	N38. 家庭不和睦

续表

N19.教师照本宣科,枯燥无味	N39.教师忽视对学生学习兴趣的培养
N20.父母文化低	N40.看电视的时间太多
如果您有不同于上表中40项的其他看法,请将您的观点写在下面:	

十多年来,在调查中,一次曾有50%以上的师生选择过的项目有:

①父母缺乏正确的教育方法;②社会上坏人坏事的影响;③教师缺乏责任心;④学生对学习感到厌倦;⑤学生的学习方法和习惯不适当;⑥学生的基础知识差;⑦学生缺乏上进心;⑧学生受到挫折,感到心灰意冷。

对于有差生行为的学生,主要是引导,千万不要给学生无限上纲。不要将学生推到反面去,一定要让学生看到希望。

当然,真正的问题学生,如果不好好接受教育,好好反思,好好改正,的确容易走向极端,走向反面,走向犯罪。

看一看社会上的抢劫犯、杀人犯、贪污犯、强奸犯、盗窃犯、欺诈犯、拐骗犯、贩毒犯等等,在做人方面都太差,缺乏基本的善心。

对于犯罪分子,除了依法惩办外,主要还是要教育。让他们改过自新,重新做人,放下屠刀,回头是岸,重新激发他们做人应有的善心。

一个有善心的人,不太容易走上犯罪的道路。学会做人,要有善心。

第二节　提高教学的艺术性无止境

18. 每一学年都要调查统计学生喜欢什么样的教师。力争在自己最弱的一项上,有所改进。教学生动有趣,机智幽默,不可缺少。要不断提高自身素质,重在提高教学的艺术性,体现出审美和立美,艺无止境。

子曰:"由,诲女知之乎? 知之为知之,不知为不知,是知也。"(《论语·为

政》)

孔子说:"由(子路)!教给你什么叫'知'吧!知道就是知道,不知道就是不知道,这就是真正的知啊!"懂就说懂,不懂就说不懂,这就是懂得正确的学习方法。

"好读书,不求甚解,每有会意,便欣然忘食。"(陶渊明:《五柳先生传》)

陶渊明说"好读书,不求甚解",这是指泛读;又说"每有会意,便欣然忘食"。他有所"会意",那是边读边思的结果,读进去了,深入下去了,以至于达到"欣然忘食"的地步。这正是精读后达到的境界。

● 每一学年都要调查统计学生喜欢什么样的教师

教师素质评价的目的,是为了有效地提高教师的素质,从而提高教育质量。作者提出三种方法,供学校选择。

其一,教师素质评价的统一方法。通过大量调查统计,找到学生喜爱的教师有哪些主要的素质。针对这些主要素质,由教师自评,以及由学生评价。

其二,教师素质评价的班级调查方法。在每一个班级,发给学生优秀教师的素质调查表,统计出这一班的学生认为优秀教师应当具备哪些素质,共有 10 项,根据调查得出的 10 项素质,由教师自评,以及由学生评价。

其三,教师素质评价的全校调查方法。设计教师素质的调查问卷,在全校进行调查统计,找到这所学校的学生喜爱的教师有哪些主要的素质。针对这些主要素质,由教师自评,以及由学生评价。

三种方法并非完全独立,而是彼此相关的。学校可以选择其中的一种进行教师素质评价。

【实例】　教师素质的统一评价[①]

从 20 世纪 80 年代中期开始,我们系统地研究了优秀教师的素质,优秀学生的素质,优秀校长的素质,优秀家长的素质,并于 1991 年出版了专著《教育人才素质研究》。经过 10 多年的调查研究,我们又有所改进。在《给教师的 20 把钥匙》一书中,提供了 10 个问卷的调查统计的结果,包括学生认为的优秀教师

---

① 查有梁:《教师素质评价的系统方法》,《中国教师》,2008 年,第 17 期。

的主要素质。

"问卷 A"优秀教师的素质调查统计结果。十多年来,在调查中,一次曾有50%以上的师生选择过的项目有:(1)有责任感;(2)重视品德教育;(3)有幽默感;(4)不刺伤学生的自尊心;(5)对学生一视同仁;(6)教学生动有趣,容易领悟;(7)知识面广;(8)敢于承认自己的失误;(9)有组织能力;(10)理解当代学生的思想;(11)尊重学生,对学生关心爱护;(12)重视学生能力的培养。

"问卷 B"优秀学科教师的素质调查统计结果。十多年来,在调查中,一次曾有50%以上的师生选择过的项目有:(1)善于启发学生思考;(2)善于因材施教;(3)重视学生参与;(4)指导学生不断改进学法;(5)能激发学生兴趣;(6)讲课由浅入深,引人入胜;(7)逻辑性强;(8)善于应用各种教学媒体;(9)教学有创新;(10)讲课富于感情。

20 世纪 80 年代,一位美国教育家对 9 万多名学生进行调查,归纳出优秀教师的 12 种素质:(1)友善的态度;(2)尊重课堂上的每一个人;(3)有耐心;(4)兴趣广泛;(5)良好的仪表;(6)公正;(7)有幽默感;(8)良好的品德;(9)对个人的关注;(10)有伸缩性;(11)宽容;(12)颇有方法。

从中美优秀教师素质的比较中,我发现:只要统计的样本很大(上万的学生),学生所喜爱的优秀教师的素质,中国与美国几乎是完全相似的。下表就是中美优秀教师素质的比较,左边是中国学生的看法,右边是美国学生的看法。左右对比,几乎是完全对应的、一致的。无论是中国的教师,还是美国的教师,只要你基本做到表中左边的 10 条,或者右边的 10 条,学生都会认为你是一位受欢迎的优秀教师。

中国学生对优秀教师素质的看法	美国学生对优秀教师素质的看法
□有责任感	□有耐心
□重视品德教育	□良好的品德
□不刺伤学生的自尊心	□友善的态度
□对学生一视同仁	□公正,对个人的关注
□有幽默感	□有幽默感
□知识面广	□兴趣广泛
□敢于承认自己的失误	□有伸缩性
□理解当代学生的思想	□宽容

中国学生对优秀教师素质的看法	美国学生对优秀教师素质的看法
□尊重学生,关心爱护学生	□尊重课堂上的每一个人
□教学生动有趣,容易领悟	□颇有方法

　　从中俄优秀教师素质的比较中,我同样发现:只要统计的样本很大(上万的学生),学生所喜爱的优秀教师的素质,中国与俄罗斯也几乎是完全一致的。下表就是中俄(前苏联)优秀教师素质的比较,左边是中国学生的看法,右边是俄罗斯学生的看法。我是从20世纪50年代出版的一本书《论人民教师的威信》中,得知俄罗斯学生的看法。[①] 左右对比,几乎是完全相似的。无论是中国的教师,还是俄罗斯的教师,只要你基本做到表中左边的10条,或者右边的10条,学生都会认为你是一位受欢迎的优秀教师。

中国学生对优秀教师素质的看法	俄罗斯学生对优秀教师素质的看法
□有责任感	□工作很积极
□重视品德教育	□严格,但有分寸
□不刺伤学生的自尊心	□爱护儿童,关心儿童
□对学生一视同仁	□分数评得公平
□有幽默感	□快乐,能讲笑话
□知识面广	□多方面发展
□敢于承认自己的失误	□诚实
□理解当代学生的思想	□善于接近学生
□尊重学生,关心爱护学生	□像老同学一样对待学生
□教学生动有趣,容易领悟	□能以自己的功课引起兴趣

　　根据上述的调查、统计、比较、分析,我给出教师素质评价的一份可以通用的评价表。素质评价的项目有10条,可由学生评价,也可由教师自评,采用"优、良、中、差"四级评分。对于素质评价而言,"优、良、中"都可以接受,"差"给教师指明了急需改进的地方。每一位教师都有长处,也有短处,自己知道学生的看法,自己知道努力的方向,才可能有效地提高教师自身的素质。

---

① H. A. 彼德诺夫:《论人民教师的威信》,上海:作家书屋出版社,1952,185～208页。

教师素质评价表 A

教师素质评价的项目	学生评价	教师自评
□有责任感		
□重视品德教育		
□不刺伤学生的自尊心		
□对学生一视同仁		
□有幽默感		
□知识面广		
□敢于承认自己的失误		
□理解当代学生的思想		
□尊重学生,关心爱护学生		
□教学生动有趣,容易领悟		

　　教师素质评价表 A,是较为普遍适用的。不同的学校,也可以适当调整其中的个别项目。

　　对于学科教师教学方面的评价,根据我前面的调查统计结果,则可以用教师素质评价表 B:

教师素质评价表 B

教师素质评价的项目	学生评价	教师自评
□善于启发学生思考		
□善于因材施教		
□重视学生参与		
□指导学生不断改进学法		
□能激发学生兴趣		
□讲课由浅入深,引人入胜		
□逻辑性强		
□善于应用各种教学媒体		
□教学有创新		
□讲课富于感情		

不同的学校,可以根据学校的实际情况,对学科教师教学方面素质评价的项目加以调整,也可以适当增加、减少、修改,以有利于提升教师素质评价的实际效果。

● 力争在自己最弱的一项上有所改进

【实例】 教师素质的班级调查评价

本节提供三个教师素质的调查问卷:问卷 A"优秀教师的素质调查",这是针对所有教师,有较普遍的应用价值;问卷 B"优秀学科教师的素质调查",这是针对学科教师,主要是有关教师课堂教学方面的素质调查。

这两个教师素质的调查问卷,一般应在学期的中间,在全校内分班级进行调查统计。应当由学生干部组织问卷的调查统计,统计的方法可由学生自己尝试。由学生干部将调查统计的结果,交给学校的校长或教导主任。学校的校长、主任根据学生问卷调查统计的结果,分班选出"问卷 A"、"问卷 B"中,学生认为优秀教师最重要的素质。

学校应当分班印出"教师素质评价表 A"、"教师素质评价表 B",只不过每张表里的"教师素质评价的项目"是由每班调查统计的结果来确定。学生在回答上述问卷时,一般都是根据教他们的老师的表现以及学生的期望来作选择的,因而有直接针对性。分班级进行调查评价,其优点是针对性强。评分还是采用"优、良、中、差"四级评价为好。

科学发展观是指导教师素质评价的指导思想,教师素质评价一定要体现以人为本。素质评价的目的是为了教师的全面发展。问卷设计的每一项都是正面的、积极的。素质评价有利于教师发现长处,克服短处。这种素质评价不繁琐,教师与学生的负担都不重。比之于要教师填写太多的报表,撰写太多的总结,要检查手写的教案等方法,素质评价有明显的优点。

问卷 A 优秀教师的素质调查	
什么样的教师是优秀教师?请在本表中选出 10 项您认为优秀教师应首先具备的重要素质。请把本表各项内容全部看完,然后在答卷纸上圈填。	
A01.有组织能力	A21.尊重学生,对学生关心爱护
A02.有责任感	A22.教学能抓住重点,突出关键

续表

问卷 A　优秀教师的素质调查

什么样的教师是优秀教师？请在本表中选出 10 项您认为优秀教师应首先具备的重要素质。请把本表各项内容全部看完,然后在答卷纸上圈填。

A03. 办事不拖拉,效率高	A23. 和家长联系,帮助学生
A04. 对学生有耐心	A24. 有民主意识
A05. 重视品德教育	A25. 善于引导、帮助学生解决问题
A06. 知识面广	A26. 专业水平高
A07. 讲解透彻明白	A27. 准确了解学生的问题及原因
A08. 教学进度适中,缓急有度	A28. 重视学生能力的培养
A09. 运用各种教育技巧授课	A29. 作风正派
A10. 教法生动有趣,容易领悟	A30. 有效地管理课堂
A11. 能圆满解答学生的问题	A31. 良好的仪表,有风度
A12. 时常给予学生各种鼓励	A32. 兴趣广泛,多才多艺
A13. 布置作业合理,批改作业认真	A33. 有幽默感
A14. 教学时语言生动流畅	A34. 态度和蔼可亲
A15. 不刺伤学生的自尊心	A35. 对学生一视同仁
A16. 注意教与学的及时反馈	A36. 不保守,思想解放
A17. 敢于承认自己的失误	A37. 理解当代学生的思想
A18. 鼓励学生自己思考问题	A38. 严格要求学生
A19. 用正面态度引导学生	A39. 能较快地接受新思想、新方法
A20. 愿意多参与学生活动	A40. 敢于创新,有进取心

如果您有不同于上表中 40 项的其他看法,请将您的观点写在下面:

对于青年教师,较好较快地提高他们教学的水平很有必要。所以,专门设计了"优秀学科教师的素质调查",采用"问卷—反思"的方式,提高课堂教学质量。表中所列的 40 项,一位教师不可能每一项都达到完美的程度。教学艺术、教学技术,是无止境的。中国倡导的素质教育,是全民终身的素质教育。教师提高自身的素质,也是终身的事业。不同的阶段,教师如果了解自己的素质在哪一方面有待提高,并努力地改进,这对于提高教学质量,大有好处。

问卷 B　优秀学科教师的素质调查

　　什么样的学科教师是优秀教师？请在本表中选出 10 项您认为在教学中教师应首先具备的重要素质。请把本表各项内容全部看完,然后在答卷纸上圈填。

B01. 普通话讲得好	B21. 善于启发学生思考
B02. 板书优美	B22. 重视学生参与
B03. 讲课富于感情	B23. 讲课生动活泼
B04. 语言幽默	B24. 态度和蔼可亲
B05. 逻辑性强	B25. 能激发学生兴趣
B06. 善于从形象到抽象	B26. 善于应用各种教学媒体
B07. 善于让学生走出困境	B27. 善于将新知识充实到课堂中
B08. 演示清楚明白	B28. 指导学生不断改进学法
B09. 能很好地调节课堂气氛	B29. 不夸耀自己,不贬低别人
B10. 讲课由浅入深,引人入胜	B30. 让学生有议论的时间
B11. 上课要求严格	B31. 能机智地处理偶发事件
B12. 善于因材施教	B32. 能分层次指导学生
B13. 关怀后进学生	B33. 善于提出好的问题
B14. 能诚恳接受学生意见	B34. 能满意地回答学生的问题
B15. 备课认真,教案清晰	B35. 讲课内容丰富、有针对性
B16. 讲课有艺术性	B36. 能从学生实际出发,节奏适宜
B17. 重视学科的交叉、渗透	B37. 开场白、结束语很有特色
B18. 讲课重视前后联系,形成整体	B38. 重视将新技术应用到课堂中
B19. 讲解有历史感	B39. 课堂教学模式多种多样
B20. 能适时变换教法	B40. 教学有创新

　　如果您有不同于上表中 40 项的其他看法,请将您的观点写在下面:

　　我在《新教学模式之建构》(2003 年)一书中,曾提出和介绍了这种基于"调查—反思"的新的评价方法。当时我建议采用百分制,经过尝试,还是采用"优、良、中、差"四级评价更好把握,同时,也不容易伤害教师。因为对于素质评价"优、良、中"大都可以认同,对于某一特定素质实在太差,评为"差",也能正确对待。这种教师素质评价的新方法,将学生评价与教师自评结合起来,将肯定评价与否定评价结合起来,将定性评价与定量评价结合起来,有利于教师找到自己的素质中最强的一项和最弱的一项。集中精力改进最弱的那一项,努力发扬最强的那一项,这是有效提高教师素质的科学途径和方法。

【实例】 教师素质的全校调查评价

方法1:教师素质的统一评价。这一方法的优点是较为简明,缺点是没有针对具体学校的具体问题。方法2:教师素质的班级调查评价。这一方法的优点是针对性强,但每班评价的内容不一样,比较繁琐。所以,提出方法3:教师素质的全校调查评价。每所学校根据方法1、方法2提供的调查问卷,自行设计你们的"某某学校教师素质的调查问卷",然后,将调查统计的结果制成"某某学校教师素质评价表A"、"某某学校教师素质评价表B",分别适用于评价所有教师、学科教师。其中,有关教师素质的项目,还应当更广泛地征求家长、学生,以及其他社会人士的意见,总之,要具体、明白、有针对性,有可操作性。了解和把握方法1、方法2,不难了解和把握方法3。

● **素质评价方法的理论基础是系统科学三原理**

【反馈原理】任何系统只有通过信息反馈,才可能实现有效控制,从而达到目的。

【有序原理】任何系统只有开放、有涨落、远离平衡态,才可能进化,走向有序。

【整体原理】任何系统只有通过相互联系,形成整体结构,才可能生成整体功能。

上述教师素质评价的三种方法,有它的理论基础。这就是在科学发展观指导下的中国特色社会主义教育理论体系。

中国特色社会主义教育理论体系的一个新的关键词是素质教育。素质教育是既发挥先天的特点,又提升后天的品质,要因材施教,促进发展。它是含有"先天与后天"这两种意义的教育。素质教育观是一种辩证教育观。素质教育是以提高人的素质,包括思想道德素质、文化科学素质、劳动技能素质、身体心理素质等为宗旨的教育。国际21世纪教育委员会向联合国教科文组织提交的报告《教育——财富蕴藏其中》指出："终身教育建立在四个支柱的基础上：学会求知、学会做事、学会共同生活、学会做人。"中国提出的提高人的"四大素质"，与国际上提出的教育的"四个支柱"，是全方位对应的。中国特色社会主义教育理论体系的主要特色是：全民终身的素质教育。

全民终身的素质教育的理论体系中，是以"素质"这一范畴为核心，一以贯之地贯穿在每一个人的一生之中。教育学应当有九大范畴。教育学的整体性范畴，包括教育、素质、发展；教育学的群体性范畴，包括教学、课程、考试；教育学的个体性范畴，包括学习、知识、思维。在研究这些"核心范畴"的基础上，应用系统科学的原理，我们首先设计了"教师素质的问卷调查"和"学生素质的问卷调查"。

我们的方法是：每一张问卷列出 40 条，让被调查者根据各自的直觉和逻辑、认识和感情，选择出相对最重要的 10 条即可。问卷不针对任何个人，因此真实性较高；调查问卷不伤害任何个人，因此不使人反感；调查问卷不填写被调查者的个人姓名，因此不使人为难和不安。调查问卷的设计是半封闭与开放式相结合的。所谓半封闭式，指每一张问卷内的 40 条意见相对固定了，可以允许使用者微调；所谓开放式，指答案还允许被调查者写出不同于这 40 条的其他任何意见。

根据系统科学的反馈原理，我们认为，民意调查的结果如果不及时反馈，就失去了调查的教育意义。虽然进行优秀教师素质民意调查的过程本身就是一个教育过程，但每一个体如果不知群体的看法，不了解调查统计的结果，就不了解自己的行为如何才能符合民意。将调查的统计结果反馈给教师，使个体了解群体的看法，就会使大家明确目标，通过多次反馈，从而有效地、普遍地提高教师素质和改进工作。根据统计学原理，在民意调查中，样本数达到 30 人至 50 人便具有统计意义。在学校可以以一个班为基本单位。这种把群体的看法及时反馈给群体的工作，过去往往重视不够。我们要增强民主意识，增强科学意识，遵从反馈原理是必须的。

根据系统科学的有序原理，我们认为，仅仅把民意调查局限在学校范围之内，封闭起来，这是不够的。最好采用普查式的民意调查，即全面整体调查，不要以一个班的调查统计代替其他班的调查统计；还应定期在社会上进行抽样式的民意调查，以便做横向的比较。普查过程是教育过程。抽样是为了迅速了解民意。在民意调查中，重视开放的原则，这才符合系统科学的原理。

　　根据系统科学的整体原理,要形成整体结构,才可能生成整体功能。系统科学告诉我们:非平衡态系统内的各要素之间存在着非线性相互作用,因而在时空中具有非均匀性、非对称性和相干性这样三个特点。

　　首先,非均匀性表现在相互作用的方式和结果会依地点、时间、条件、范围的不同而发生变化。把这一特点应用在教师素质民意调查上,则知调查统计结果在各地、各校、各年级、各班级,以及去年、今年、明年等,将不会是一致的。实际调查统计结果表明了这种不一致性,是非均匀的。这恰好说明了教育系统是一个非平衡系统。

　　其次,非对称性表现在参与相互作用的诸要素所处的地位与所起的作用是不同的。用社会学的语言说,就是"角色"不同,认识与感情便有所差异。对同一份调查问卷,校长、教师、学生、家长的回答肯定是不会完全相同的。对同一份调查问卷,同一所学校的不同班级的调查统计结果,也是不一样的。实际调查结果表明了这种非对称性,这恰好又说明了教育系统是一个非平衡系统。

　　最后,相干性表现在相互作用的诸要素在相互制约、相互干扰中丧失自身的完全独立性,从而形成一定的整体性。把这一特点应用在优秀教师素质民意调查上,则知从调查表中选择出的所占比例较大的各项之间并非各自独立的,而是有一定的相关性,形成优秀教师素质的整体认识。实际调查结果表明了这种相干性,这恰好又说明了教育系统是一个非平衡系统。这启发我们认识到,教育系统中可形成真正的"自组织系统",而教师素质调查的统计分析与及时反馈,正可以充当"自组织"的重要手段之一。

● 教学要体现出"审美和立美", 艺无止境

　　要使教学生动,让学生听课如坐春风。应当在教学中充分应用"审美—立美"的教学模式。要在教学中,根据教学的具体内容,插入"审美"的教学模式,例如:趣味模式、形象模式、和谐模式、奇异模式、幽默模式。

　　趣味模式的特点是:激发热情,愉快地学。学生认可的优秀教师,其中"教得很好,能引起学习的兴趣"是一个十分重要的原因。因此,教师一定要通过多种方法,引起兴趣,激发学生的热情,让学生感到听讲是一种愉快,达到"如坐春风"的境地。

趣味模式的基本教育过程是：

引趣→激情→愉悦→如坐春风

形象模式的特点是：情境生动，形象地学。不仅学习语言需要进行情境教学，学习自然科学、人文科学、社会科学、综合科学，也需要根据内容、根据对象，恰当地设置情境进行教学。

形象模式的基本教育过程是：

直观→配乐→诗歌→创设情境

和谐模式的特点是：诱导协作，和谐地学。在教学中，很有逻辑，这是和谐；进而又富于直觉，这是奇异。从教学过程看，需要在大量培养逻辑思维的基础上，才能较好地培养直觉思维。因此，和谐模式是教育艺术中一种重要的模式。

和谐模式的基本教育过程是：

诱导→共鸣→圆融→指点迷津

奇异模式的特点是：富于魅力，奇异地学。在教学中，教师能巧妙地设置悬念，就像说评书的人讲到关键处，"噼"的一声："请听下回分解！"大多埋下伏笔，设置悬念。解开这个悬念，常常令人惊叹。在变化中看出不变，又能在不变中看出变化。要有发展、有创新，独辟蹊径。

奇异模式的基本教育过程是：

悬念→惊叹→变换→独辟蹊径

幽默模式的特点是：机智风趣，幽默地学。我很同意董远骞在《教学的艺术》中的看法："以学校的实际状况看，幽默不是多了，不是几秒钟到一两分钟的幽默挤了教学的时间，而是幽默太少。值得同情的是，学生还在没有幽默、没有愉悦的教学下作长久的挣扎。因此，应该向教师呼吁：不妨多一点幽默。"我认为，在一堂课的讲课中，应该让学生有一两次喝彩。师生都学会幽默，这是可以逐步达到的。

幽默模式的基本教育过程是：

诙谐→机敏→笑声→融洽气氛

上述五个"审美"教学模式，对教师有一定启发性，但是如何具体操作，尚缺乏具体说明。因此，需要完整地建构"审美—立美"教学模式。

审美是认识美之所在，立美是创建美之实践。"审美—立美"教学模式的主要特征是：从审美视点出发，经过一组对立范畴的转化，从而达到立美建构。其中的一组对立范畴的转化,可以是"艺术美"的范畴转化,例如:和谐→奇异,多样→统一;可以是"科学美"的范畴转化,例如:分析→综合,复杂→简单;可以是"艺术美"、"科学美"两者融合的范畴转化,例如:发散→收敛,浅显→深奥等。

审美视点如何确定呢? 整体地说,是从思维(科学)美、自然(科学)美、人文(科学)美、社会(科学)美、综合(科学)美中去选择。就一节课(40 分钟)而言,大多选择一个审美视点来展开。

立美建构如何实现呢? 整体地说,是通过内容美、形式美、方法美、过程美、结构美来实现。就一节课(40 分钟)而言,最后能有所创新,来实现其立美建构。

"审美—立美"教学模式的全过程要体现出教育美。教育既是艺术,又是科学,所以没有艺术美(主要表现在师生间的情感交流)就没有教育美;同样,没有科学美(主要表现在教学内容中的科学方法)就没有教育美。教育美并不等于艺术美和科学美的简单相加,因为如果是相加关系,艺术美和科学美中有一项为零,仍然得到教育美为正,这是不合实际的。教育美是艺术美和科学美的有机融合,可以用相乘关系来表示。因为,艺术美和科学美中有一项为零,其结果的"教育美"还是为零。公式表为:

$$教育美 = 艺术美 \times 科学美$$

艺术美主要是一种感性美,其特点是:个性突出,主观性强。"情人眼里出西施","热爱是最好的老师"。

科学美主要是一种理性美,其特点是:共性突出,客观性强。"黄金分割才最美","对称破缺才最美"。

教育美 = 艺术美×科学美,也可表示为:教育美 = 感性美×理性美。

教育美是一种综合美,其特点是:主体客体相互作用,个性共性整合统一。

艺术美的主要原理是:情感转移、和谐奇异、多样统一。

科学美的主要原理是:相容一致、简单复杂、结构统一。

上述艺术美三原理和科学美三原理,融合一起,一以贯之地贯穿在"审美—立美"教育过程的始终。这既帮助我们确立"审美视点"、"对立范畴",又帮助我们"立美建构",有所创新。①

---

① 查有梁:《"审美—立美"教育模式建构》,《课程·教材·教法》,2003 年,第 3 期~第 4 期。

第三节　要设想全人类都在倾听你的课

> *19.* 每上一节课，要设想全人类都在倾听，要认真负责、实事求是、力戒偏见。有其他成人听课，要很自然地与之沟通，目中有人。要以自己的全部智慧来上好一节课，让学生如坐春风。"生命和使命"，价值统一。优秀教师十年努力，即可成才。

"要有良好的社会，必先有良好的个人，要有良好的个人，就要先有良好的教育。"（《蔡元培教育文选》）

"问题不在于教他各种学问，而在于他有爱好学问的兴趣，而且在这种兴趣充分增长起来的时候，教他以研究学问的方法。"（卢梭《爱弥尔》）

"人只有献身于社会，才能找出那实际上是短暂而有风险的生命的意义。"（《爱因斯坦文集》第3卷）

● 每上一节课，要设想全人类都在倾听

一位教师上课，如果每一节课都有家长代表、教师代表、外国专家等等其他人来听课，天天如此，长此以往，日积月累，我相信，这位教师的教学水平一定提高得很快。我成为教师之后，就经常设想，每一节课都有同行来听课，于是，备课特别认真，教学的艺术和技术提高也较快。通过实际的教学与听课，我形成一条经验：每上一节课，要设想全人类都在倾听。我的这一表述，得到了许多教师的赞同，体现了"教育要面向现代化、面向世界、面向未来"。

【故事】 听一节课得到启发

有一次，我听了一位教师讲课。整体说来，他讲得很好。他讲《詹天佑》这一节课。但是，这位教师为了进行爱国主义教育，他就说我们中国人如何行，外国人根本不行。我听课之后，告诉这位教师：如果今天有几位美国人来听你讲

课,他们会如何评价？他们会有什么感受？他们也许知道詹天佑是中国第一批留学美国的学生。我认为,要充分肯定詹天佑的功绩与创新,但不能因此笼统地说外国人不行。讲课一定要实事求是。由此,我告诉这位教师:每上一节课,要设想全人类都在倾听。

当然,要设想全人类都在倾听,并不等于我们不敢批评外国人。肯定与否定,要有理有利,要把握分寸。

詹天佑于 1872 年(同治十一年),年仅 12 岁,到香港报考了清政府筹办的幼童出洋预习班,1878 年以优异的成绩完成中学的课程,考取耶鲁大学土木工程系学习铁道工程学。1881 年又以优异成绩毕业于耶鲁大学,并写出题为《码头起重机的研究》的毕业论文,获学士学位,并于同年回国。詹天佑这一生的最大贡献,就是在于他成功地主持修建了京张铁路。1905 年,担任京张(北京—张家口)铁路总工程师。这条路穿山越岭,全长 200 多千米,工程之艰巨前所未有。京张铁路于 1909 年竣工,比原计划提前两年,总费用只有外国承包商索价的五分之一。

詹天佑于 1919 年去世。在詹天佑生活的年代,就修筑铁路的技术来说,英国、美国、德国、日本这些发达的资本主义国家,整体上说,比我们中国水平高。正因为如此,就更凸显出詹天佑的杰出贡献。教师完全可以联系到我国修筑成昆铁路、青藏铁路——中国的确在很多方面,达到和超过了世界的先进水平。在铁路技术方面,中国是后来居上了。

● 有其他成人听课，要很自然地与之沟通，目中有人

【故事】 一篇文章的启示

全国优秀教师曹宝静在《中国教师》上发表了一篇文章:《香港同行听我的随堂课》。事先老师并不知道有香港的同行来听课。上课时,见香港的同行已经坐下了,曹宝静老师就以介绍听课的客人引入课题,她说:

同学们都看到了,老师是刚刚知道,这一批听课的客人是来自美丽的香港,请同学们欢迎。(热烈的掌声)

远道而至的香港的客人,今天是专门来听我们理科班政治课的。(学生大笑)由于老师事前不知道此事,因此,这堂课也就是典型的随堂课。可能香港朋

友不知道,内地在高中二年级就实行文理分班,理科班虽然在高考不考政治,但是,政治课程是开设了的。

今天的教学内容真是太凑巧了,与我们祖国不可分割的一部分——香港很有关系,其具体内容是:政治常识中我国的国家结构形式。

这样,教师一下子抓住了学生和听课者的注意力,进入了教学的主体部分。

在上课结束前几分钟,教师又说:

今天,我们对教材知识的学习,都是书面上的,同学们一定希望,多了解一些香港的现实情况。而香港朋友近在咫尺,机会和条件太好了。下面,同学们可以就自己所关心的问题,向香港朋友提问,也恳请香港朋友,给予学生以解答。(课堂顿时活跃起来)①

这是一堂成功的随堂课,充分体现了:有其他成人听课,要很自然地与之沟通,目中有人。

● 要以自己的全部智慧来上好一节课,让学生如坐春风

教师的备课应当是整体备课,千万不要备一节课,上一节课。因为,备一节课,上一节课,容易照本宣科。如果教师照本宣科,学生是很反感的。我的经验是:要以自己的全部智慧来上好一节课,让学生如坐春风。一节课肯定有核心目标,教师要紧紧围绕这个核心目标。但是,这不等于只讲这个核心目标。要普遍联系,纵向联系,横向联系,引经据典,旁征博引,融会贯通。

● 生命和使命,价值统一

生命是可贵的,使命更为可贵。所有的生物,包括动物、植物、微生物,都具有生命,但是,唯独人懂得使命。是生命给予了使命以根基,是使命提升了生命的价值。没有生命,使命难以实现;没有使命,生命就显得平庸。生命具有自然属性,使命具有社会属性。生命和使命的价值是统一的。对于教师而言,使命的价值更高。

---

① 曹宝静:《香港同行听我的随堂课——兼谈随堂课教学模式的建构》,《中国教师》,2008年,第23期。

教师的使命之一,就是要深刻理解和努力实践"己欲立而立人,己欲达而达人",认真做到"有教无类"。这是师德中最首要的一条。说得更通俗一点,就是教师的使命之一是:热爱学生,一视同仁。

孔子是中国的第一位教师,他首创私学。孔子提出了一个重要的伦理原理:"己欲立而立人,己欲达而达人。"译成现代白话文即是:"你自己想生存,也帮助别人生存;你自己想发展,也帮助别人发展。"这一伦理原理已被全人类所接受。我们中国人认为,基本的人权即生存权和发展权,正是来源于孔子的伦理原理。孔子提出:"有教无类。"主张人人都享有受教育的权利,人人都应该受到教育,不区分类别,不分贫富、不分高低,一律平等。孔子"有教无类"思想,正是基于他提出的伦理原理:你自己想受教育,也帮助别人受教育。孔子被推为世界十大思想家的第一位,当之无愧,名正言顺。

教师的使命之二,就是要深刻理解和努力实践"学而不厌,诲人不倦""学不可以已",要终身学习,并努力促进学生们终身学习。这是师德中最重要的一条。每个人只有终身学习,才能在变化的世界中,求得生存与发展。

孔子告诉各位教师要"学而不厌,诲人不倦",对于学习要永不满足,努力学习,决不厌弃;教育他人要永不疲倦,认真施教,情绪饱满。荀子在《劝学》这一名篇中,第一句就写道:"君子曰:学不可以已。"明确提出:学习是不可以停止的。上述孔子和荀子的话,其意思,就正是当今全世界都认同的一个教育思想:终身学习。

教师的使命之三,就是要深刻理解和努力实践"明德""亲民""至善""博学""审问""慎思""明辨""笃行"。这八项正是中国传统文化中对师德的更加深入的阐发。

教师首先要学,然后才能教;学好才能教好,善于学才能善于教。为教之道与为学之道是一致的。为学之道是什么呢?儒家经典名篇《大学》开宗明义就写道:"大学之道,在明明德,在亲民,在止于至善。"这一句话的意思很明确,即:学习的规律,首先要明白做人的美德,亲近民众,回归生活,努力达到德才完美的最高境界。这正是教师的使命。"明德""亲民""至善",成为师德的标志,成为教师这种职业的要求。

儒家经典名篇《中庸》里将学习的基本程序概括为"博学之,审问之,慎思之,明辨之,笃行之"。教师要引导学生做到:广博地学习,认真地请教,慎重地思考,明白地辨别,踏踏实实地实行。"学、问、思、辨、行"五者要统一起来,一以贯之,永不停止。

这里应用了一个教育原理。

> **【生存与发展原理】**世界上的每一个人,都享有基本人权,即生存权和发展权。你自己想生存,也帮助别人生存;你自己想发展,也帮助别人发展;你自己想受教育,也帮助别人受教育。教育促进健康生存,教育促进和谐发展。健康生存,才可能和谐发展。

生命教育的主要宗旨是让每个人获得平安、健康、快乐、幸福;使命教育的宗旨是让每个人能够创业、创新、奉献、贡献。前者关系到个人的生存,后者关系到个人的发展。有个人的平安、健康、快乐、幸福,才能有社会的稳定;有个人的创业、创新、奉献、贡献,才能有社会的发展。确保每一个人的人权,已成为整个人类的追求目标。

生命教育与使命教育是紧密联系的:生命教育是使命教育的基础,使命教育是生命教育的提高。没有生命教育就没有使命教育;同样,没有使命教育就没有生命教育。生命教育与使命教育结合在一起,可以统称为:生命使命教育。所以,我在这条经验中讲"生命和使命",价值统一。

【议论】 要教学研并进

"教学研并进",这是指教师要"教"、要"学"、要"研",这三者要齐头并进,做到"勤教之,博学之,深研之"。孔子说过:"学而不思则罔,思而不学则殆。"(《论语·为政》)同样的道理,可以说:"教而不学则罔,学而不教则殆";"教而不研则罔,研而不教则殆"。优秀教师必须在教、学、研三方面都追求卓越,追求精深,追求创新。

教什么? 要教有长远价值的知识给学生,要教有普遍用处的能力给学生,要教大众认同的道德给学生。学什么? 要面向现代化去学习,要面向世界去学习,要面向未来去学习。研什么? 要研究人类认识的规律,要研究学生认识的规律,要研究所教学科的教学规律。一位优秀教师,更重要的是将教什么、学什么、研什么三者从内容上整合起来。例如,正在教数学,当然要学数学,研究怎样教好数学。三者匹配起来,效果才好。教、学、研三者如果不相配合,其结果是:教不好,学不深,研不透,《学记》上早就精辟地论述了"教学相长"。对现代的教师,理当加上研。教学毕竟是艺术,艺术必须追求美。于是可以这样发挥地说:"学然后知不足,教然后知困,研然后知美。知不足,然后能自反也。知困,然后能自强也。知道美,然后能自创也。故曰:教学研相长也。"

研究会使我们知道所教学科的美。知道所教学科之美,便能促进师生们去创造。这必然从整体上,大大提高教学效率和教学质量。

陶行知主张生活即教育;车尔尼雪夫斯基主张美是生活。由此可引申:教育即美,美即教育。没有"美"的"教育"和没有"教育"的"美",这两者都是不可想象的。

马克思认为"劳动创造了美";恩格斯认为"劳动创造了人"。教育就是培养人,则此可引申:创造即教育,教育即创造。没有"教育"的"创造"和没有"创造"的"教育",这两者都是不可想象的。

教学研并进的目标,是达到"美"的创造。教学达到了"美"的境界,还愁效率和质量不高吗?

这里应用了一个教育原理。

【适应与超越原理】教育一定要适应自然、适应社会、适应个性,才可能是面向现代的有效教育;同时,教育又要超越自然、超越社会、超越个性,才可能是面向未来的进步教育。教育要做到"适应与超越"的有机结合,适应是超越的基础,超越是适应的提高。

【实例】 世界顶尖级学校文化的因素

按照适应与超越原理,易于理解世界顶尖级学校的文化因素。学校的文化因素有12个因素:(1)学校的基本特征;(2)一个孩子在校生活的一天;(3)教师的教学风格;(4)课程大纲;(5)家长的影响;(6)学校校长;(7)学校对学生的期望;(8)学校目标;(9)教师之间的关系;(10)学校资源;(11)与地方教育局的关系;(12)学校形象。

由一项国际研究成果的综合统计得知,12个文化因素按权重排序如下:[①]

(1)一个孩子在校生活的一天;(2)教师的教学风格;(3)教师之间的关系;(4)学校对学生的期望;(5)学校校长;(6)学校目标;(7)学校的基本特征;(8)

① 戴维·雷诺兹:《世界顶尖级学校》,孙河川译,北京:高等教育出版社,2005。

家长的影响;(9)学校形象;(10)与地方教育局的关系;(11)课程大纲;(12)学校资源。

认真观察一个孩子在校生活的一天,就能看到这个孩子在学校的思维方式、交往方式、生活方式,也就生动地看到了这所学校的文化。许多国家的调查结果都将这一因素排在第一位。学校的文化,是可以看到的。研究学校文化,应当从观察一个孩子在校生活的一天做起。学校资源是一物质因素,排在最末。这说明学校文化中,精神因素更为重要。上述 12 个因素,都应当一一加以研究。这对于研究学校文化,很有必要。

教师的教学风格,教师之间的关系,这两条分别列为第二、第三。可见教师对于学校文化的重要性。

【实例】　爱因斯坦论教师

爱因斯坦充分肯定了教师在学校教育中的重要性,他认为教师应当成为德才兼备的艺术家。

爱因斯坦说:"教师使用的强制手段要尽可能地少,学生对教师的尊敬的唯一源泉在于教师的德和才。在选择教材和使用教学方法上,应当给教师以广泛的自由。因为强制和外界压力无疑也会扼杀他在安排他的工作时的乐趣。"[1]爱因斯坦指出:"唯一合理的教学方法是做出榜样。"[2]"最重要的教育方法总是鼓励学生去实际行动。"[3]

爱因斯坦的观点简明而深刻,值得大家深思。

【实例】　十年成才律

"十年成才"是一个统计规律。从受一门专业训练开始,直至达到第一流的专业水平(专家水平)需要多少时间呢? 根据古今中外的统计,需要 10 年。赫伯特·A. 西蒙(Herbert A. Simon)写道:"在这一问题得到研究的几个领域,

---

[1] 《爱因斯坦文集》(第 3 卷),许良英、赵中立、张宣三编译,北京:商务印书馆,1979 年,第 145~146 页。

[2] 《爱因斯坦文集》(第 3 卷),许良英、赵中立、张宣三编译,北京:商务印书馆,1979 年,第 121 页。

[3] 《爱因斯坦文集》(第 3 卷),许良英、赵中立、张宣三编译,北京:商务印书馆,1979 年,第 143 页。

我们确实知道,即使最有才能的人也需要约 10 年时间方能达到第一流的专业水平。"①这是根据对现代的各类专家的研究所得出的结论。在中国,古代的状元以及作出杰出贡献的各类人才中,又有哪一个不是经过"十年寒窗"或"精思博会,十年乃成"呢?孔子总结出一条每隔 10 年来一次跃迁的规律。孔子是一位终身学习、终身教育的典范。他说:

"吾十有五而志于学,三十而立,四十而不惑,五十而知天命,六十而耳顺,七十而从心所欲,不逾矩。"(《论语·为政》)

孔子 15 岁立志做学问,30 岁才在社会上立身,站稳脚跟;以后每经 10 年努力便来个跃迁:40 岁懂得社会上的事情不致迷惑;50 岁知道自然规律和人的命运;60 岁听到别人的话能判断真假、分辨是非;70 岁自己想的便能做到,而又不会超越规矩。

孔子通过教育实践,每 10 年就上一个大的台阶,不断地得到发展。对现代教师,可以相应地说:20 而教,30 而乐中教,40 而有创造,50 而著书立说,60 而桃李满天下,70 而发挥余热,不疲劳。

"十年成才"是一个统计规律。有人会问:"为什么我也经过 10 年努力,但没有成为优秀教师呢?"如果在 10 年之内,你都对教师的专业实实在在是认真、用心、负责、得法,肯定能够达到一流的专业水平。有的评上了优秀教师;有的达到了一流的专业水平,因为名额限制,没有授予"优秀教师"的称号,但在学生、同事、家长的心中,早已是优秀教师了。教育质量的提高,正是依靠这些名副其实的优秀教师,以及更多的有实无名的优秀教师,共同努力而创造的。

"十年成才"是一个统计规律,并不是每一个人都是这样。有的人大器早成,有的大器晚成;有的先觉悟,有的后觉悟;有的很顺利,有的很波折;有的顺境成才,有的逆境成才,等等,成才过程肯定是多样化的。但只要一位教师坚持 10 年的努力,都能达到一流的专业水平,这又是确定无疑的,所以才称之为规律。

"十年成才律"给我们两点启示。其一,必须集中精力,10 年持续努力,方可达到一流的专业水平,成为优秀教师。十年时间,不能算短。其二,从工作到退休,总有几个 10 年,每一个人都有可能达到一流的专业水平,成为优秀教师。十年时间,不能算长。

---

① 赫伯特·A.西蒙:《人工科学》,北京:商务印书馆,1987 年,第 93 页。

【故事】 齐白石的故事

有一次陈师曾(1876—1923,中国近现代画家)看齐白石画的《借山图》,看过后陈氏即兴为诗,写了"七古"一首送给了齐白石。诗的末句是:"画吾自画自合古,何必低首求同群。"这是他第一次接受变法的启示,成为齐白石"变法"的动因。

齐白石想对多年形成的画法、画风,进行一番大的变革,却并非轻而易举。但他的决心是极大的,这在他57岁所记的一段日记中可以看得清楚。日记是:"余画犹过于形似,无超凡之趣,决定从今大变,人欲骂之,余勿听之;人欲誉之,余勿喜也。"

就在这一年,他的变法终于获得成功。创造了"红花墨叶"一派。这是他参酌陈师曾的意见,在画风上脱易八大山人冷逸一路,融冶吴昌硕的浑厚纯重。然而,这一变,却经历了十年光景。他在一首诗中,记述了自己变法求索中急切和艰辛的情景:

> 扫除凡格总难能,十载关门始变更。
>
> 老把精神苦抛掷,功夫深浅心自明。

第四节 知识、能力、审美、人格是不可分割的整体

> *20.* 要珍惜时间,努力提高教学效率。不说废话、空话、假话,力争以较少的时间,让学生掌握较多的知识,培养较强的能力,学会独特的审美,发展良好的人格。知识、能力、审美、人格是不可分割的整体。

子在川上曰:"逝者如斯夫,不舍昼夜。"(《论语·子罕》)

孔子在河边说:"消逝的时光像这河水一样呀! 日夜不停!"

"节省时间,也就是使一个人的有限的生命,更加有效,而也即等于延长了人的生命。"(《鲁迅全集》第5卷)

"时间就是性命。无端的空耗别人的时间,其实是无异于谋财害命的。"(《鲁迅全集》第6卷)

● 要珍惜时间，努力提高教学效率

【经典鉴赏】

明日歌

［明代］文嘉[①]

明日复明日，明日何其多。

日日待明日，万世成蹉跎。

世人皆被明日累，明日无穷老将至。

晨昏滚滚水东流，今古悠悠日西坠。

百年明日能几何？请君听我《明日歌》。

今日歌

［明代］文嘉

今日复今日，今日何其少！

今日又不为，此事何时了？

人生百年几今日，今日不为真可惜！

若言姑待明朝至，明朝又有明朝事。

为君聊赋《今日诗》，努力请从今日始。

有人补写《昨日歌》，但是，与明朝文嘉的诗，形式上不对称。所以，我重新补写。

昨日歌

昨日复昨日，昨日成历史！

昨日不可逆，只能供反思。

昨日允公积辉煌，今日努力增能量。

迷途知返尚可追，亡羊补牢明方向。

昨日预见有今日，抓住机遇惜时光。

---

① 选自郁乃尧、郁琰选注：《哲理诗选》，南宁：广西人民出版社，1987年，第69～71页。

● **不说废话、空话、假话，力争以较少的时间，完成教学任务**

粗放型教学,采用拼体力、占时间的方式,必然以损害师生健康为代价,去获得一小点考试分数的提高。用经济学语言说,这种教学的"成本"太高了!很不值得!损害了师生的健康,教师难以继续提高教学质量,学生也不会继续学得更好,得不偿失。不符合科学发展观,不利于人的可持续发展。

毛泽东主张健康第一。他说"德智皆寄于体,无体是无德智也。"(《体育之研究》)。所有教师在进行教学时,都应当时时想到健康第一,学习第二。并不是布置作业越多越好,并不是重复次数越多越好。教师要重视教学的科学性,了解学习的生理、心理过程。确保健康第一,包括身体健康与心理健康。教师在上课时,要重视将知识、能力、人格三者整合起来,重视环境、健康的作用。

在教学中力争做到"教学做合一",这是实现知识与能力相互促进、相互转化的重要机制。如何做到"教学做合一"呢? 主要的是:即知即传、个性发展、知行统一。

在教学中力争做到"真善美统一",这是实现知识与人格相互促进、相互转化的重要机制。如何做到"真善美统一"呢? 重要的是:观点正确、方法科学、情操高尚。

在教学中力争做到"德才识统一",这是实现能力与人格相互促进、相互转化的重要机制。如何做到"德才识统一"呢? 重要的是:联系实际,研究问题,探索创新。

这一要点是强调:"健康第一","真善美统一"。似乎很"抽象",不好"操作"。但是,领会了其中的精神,是完全可以体现在"操作"之中的。"健"与"美"也是统一的。不"健",哪有"美"? 不"美",哪有"健"?

"健康第一",不仅指个体的健康,而且指群体的健康,以及整体的健康。这就不得不考虑环境——物质环境和精神环境。现代科学成果使我们认识到,保护环境,重视生态,是人类赖以生存的必要条件。否则,人类社会不可能得到持续发展。这一观点有重要的教育意义,使我们不得不改变教育观:重视环境,重视健康的整体性。损害了健康,对个体、群体、整体,都是不利的。保护环境,才有利于社会的可持续发展;保护健康,才有利于人的可持续发展。

忽视环境和健康,教学效率必然很低;相反,重视环境和健康,教学效率才有可能提高。

忽视了"教学做合一""真善美统一""德才识统一",教学就会显得"单调""枯燥",缺少整体的力量。如果一位教师在教学中时时刻刻都注意体现出知识、能力、人格三者的整合,坚持下去,教学效率难道会低吗?

● 知识、能力、审美、人格是不可分割的整体

让学生掌握较多的知识,培养较强的能力,学会独特的审美,发展良好的人格。

【实例】 教师的专业结构

教师的专业结构有四大内容:系统的专业知识(A.逻辑性);讲授演示的能力(B.操作性);人文艺术的修养(C.艺术性);社会交往的能力(D.交往性)。

教师专业的结构,以思维模式分类进行分析,可以概括为:

A.系统的专业知识,强调逻辑性、系统性;

B.讲授演示的能力,强调操作性、实用性;

C.人文艺术的修养,强调艺术性、情感性;

D.社会交往的能力,强调交往性、群体性。

A和B是教师专业结构的"知识基础";C和D是教师专业结构所不可缺少的"上层建筑"。一位优秀的教师,往往是A、B、C、D四者较和谐地发展。

在师范院校里,教师专业必修课是教育学、心理学,更为具体还有教学论、课程论等。不同学科,还有不同的专业必修课。例如:文学、政治、历史、地理、数学、物理、化学、生物等,不同学科的专业必修课是不尽相同的。这些都构成教师专业所必不可少的系统专业知识。

以上论述的仅仅是教师专业结构中的系统的专业知识,属于编码化知识,能用语言表述出来,重在逻辑性和系统性。此外,教师的讲授演示的能力、人文艺术的修养、社会交往的能力,这些是成为一位合格教师所不可缺少的能力和修养。这些专业水平的提高,主要通过从教学实践中学,从生活实践中学,从社会实践中学,从自我反思中学,从审美立美中学,从交流合作中学。这些知识,较多只能意会,难以言传,属于"经验类知识"。

【实例】　老子的美学辩证法

老子在《道德经》(又称《老子》)中第一章阐述"道",第二章就阐述"美"。这对于"审美—立美"教学模式的建构有重要启示。老子写道:

"天下皆知美之为美,斯恶已;皆知善之为善,斯不善已。故有无相生,难易相成,长短相形,高下相倾,音声相和,前后相随。是以圣人处无为之事,行不言之教,万物作焉而不辞,生而不有,为而不恃,功成而弗居。夫唯弗居,是以不去。"(《老子·第二章》)

老子这段名言,提出了"审美—立美"的辩证法,以及"审美—立美"应持的心态。我们将上面这段名言理解为下面的意思。

天下人都知道美是美,就有丑与美的对立;天下人都知道善是善,就有恶与善的对立。所以,有与无是对立的又相互依存,难与易是对立的又相互形成,高与下是对立的又相互充盈,音与声相对立又相互和谐,前与后是对立的又相互连接。因此圣人知道有所为而又有所不为,用无为来处事;知道有所教而又有所不教,用不言来行教;万物(众生)各自活动,而圣人不去倡导,万物(众生)各自生长,而圣人不去强要,万物(众生)各有所为,而圣人不图回报;事业成功,而圣人不以有功而自我夸耀。因为不自我夸耀,所以永不泯灭。

老子的美学辩证法的核心,正是朴素地认识到对立统一规律是宇宙的根本规律。美与丑、善与恶、有与无、难与易、长与短、高与下、音与声、前与后、有为与无为、有教与不教、有私与无私……老子认为这些都是相互对立、相互依存、相互转化、相互统一的。

这启发我们在建构"审美—立美"教学模式中,其核心过程应当是对立统一。例如:发散→收敛、情感→移情、和谐→奇异、多样→统一、形象→抽象、归纳→演绎、分析→综合、对称→破缺、复杂→简单、单纯→丰富、错误→正确、浅显→深奥,等等。具体到一节课的教学中,我们找准知识的重点、技能的难点、审美的视点、方法的要点,让这些"点"先发散,后收敛;或先和谐,后奇异;或先多样,后统一;等等,从上述核心过程中选择一个过程,最后,形成一个"立美"建构。这样就形成一个"审美—立美"的教学过程。其核心过程是一组对立范畴的转化,这正是老子对我们的启发。

老子的《道德经》是将真、善、美三者联系起来认识的。真、善、美三者不可分割,没有离开真(知)的美,没有离开善(德)的美。美总是真的,美总是善的;真总是美的,善总是美的。真善美的统一,有重要的教育学意义。

在"审美—立美"教育过程中,教师应持什么心态呢? 老子的上述名言启发我们:教师要知道"有为"又"有所不为",重视用无为来处事;教师要知道"有教"而又"有所不教",重视用不言来施教。让学生各自活动,而教师不要硬导;引学生各自参与,而教师不去强求;助学生各有所为,而教师不图回报(教师对学生给予爱心和智慧,并不期求将来报答,这就是真正的爱);有了好成绩,教师不以有功而自我夸耀。因为不自我夸耀,所以永不泯灭。教师有此心态,其教学必然与学生平等、尊重、自在,效率高。一句话,教师应持一种将真、善、美统一起来的心态。

【实例】 "钥匙—工具"培训模式

"钥匙—工具"培训模式的特点是:直接给出可操作的方法,并用一句话来简要概括这种方法。

例如,我们在《给教师的 20 把钥匙》[①]和《给教师的 18 个工具》[②]这两本书中,就是应用"钥匙—工具"培训模式。这种模式是将上述多种培训模式综合起来,根据具体内容,灵活运用。

《给教师的 20 把钥匙》这本书的核心内容是:在教育学研究成果的基础上,提供给教师可选用的 20 把钥匙。分为四个部分:①提高思维能力的钥匙(1～4);②发展教师专业的钥匙(5～10);③提升教学水平的钥匙(11～16);④改善学习方法的钥匙(17～20)。每一把"钥匙"都用一句话做出简要概括。

给教师的 20 把钥匙包括以下内容。

(一)增强研究能力的钥匙

1."四象限"思维模式:从逻辑、操作、艺术、交往四个方面,进行系统思维。

2.关爱生命,重视使命:继承优秀传统,面向现实世界,热爱教育事业。

3.及时总结经验教训:写教育自我小结,吸取他人经验,应用哲学总结经验。

4.全面调查,统计分析:设计问卷,全面调查,统计分析,及时反馈,自我反思。

(二)发展教师专业的钥匙

---

① 查有梁:《给教师的 20 把钥匙》,成都:四川教育出版社,2007 年。
② [美]泰普林:《给教师的 18 个工具》,成都:四川教育出版社,2007 年。

5. 不断提高专业水平:精读教育和学科的经典,提高文学艺术和社会交往能力。

6. 不断提高师德水平:理解和实践最主要的师德,效法优秀教师。

7. 认识优秀教师素质:设计问卷请学生们回答,教师相互评议共同提高。

8. 认真改进教育策略:提高教学艺术和技术,应用心理学成果提高质量。

9. 灵活选择教学原则:全面理解教学原则,因材施教,灵活选择。

10. 建构模式,超越模式:学会自己建构教学模式,认识模式的条件和局限。

(三)提升教学水平的钥匙

11. 整体备课,纵横联系:集中备好全学期的课,重视前后联系和学科渗透。

12. 教学生动,如坐春风:从形象到抽象,既和谐又奇异,既多样又统一。

13. 及时反馈,有针对性:给学生的练习题,当天让学生知道答案,自我纠正。

14. 认识学生,教学研并进:认识学生,知学知教,教师要成为教学的研究者。

15. 心中有数,注重实效:有定性认识,有定量分析;掌握分寸,适度才有实效。

16. 健康第一,真善美统一:身体、心理健康是第一位的事,真善美统一才是健康。

(四)改善学习方法的钥匙

17. 指导学生改进学习方法:给学生通用的学习方法,也给特殊的学习方法。

18. 从学生的问题中系统学习:系统收集学生的问题,系统回答学生的问题。

19. 积极参与校本学习:个体学习是基础,团队学习是关键,推广传播求发展。

20. 深刻领悟成才之道:成才统计律是十年树人;学习律、发展律、整合律。

《给教师的18个工具》这本书的核心内容是:在心理学研究成果的基础上,给出教师应向学生提供的18个工具。分为四个部分:①思维的实用工具(T1~T5);②教与学的心理学实用工具(T6~T10);③保护和预防的实用工具(T11~T15);④培养成功学生的实用工具(T16~T18)。每一件"工具",都用一句话做出简要概括。

给教师的 18 个工具包括以下内容。

(一)思维的实用工具

1.教会学生怎样思考:认识逻辑,理解感情,寻求多种方法解决问题。

2.开动大脑,启发思维:灵活思维、前瞻思维、换位思维、分析思维、系统思维。

3.促使学生自我教育:教会学生自己提问,增强自我约束,自我激励。

4.让学生认清错误观念:用积极的思维方式思考不幸事件,改变消极情绪。

5.引导学生走上乐观希望之路:制订目标,制订策略,投入精力,动态调整。

(二)教与学的心理学实用工具

6.榜样和示范:通过榜样和示范进行教育,运用榜样的情感技能。

7.奖赏和惩罚的强化:掌握奖赏和惩罚的技巧,注意奖罚的时机与分寸。

8.学会学习:使你的学生成为擅长学习、不断改进学习方法的高手。

9.自我诊断:教会学生成为自己教育的诊断者,这样他们才能进步。

10.化解压力:帮助学生从不同角度分析压力、理解压力,支持与压力相匹配。

(三)保护和预防的实用工具

11.健康教育:预防为主则相对容易,挽救生命的意义重大。

12.青春期教育:帮助学生理解青春期的烦恼,避开青春期的陷阱。

13.学会交往:了解个性,学会人与人之间交往的技能和原则。

14.认识早恋:减少早恋的负面影响,帮助学生与异性友好相处。

15.抵制诱惑:帮助学生避免追求物质享乐的诱惑,获得真正的幸福。

(四)培养成功学生的实用工具

16.成功走入社会:帮助学生学会选择职业和选择工作,充分发挥自己的潜能。

17.学习领导才能:传授给学生一个重大的技能——组织领导才能。

18.办好学校:把学校建成高质量组织,有效地解决学生行为养成和各种问题。

下辑

50年研究的20条经验

第六章　选择研究课题的经验

第一节　选题要有新颖性

1. 选择研究课题非常重要。我认为研究课题的选择应注意以下 3 点：（1）社会需要；（2）自己可能；（3）别人尚未研究。应该从以上 3 个集合的交集中，选择研究课题。选题要有新颖性、前瞻性、科学性。

"在科学上面是没有平坦的大路可走的，只有那在崎岖小路上攀登不畏劳苦的人，才有希望到达光辉的顶点。"（马克思）

"如果说，在中世纪的黑夜之后，科学以预料不到的力量一下子重新兴起，并且以神奇的高速发展起来，那么，我们要再次把这个奇迹归功于生产。"（恩格斯：《自然辩证法》）

【实例】　系统科学的原理及其应用

1980 年以后，我先后调到中国科学院成都分院和四川省社会科学院从事研究。我在研究课题的选题上，主要考虑了：（1）社会需要；（2）自己可能；（3）别人尚未研究。应该从以上 3 个集合的交集中，选择研究课题。我集中精力研究系统科学的原理及其应用，特别是系统科学的原理在物理学中的应用，以及系统科学的原理在教育学中的应用。1986 年，我先后出版《牛顿力学的横向研究》《控制论、信息论、系统论与教育科学》，就是上述研究的两个成果。

系统科学的基本思想是要将物理世界的规律与生命世界的规律整合起来，找到统一的规律，这显然对探讨教育的规律有很大的启发性。首先，维纳提出的控制论对"目的"这一概念给出科学的界定："目的即负反馈。"这对教育目的的研究,会带来新思考;从进化论到系统论,对系统进化和发展的必要条件进行了探究,这对于研究教育内容的进化、发展,肯定有新的启示;系统科学强调整体方法,重视从整体到部分,再从部分到新的整体;将分析和综合、定性和定量、归纳和演绎等方法整合集成起来,这为教育方法提供了新的工具。我预感到,系统科学的新成果,对教育学的发展会有新的启迪。

1983年,开始实施全国教育科学"六五"规划之际,我将上述思考写成一篇很长的论文:《控制论、信息论、系统论及其对教育科学的意义》,发表在《教育研究》1984年第5、6、7三期上。此文获得中央教育科学研究所和《教育研究》编辑部评选的"1979～1984年研究教育现实问题优秀文章奖"。我的这一新的研究成果,很快得到老一辈教育家刘佛年教授、陈元晖教授、张敷荣教授、张健教授等的肯定,陈元晖教授推荐我为"全国教育科学规划领导小组教育基本理论组"成员。我从1987年受聘起,连续三届,直至2002年。这15年担任"教育理论组"成员,对我产生了决定性的影响,促使我将主要的精力从事研究教育理论。

我深感选题要有新颖性、前瞻性、科学性。

第二节 发现有意义的问题

2. 从查阅近期核心书刊中经典文献、被广泛引用的文献,查阅各国大百科全书的相关条目,从聆听专家和官员的重要报告中,发现社会关注的问题,以及有待深入研究的问题。上网浏览社会的热点难点问题,从中发现有意义的问题。

"研究自然科学各个部门的循序发展。首先是天文学——为了给游牧民族和农业民族定季节,早已绝对需要它。天文学只有得到数学的帮助才能发展,因此数学也开始了。——后来,在农业的某一阶段和在某个地方(埃及的提水灌溉),而随着城市和大建筑物的产生、手工业的发展而发展的是力学。航海和战争不久也需要它。——它也需要数学的帮助,于是又推动了数学的发展。这

样,科学的发生和发展一开始就被生产所决定。"(恩格斯:《自然辩证法》)

"马克思说过,科学技术是生产力,事实证明这话讲得很对。依我看,科学技术是第一生产力。"(《邓小平文选》第3卷)

【实例】 回答"钱学森之问"

在2006年,有一天,我上网查资料,有这样一段信息格外吸引眼球。

2006年11月20日上午9时,在国务院第四会议室。温家宝总理问六位大学校长:"有几个问题,一直在我脑海里盘旋,今天向大家请教。去年看望钱学森时,他提出现在中国没有完全发展起来,一个重要原因是没有一所大学能够按照培养科学技术发明创造人才的模式去办学,没有自己独特的创新的东西,老是'冒'不出杰出人才。我理解,钱老说的杰出人才,绝不是一般人才,而是大师级人才。学校在增多,学校规模也在扩大,但是如何培养更多的杰出人才?这是我非常焦虑的一个问题。""各位校长、教育专家,我们如何提高高等教育质量? 高校如何办出自己的特色?"

看了温家宝总理提出的问题,我很激动。钱学森先生曾经给我写了三封信,主要也是讨论这些问题。我已经思考了十多年。

如何培养创新杰出科技人才? 钱学森教授在1993年12月18日给我的一封来信中讲了三点,我以为很重要。钱老写道:

"系统科学是由50年代就发展起来的,而今天是信息革命的时代了。信息革命实是第五次产业革命,也当然要改造教育:

(一)我在1989年《教育研究》一文就说21世纪的中国要让小孩4岁入基础教育学校,18岁就成硕士。

(二)是什么样的18岁硕士? 请想想:16世纪文艺复兴时,出现的名人学者都是全才,科学、技术、艺术无所不能。到了第三次产业革命(即工业革命)才分化出科学、技术、社科、文艺四大门,没有全才了。但到了第四次产业革命,发展到了30年代,就出现了理工结合的大学教育,我在美国就是接受这种教育的。事物又继续发展,到了第五次产业革命的今天,在国外又出现兼理、工、社科的博士。所以我想21世纪中国的18岁硕士应是全才;但又是专才,全与专辩证统一:即全可变专。改一专业只要大约一个月的锻炼就成了,甚至一个星期的改业学习就成了。

(三)这能行吗? 能! 用电子计算机和信息网络! 人的智慧不只来源于人

脑,还有计算机和信息网络,是人机结合的智慧!"

收到钱老的来信,深受启迪,同时,我也感到钱老的信对整个教育界、科技界都有重大意义。1994 年 1 月给钱老回信中写道:

"您设想'21 世纪中国的 18 岁的硕士应是全才',最好兼通理、工、社、艺;'但又是专才,全与专辩证统一'这是有远见的。事实上,只有博,才可能深专;只有专,才可能真博;博专结合,才可能有创造。

您进一步提出用'人脑＋电脑＋网络'的办法去实现上述设想,说明您的设想是'可行'的。这是一项具有超前预见的真正的教育革新。我的理解是:学生们只需记住最基本的信息,而不必死记硬背过多的'条条',枯燥无味;学生们应当学会解最有意义的问题,而不必在'题海战术'中浪费生命;学生们应当主动地去索取知识,获得能力,而不必强制去应付太多的考试,损伤身体。办学多样化,是国际性的潮流,没有必要强求一个模式。但是,信息革命,已迫使教育不得不革新。您的想法是有吸引力的,定会促使许多人去为之努力。我就是其中愿意去实践的人之一。"

于是,我首先选择"爱因斯坦与教育"这一课题,研究如何培养杰出人才,具体地回答"钱学森之问"。接着,又写了《试答钱学森之问》一文。

我尝试回答"钱学森之问"。大学要培养杰出人才有六大基本条件:(1)学生的基础好,身心健康;(2)遵循教育规律办大学;(3)有一流导师的指导,能够"站到巨人的肩上";(4)有强烈的社会需求,有高期望,有远大抱负;(5)有自由独立思考的时间、空间;(6)有长期超越寻常的个人努力。

中国的科学技术达到先进的条件,也是咱们中国培养大批杰出人才的基本条件,有以下六条:(1)坚持改革开放,以经济建设为中心,不动摇 ;(2)建设中国特色社会主义的经济政治制度,不折腾;(3)实施科教兴国战略和人才强国战略;(4)实施可持续发展战略;(5)科学发展观指导社会和人的全面发展;(6)努力建设一大批世界一流大学。

第三节　要敢于批判质疑

3. 在自己所从事的专业中,深入钻研世界公认的经典著作和传世力作。从逻辑结构、操作应用、艺术审美、社会传播等不同视角,提出新问题,发现新思路,确立新课题。要独立思考,独立判断,敢于批判质疑,勇于挑战权威。

"我真正要强调的是,科学是包罗万象的事业,它需要有各方面的才能。如果你想献身科学,很重要的是要了解这一点,要把握住自己最突出的科学兴趣和天赋,并不断地加以培养和发展。"(杨振宁:《杨振宁文集》(上))

杨振宁指出,"科学是包罗万象的事业,它需要有各方面的才能"。科学需要从不同方面去发现问题、提出问题、分析问题、解决问题。需要独立思考,独立判断,善于质疑,勇于挑战。

"要创新,需学问,只学答,非学问,问愈透,创更新。"(李政道2010年10月30日在北京师范大学"首届创新中国论坛"上的演讲)

李政道曾经对中国学生说过:"求学问,需学问,只学答,非学问。"意思是:想要得到学问,就要学会"问",如果只会学答案,就得不到真正的学问。他又进一步说:要有创新,就需要学"问",如果只学答案,就得不到真正的学问。"问"得愈透彻,就更有创新。

【**实例**】　回答"李约瑟问题"

"李约瑟问题"的原文表述是:"如果我的中国朋友们在智力上和我完全一样,那为什么像伽利略、托里拆利、斯蒂文、牛顿这样的伟大人物都是欧洲人,而不是中国人或印度人呢? 为什么近代科学和科学革命只产生在欧洲呢? ……为什么直到中世纪中国还比欧洲先进,后来却会让欧洲人着了先鞭呢? 怎么会产生这样的转变呢?"

西方一些学者认为,中国古代没有系统观测和逻辑体系,所以,在中国古代科学的基础上不可能走向近代科学。这是他们对"李约瑟问题"(即"为什么近代科学没有在中国产生?")的一种回答。我在中国科学院成都分院做研究时,发表了一篇论文:《中国古代物理中的系统观测和逻辑体系及对现代物理的启发》,论文公开发表后,得到杰出科学家钱学森的肯定。

1982年,中国物理学会第三届全国代表大会在北京召开,我撰写的论文《中国古代物理中的系统观测与逻辑体系及对现代物理的启发》被选为大会报告之一(1982年12月23日)。我在论文中具体地论证了中国古代物理中有自己独特的系统观测与逻辑体系,并且对现代物理很富有启发性,从而实证地说明了在中国传统科学的框架内可以通向近代科学。

我的论文是列举出物理实例,委婉地批评了爱因斯坦对科学史的一种见解。爱因斯坦曾认为:"西方科学的发展是以两个伟大的成就为基础,那就是:希腊哲学家发明形式逻辑体系(在欧几里德几何学中),以及通过系统的实验发现有可能找出因果关系(在文艺复兴时期)。在我看来,中国的贤哲没有走上这两步,那是用不着惊奇的。要是这些发现果然都做出来了,那倒是令人惊奇的事。"[1]

我的论文发表在《大自然探索》1985年第1期上。我想,如果爱因斯坦能看到我这篇论文,一定会改变看法,会为中国的贤哲也走上了系统观测和逻辑体系这两步而深感惊奇。这篇论文的第三部分,论述了中国古代物理的思想方法对现代物理的许多新的启发。这引起了钱学森教授的重视,钱老看了我的这篇论文后,于1985年3月17日给我写了第一封来信。全信如下:

查有梁同志:

拜读您在《大自然探索》1985年1期上的《中国古代物理中的系统观测与逻辑体系及对现代物理的启发》一文后,深受教益。但您在前几年"黄山天体物理学术会议"上的论文未能找到学习,是个遗憾;不知您手头可有复印本?如有请赐寄一份,我将十分感谢!

我很同意您的看法:决定论总是一定条件下的决定论,几率论也总是一定条件下的几率论。您对D. Bohm的理论有什么看法?请教!

此致

敬礼!

钱学森
1985.3.17

---

[1] 《爱因斯坦文集》(第1卷),北京:商务印书馆,1977年,第574页。注:这一译文是经编译者重新校译的。

读了钱老的这封信后,我受到很大的鼓舞与促进。在回信中我向钱老深入请教和讨论了一些问题,包括力学中出现的内在随机性等,特别是决定论与几率论相互转化的问题,以及 D. 玻姆的理论。不久,我的朋友张桂权看到 D. 玻姆的著作《整体性与隐缠序》的英文本。他想译为中文,并希望我作译文的校者,我欣然同意。从玻姆的著作中可看到解决问题的一线曙光,但问题仍未得到解决。

新的物理理论应当是:在一定条件下既能回到决定论,在一定条件下又能回到几率论。正如量子物理和相对论物理在极限情况下,都能回到经典物理一样。为此,首要的前提是必须把量子物理和相对论物理统一起来。量子物理中的时空不连续、量子跃迁等观点与相对论物理中时空连续、因果性等观点很难协调起来,尚需要做许多深入的工作,有所突破,才能使两大物理理论统一起来。

后来,我用英语撰写了一篇论文《落下闳系统与托勒密系统的比较》,应邀参加了“第17届国际科学史大会”(1985年,美国加州大学伯克利分校)。我已出版的《世界杰出天文学家落下闳》一书,就是在这几篇论文的基础上写成的。落下闳(公元前156年—公元前87年)是汉代在四川阆中出生的中国古代天文学家。

我以一种崭新的观点回答了“李约瑟问题”。中国古代科学中有自己的系统观测和逻辑体系,因而,在中国古代科学的基础上,也是可以通向近代科学的,这只是机遇与时间的问题。中国古代科学与近代科学之间没有不可逾越的鸿沟。因为,科学和科学史都还在不断发展着。正因为有这些研究成果,哈佛大学的科学史系邀请我做高级访问学者。同时,我也在哈佛大学的教育研究院做高级访问学者。

钱老的来信一直激励我对上述问题作进一步的思索,促进我获得了一些新的研究成果。包括我在《科学通报》1988年第6期上发表的《信息测不准关系》,以及1992年在美国加利福尼亚大学圣迭戈分校物理系做访问学者时,完成的新研究:《一般测不准关系与信息—质量关系》。(发表在《大自然探索》,1995年,第2期)

研究和回答“李约瑟问题”,使我收获不小。

【实例】 熟读经典,受益无穷

教师独立地、自觉地研读教育史上的经典名著,非常重要。这是任何教育学、心理学的教科书都不能代替的。

对于不同学科的教师,当然还要钻研本学科的经典名著。这也是该学科的教科书所不能代替的。我从西南师范大学物理系毕业后,在成都七中教物理学,以后又为几所师范大学物理学的研究生开设专业课。其间,我十分认真地研读了牛顿的《自然哲学之数学原理》、钱学森的《星际航行概论》,发表了有一定创新的著作:《牛顿力学的横研究》(1986年出版)、《牛顿力学与星际航行》(1990)并为物理学研究生开设这门课程。

我还十分认真地研读了《爱因斯坦文集》(共三卷),在此基础上撰写了一本有所创新的专著:《爱因斯坦与教育》(2008年出版)。我的体会是:"熟读经典,受益无穷。"对一位教师而言,不仅要研读教育学、心理学的经典,这会终身受益;而且要研读所教学科的经典,教师大受其益,学生们更是受益匪浅。

教育学、心理学和不同专业的经典著作,既有古的,也有今的;既有中的,也有外的。教师要不断提高专业水平,精读古今中外的有关教育学、心理学和本专业的经典著作是非常必要的。

作者曾认真阅读和研究秦九韶(1202—1261)在13世纪写的一本经典之作《数书九章》。《数书九章》的《序》,没有人完全译为现代文,特别是秦九韶的《序》里的九首诗,很难懂。秦九韶这经典著作的"数学建模"的思想,也没有人深入研究。作者就在这些方面下功夫做深入研究,完成了《杰出数学家秦九韶》。当代著名数学家吴文俊院士,看了《杰出数学家秦九韶》之后,来信如下:

查有梁先生:

承惠赠尊著《杰出数学家秦九韶》不胜感谢。

我还没有完全拜读尊著,目前还只拜读前一部分,但已感到受益匪浅,以前读秦九韶序时,只觉得格塞难明,现在拜读白话译文,得一目了然,此外如关于学习与创新的许多创见,以及《数书九章》的条目简介,都使我得益不少,此书必将成为被广为阅读与征引的读物,在此敬致谢意,并祝成功!

吴文俊

2003年10月14日

深入钻研世界公认的经典著作和传世力作,一定会有较大的收获。

第四节　了解同行的研究动向

4. 关注全国和省市一级正式公布的有关自然科学、社会科学、软科学等的"课题申请指南"。将抽象的大课题分解为具体的小课题。根据对自己和所在团队的估计,确定研究课题。要了解国际上同行的研究动向,从中发现新课题。

"在马克思看来,科学是一种在历史上起推动作用的、革命的力量。任何一门理论科学中的每一个新发现,即使它的实际应用甚至还无法预见,都使马克思感到衷心喜悦,但是当有了立即会对工业、对一般历史发展产生革命影响的发现的时候,他的喜悦就完全不同了。例如,他曾经密切地注意电学方面各种发现的发展情况,不久以前,他还注意了马赛尔·德普勒的发现。"(恩格斯:《在马克思墓前的讲话》)

【实例】　课程改革的争鸣与创新

进入 21 世纪,各国都在积极推进基础教育的课程改革。我们中国明显有两派:"激进派"和"稳健派"。在教育理念上,这两派没有分歧。"让每一位学生都得到发展"的教育理念,已成为全球共识。但是,在如何推进课程改革上分歧很大。中国台湾、香港地区的课程改革,也存在类似的情况。

"激进派"主张:"大破大立""重起炉灶""概念重建""范式转型"。在教学的具体操作中"自上而下"地"行政推动",要求"真正使每一个课堂都成为落实三维目标的场所"。"三维目标"成为全国"大一统"的评价标准。不分学科特点,大力强调推行"自主、探索与合作"的学习方式。一些教师和一些学者对新课程改革的上述实施,感受到的是"运动式的""突变式的""大跃进式"的课程改革。

"稳健派"主张:"继承传统""渐进改革""抓住关键""创造特色"。在教学的具体操作中要求"自上而下"与"自下而上"相结合,不要"仪型他国",要"切合国情";课堂教学要从学生实际出发,抓住重点,突出关键;强调不同年龄、不同学科,采用不同的学习方法,不作统一的要求。一些教师和一些学者对新课程改革的具体实施,强烈希望要"稳妥有效",不要搞"花架子",慎重实验,协调发展。

采用"激进派"的主张使局部地区出现了形式主义的弊病,出现了教学效率降低的弊病,出现了学生负担反而加重的弊病,导致了一些弄虚作假,教学质量下降,人民群众不满意。这些弊病的出现,"激进派"归咎为教师不合格,进而归咎为师范教育太落后,而不从体制和机制上找原因。

采用"稳健派"的主张,教育强调和谐:健康第一,以德育人,开发智力,贯穿审美;教育追求有效:让师生们用较少时间,能得到较大收获;教育需要激发:用榜样和实例去激励,用问题和交流去启发。教育要求行动:实践出真知,训练出技能,经验出智慧。教育要讲系统性、科学性、技术性和艺术性。

"激进派"强调了学生的主体地位,却忽视了教师的主导作用。强调了要发展学生的"个性",却忽视了也必须发展教师的"个性"。用一两条"大一统"的方式,"自上而下"地限制教师,这只能扼杀教师的创造性。

"稳健派"既强调学生的主体地位,又强调教师的主导作用。既强调发展学生的"个性",也强调必须发展教师的"个性"。不主张用一两条"大一统"的方式,"自上而下"地限制教师。要充分发挥教师的创造性。

新课程改革的 10 年以来,在宣传舆论上,"激进派"的主张占上风。可是,在具体实践中,"稳健派"的主张占上风。我相信两派在新课程改革的"试行"中,通过教学实践的检验,会逐步统一认识,使新课程改革最终取得成功。

我属于"稳健派"。我支持新课程改革。我发表的《论思维模式的分类及其应用》(《教育研究》,2004 年,第 1 期),《从思维模式看课程改革的价值取向》(《课程·教材·教法》,2005 年,第 10 期),《"启发—创新"教学模式建构》(《课程·教材·教法》,1999 年,第 10 期),《"整体—融合"教学模式建构》(《课程·教材·教法》,2000 年,6 期,7 期),《"交流—互动"教学模式建构》(《课程·教材·教法》,2001 年,第 4 期,第 5 期),《"审美—立美"教学模式建构》(《课程·教材·教法》,2003 年 3 期,4 期)等,都是积极为新课程改革提供解读,提供可操作的方法。

我不赞成"激进派"的一些做法。我发表的《对新课程改革的几点提醒》(《教育导报》,2005 年 3 月 22,24,29 日。),《论新课程改革的"软着陆"》(北京师范大学,《教育学报》,2007 年,第 2 期),《十年课程改革的统计诠释》(《教育科学研究》,2012 年,第 11 期),《论教育改革的限制性原理》(《教育科学研究》,2013 年,第 4 期)等等论文,都是尖锐批评"激进派"对新课程改革的误导。

2009 年,作者发表一本专论:《课程改革的辩与立》,重庆大学出版社,2009 年 5 月出版。本书专题讨论 2001 年至 2009 年中国的新一轮课程改革 8 年的经验和教训。分为上下两篇:上篇是"争鸣反思篇",下篇是"立新建构篇"。

《中国教育报》2010 年 6 月 3 日,发表中央教育科学研究所程方平研究员的书评:"教育改革还需深层次的磨合——读查有梁的《课程改革的辩与立》"。《教育导报》2009 年 12 月 1 日,发表南京师范大学李如密教授的书评:"辩尚稳健立崇创新——查有梁先生新著《课程改革的辩与立》评介"。

要了解国际上同行的研究动向,从中发现新课题,进行"有立有破"的新研究,也是一条研究的道路。

第七章　具体做研究的经验

第一节　作古今中外的历史考察

5. 科学研究是一个系统,是一个过程。需要明确地发现问题、提出问题、分析问题、解决问题。首先要对研究的问题,作古今中外的历史考察。看看前人应用过什么方法、取得了什么成就、尚未解决的是什么,撰写出较详尽的按历史发展的研究综述。

"古今之成大事业、大学问者,必经过三种之境界:'昨夜西风凋碧树,独上高楼,望尽天涯路。'此第一境也。'衣带渐宽终不悔,为伊消得人憔悴。'此第二境也。'众里寻他千百度,蓦然回首,那人却在,灯火阑珊处。'此第三境也。"(王国维:《人间词话》)

王国维老先生的论述太"文学"了。作者想表达得直接一些。想来想去,作者终于发现三种境界的直接表述是:第一种境界即:广博地学习;第二种境界即:勤奋地思考;第三种境界即:独特地创造。

【实例】　教学原则的系统研究

我在研究教学原则时,曾反复精读过《论语》和《礼记·学记》。《论语》中生动地记载了孔子怎样教育他的学生,以及孔子的教育思想和教育方法。《论语》能延续两千多年而不衰,对世界各国都产生了巨大影响,早已成为全人类的精神财富。每一个教师都应当认真研读,用其精华,发扬光大。

孔子在《论语》中,明确地提出以下 10 条重要的教育原则和方法:

(1)有教无类原则(即"教育平等","一视同仁"原则);

（2）启发教学原则（"不愤不启，不悱不发。"）；

（3）学思结合原则（"学而不思则罔，思而不学则殆。"）；

（4）由博返约原则（"博学于文，约之以礼"，"一以贯之"。）；

（5）由己推人原则（"己欲立而立人，己欲达而达人。"）；

（6）时习温故原则（"学而时习之"，"温故而知新"。）；

（7）乐学乐教原则（"知之者不如好之者，好之者不如乐之者"。"学而不厌"，"诲人不倦"。）；

（8）虚心求实原则（"知之为知之，不知为不知，是知也。"）；

（9）诗歌育人原则（"诗，可以兴，可以观，可以群，可以怨。"）；

（10）乐山乐水原则（"知者乐山，仁者乐水。"）。

《礼记·学记》是中国第一部完整的教育理论，其中明确地提出了10条教学原则和方法：；

（1）教学相长原则（即"反思自强"原则）；

（2）"禁于未发"原则（即"预"的原则）；

（3）及时施教原则（即"时"的原则）；

（4）循序渐进原则（即"孙"的原则）；

（5）"相观而善"原则（即"摩"的原则）；

（6）学习与练习结合原则（即"藏"、"修"原则）；

（7）休息与娱乐结合原则（即"息"、"游"原则）；

（8）引导激励启发原则（即"道"、"强"、"开"原则）；

（9）"长善救失"原则（包含有"因材施教"原则）；

（10）"善教继志"原则（包含有"主体引导"原则）。

上述教学原则和教学方法，直到今天仍然有重要意义。难道一位教师不应该精读《论语》和《学记》吗？

我在西南师范大学学习期间（1959～1963），曾反复精读夸美纽斯的《大教学论》（1632年写成），并且将书中提出的各项教学原则抄写了几遍，边读边作笔记。印象深刻，收获很大。夸美纽斯的《大教学论》，以"适应自然"（或译为遵循自然、借鉴自然、模仿自然）为教学理论的基本原理，由此推演出一系列教与学的一般原理，以及大的教学原则和小的教学原则。应用了"原理→大原则→小学则"的顺序，建立了《大教学论》的理论结构。基本上属于原理性理论，

179

其优点是逻辑完整、简明,基础巩固,能推演生成相应的教学模式和教学策略。夸美纽斯的《大教学论》中,提出了以下原则:

(1)适应自然(引出教与学的9条一般原则);

(2)教与学的便利性原则(引出10条小原则);

(3)教与学的彻底性原则(引出10条小原则);

(4)教学的简明性与迅捷性原则。

在"适应自然"这一基本原理的基础上,引申和演绎出大大小小的40条教学原则。《大教学论》有一个"一以贯之"的统一模式:根据"适应自然"的原理,首先阐述自然对我们的启示,然后模仿自然,实施教学;进而,找出与自然比较后发现的偏差,提出反馈纠正的办法,再进一步改进教学,从而达到较好的教学效果。这与当代系统科学中应用反馈方法很相似。

我们从孔子的《论语》抽出了10条教学原则,从《补记·学记》中又引出了10条教学原则。夸美纽斯的《大教学论》中列举了大大小小的教学原则40条。我在《大教育论》中,将古今中外的教学原则一一罗列出,共108多条,显然有许多是重复或类似的,可以合并在一起;另一方面,随着时代发展,一些教师又提出了新的教学原则。我《新教学模式之建构》一书中,设计了一个选择教学原则的问卷:

教师选择教学原则的调查

本表列出了40条教学原则。教学原则是教师教学经验的概括,是指导教学的基本准则。不同的教师,选择使用的教学原则常有差异。请您在本表中先选出10条您认为较为重要的教学原则;然后再从选出的10条中,选出3条您认为最重要的教学原则。请把本表各条内容全部看完后,再进行选择。

J01 教学相长原则	J21 教学与生活相联系的原则
J02 学思结合原则	J22 优选教学方法和手段的原则
J03 博约并重原则	J23 科学性与思想性统一原则
J04 循序渐进原则	J24 传授知识与发展智力统一原则
J05 学练结合原则	J25 因材施教原则

J06 便利性原则	J26 引起动机原则
J07 彻底性原则	J27 启发诱导原则
J08 简明性与迅捷性原则	J28 自我活动原则
J09 明确意义、增强兴趣原则	J29 及时反馈原则
J10 逐步深化、周期跃迁原则	J30 爱心原则
J11 掌握结构、发展能力原则	J31 少而精原则
J12 自觉性和积极性原则	J32 主体性原则
J13 直观性原则	J33 创新原则
J14 量力性原则	J34 教学做合一原则
J15 巩固性原则	J35 真善美统一原则
J16 系统性原则	J36 德才识统一原则
J17 理论联系实际的原则	J37 知情意行统一原则
J18 以高难度进行教学的原则	J38 智力与非智力相结合原则
J19 以高速度学习教材的原则	J39 适应社会的原则
J20 使学生理解学习过程的原则	J40 适应个性的原则

如果您有不同于上表中40条的其他看法,请将您的观点写在下面:

对研究的问题,作"古今中外"的历史考察,这是非常必要的。

【实例】　恩格斯与物理学

《恩格斯与物理学》一书,系"国家社会科学基金资助项目"(94BZX026)的成果。作者在《恩格斯与物理学》一书中,论述了辩证法的三原理与中国古代自然观的三原理的一致性,以及辩证法的三原理与系统科学三原理的一致性,对于哲学原理进行了"古今中外"的比较研究。

恩格斯在《自然辩证法》中完整地提出了辩证法的三个规律。恩格斯写道:

"辩证法的规律就是从自然界以及人类社会的历史中被概括出来的。辩证法的规律不是别的,正是历史发展的这两个方面和思维本身的最一般的规律。它们可以简化为下面三个规律:

量转化为质和质转化为量的规律;

对立的相互渗透的规律;

否定的否定的规律。"①

上述三个辩证法的规律,适合于自然界、人类社会和思维。当然,也是辩证自然观的三个规律。辩证法的三大规律,实际是辩证法的三大原理。

辩证法的三大原理,简要表述如下:②

【对立统一原理】自然界、社会、思维领域中的任何事物都包含着内在矛盾性,事物内部矛盾双方既统一又斗争,由此推动事物的发展。

【质量互变原理】一切事物在发展过程中,量变和质变是相互联系和相互转化的。事物由内部矛盾所引起的发展,是通过由量变到质变和由质变到量变的转化过程,以及通过量变和质变的循环往复,不断产生新质的辩证运动来实现的。

【否定之否定原理】一切事物自身发展的整个过程是由肯定、否定和否定之否定诸环节构成的,其中否定之否定是过程的核心,是事物自身矛盾运动的结果,是矛盾的解决形式。

● 中国古代的有机自然观三原理与辩证法三原理的一致性

中国古代的自然观,可以概括为"有机自然观"。有机自然观是辩证自然观的一种古代原型,也可以说,辩证自然观包容有机自然观。中国古代的有机自然观,根据作者的研究,可以简化为下面三个原理:阴阳互补原理、五行生克原理、天人合一原理。

中国古代的有机自然观的三个原理,简要表述如下:

【阴阳互补原理】任何事物都有对立的两面:阴和阳。阴中有阳,阳中有阴,即对立中又有对立。阴阳平衡是暂时的,阴盛阳衰,阴衰阳盛,相互消长,阴阳互补于统一体中。这便是阴阳互补原理。

"阴阳互补"是对立统一的一种朴素的、形象的表述,两者是相容的。"一

---

① 恩格斯:《自然辩证法》,于光远等编译,北京:人民出版社,1984 年,第 75 页。

② 《中国大百科全书》(哲学卷),北京:中国大百科全书出版社,1987 年。

阴一阳之谓道"(《易经·系辞上传》)与"对立统一规律是宇宙的根本规律"是一致的。

阴阳互补,体现了一种"对称"。从阴阳太极图可以直观地看出这种互补性、对称性。20世纪杰出的物理学家玻尔非常欣赏中国古代的阴阳太极图,看重的正是它直观地表现出的互补性、对称性。

玻尔于1927年提出"互补原理":"在描述自然时,必须将互斥而又互补的概念结合在一起,才能形成对现象的完备描述。"①这正是阴阳互补原理的现代表述。

【五行生克原理】任何系统都可以分为五种要素:木、火、土、金、水。它们之间既相生,又相克。五种要素可以组成不同顺序的若干循环。每一个相生过程或相克过程中,其余各要素又分别起促进、掩蔽、抑制的作用。各要素之间有相互作用,各要素内部也有相互作用,即相互作用中又有相互作用。("耦之中又有耦")这便构成了系统的复杂性。("万物之变遂至于无穷")这便是五行生克原理。

五行生克是质量互变的一种朴素的、形象的表述,两者是相容的。系统的五行之间的顺序发生量变,就会引起系统五行关系的质变;反之亦然。五行生克的过程与量变质变过程是一致的。

五行生克显示了世界的复杂性。王安石认为"五行皆各有耦""耦之中又有耦""万物之变遂至于无穷"。②这种思想很深刻。他猜测到了"对立之中又有对立""循环之中又有循环""相互作用之中又有相互作用"。这就会使万物之变走向复杂化。用现代科学的术语说,即是"超对称""超循环""超耦合"就会导致系统向复杂化方向变化,即是进化。

【天人合一原理】"道生一,一生二,二生三,三生万物。"(《老子》,第四十二章)即道生气,气生阴阳,阴阳生天、地、人,天、地、人则演化为万物。"人法地,地法天,天法道,道法自然。"(《老子》,第二十五章)。不仅从演化看天、地、人是统一的,都"道法自然",而且天是大宇宙,人是小宇宙,大小宇宙是相互感应、相互对应的。天、地、人合为整体。这便是天人合一原理。

"天人合一"是否定之否定的一种朴素的、形象的表述,两者是相容的。

① 查有梁:《牛顿力学的横向研究》,成都:四川教育出版社,1987年,第193页。
② 王安石:《洪范传》。

天、地、人的演化过程,正是否定之否定的过程。"天人合一"是整体。部分是对整体的否定,新的整体是对部分的否定之否定。

天人合一,体现了整体论思想。这一思想是从演化来寻求统一。现代物理学中探索引力场、强场、弱场、电磁场,这四种场(或称四种相互作用)的统一,正是从物质的自然演化来寻求统一。天人感应、天人对应的古代思想,从"信息"联系看是有其合理性的。天人合一原理充分显示了中国古代科学中重视"整合"的思想。

中华传统文化的思维方式很有特色:"阴阳互补"的辩证思想,"五行生克"的系统思想,"天人合一"的整体思想,这些思想构成了中国特色的有机自然观,这同近代以牛顿力学为基础的机械自然观形成鲜明对照。

现代系统科学的发展表明,有机自然观更为合理。有机自然观可以作为可持续发展战略的哲学基础。中国人民之所以较容易理解和接受马克思、恩格斯的辩证唯物主义,从文化内核看,正因为辩证唯物主义与中国传统文化的有机自然观是相容的。

◎ 系统科学三原理与辩证法三原理的一致性

恩格斯指出:"随着自然科学领域中每一个划时代的发现,唯物主义也必然要改变自己的形式。"①

在 20 世纪,自然科学领域中的划时代的发现,最为突出的是系统科学和电子计算机(简称电脑)。系统科学包括:控制论、信息论、系统论以及自组织理论(包括耗散结构论、协同论、超循环论)。系统科学的产生和发展与现代物理学的关系极为密切。系统科学新成就的物化,就是电脑的迅速发展与普遍应用。系统科学是一个"科学群",目前,正在逐渐形成系统学。也许,21 世纪才能建构出世界公认的系统学。在系统科学基础上形成的自然观,且称为系统自然观。

系统自然观是辩证自然观的进一步丰富与发展。古代中国的有机自然观、近代科学的辩证自然观、现代科学的系统自然观,都是一脉相承的,都是辩证法

---

① 恩格斯:《路德维希·费尔巴哈和德国古典哲学的终结》,《马克思恩格斯选集》(第 4 卷),北京:人民出版社,1977 年,第 224 页。

的具体形式。作者在《控制论、信息论、系统论与教育科学》(1986 年)一书中，提出了系统科学三原理：反馈原理、有序原理、整体原理。

系统科学的三个原理，简要表述如下：①

【反馈原理】

肯定表述：任何系统只有通过信息反馈，才可能实现有效控制，从而达到目的。

否定表述：没有信息反馈的系统，要实现有效控制从而达到目的是不可能的。

反馈原理中，反馈的概念就揭示出事物内部任何两个系统之间，关于信息的内在矛盾性。A 系统对 B 系统有信息，B 系统对 A 系统也有信息，这就是反馈，简单地表示为 A⇋B。这显然是对立统一的具体化与深化。系统对目的的偏离，通过信息反馈加以控制，这一过程充分体现事物矛盾双方既统一又斗争，以此推动系统的发展，以达到预期的目的。

因此，可以说对立统一规律包容了反馈原理；反馈原理是对立统一规律的具体化与深化。

反馈原理与"阴阳互补"是一致的。两个系统之间不仅有物质、能量的互补，更重要的，还有信息的互补。信息反馈过程正是一个信息互补过程。

由此可见，对立统一、阴阳互补、反馈原理，三者都是相容的。

【有序原理】

肯定表述：任何系统只有开放、有涨落、远离平衡态，才可能进化，走向有序。

否定表述：没有开放、没有涨落、处于平衡态的系统，要走向有序是不可能的。

有序原理中，有序的概念就是表征系统演化的量度。有序原理揭示出了系统进化的必要条件：开放、有涨落、远离平衡态。而系统演化则完全遵循质量互变规律。有序原理的具体内容大大丰富了质量互变规律。

因此，可以说质量互变规律包容了有序原理；有序原理是质量互变规律的具体化与深化。

---

① 查有梁：《系统科学与教育》，北京：人民教育出版社，1993 年，第 1～30 页。

有序原理与五行生克是一致的。有序原理揭示了系统进化的条件;五行生克则揭示了"万物之变遂至于无穷",指明了系统走向复杂化的过程。

由此可见,质量互变、五行生克、有序原理,三者都是相容的。

> **【整体原理】**
>
> 肯定表述:任何系统只有通过相互联系,形成整体结构,才可能生成整体功能。
>
> 否定表述:没有整体联系,没有形成结构,要使系统生成整体功能是不可能的。

整体原理中,整体的概念就揭示了整体与部分的肯定、否定和否定之否定的关系。整体公式:整体→部分→整体,这正是否定之否定的过程。整体的结构,发挥整体的功能。系统结构自身的矛盾运动的结果,是整体结构发生变化,出现新的整体结构,从而生成新的整体功能。

因此,可以说否定之否定规律包容了整体原理;整体原理是否定之否定规律的具体化与深化。

整体原理与天人合一是一致的。有整体结构,才可能生成整体功能;天人合一,才可能形成真正的整体。整体建构的过程,也正是一个天人合一的过程。

由此可见,否定之否定、天人合一、整体原理,三者都是相容的。

上述系统科学的三个原理与辩证法的三大规律是一致的。辩证法的三大规律包容了系统科学的三个原理;系统科学的三个原理是辩证法的三大规律的具体化与发展。

第二节　要不断调整,去逼近目的

6. 要明确研究课题的最终成果是什么,是建立较普遍的理论,还是建构解决问题的某种模式,还是发现或发明解决问题的操作方式,通常可以成为专利。做研究,就是通过各种尝试、反馈调整,去逼近目的,完成最终成果。

"物理学者考察自然过程时,要在它表现在最精确的形态且最不受扰乱影响的地方去考察;如可能,还在各种条件保证过程正常进行的地方做实验。"(马克思:《资本论》)

"通过实践而发现真理,又通过实践而证实真理和发展真理。从感性认识而能动地发展到理性认识,又从理性认识而能动地指导革命实践,改造主观世界和客观世界。实践、认识、再实践、再认识,这种形式,循环往复以至无穷,而实践和认识之每一循环的内容,都比较地进到了高一级的程度。这就是辩证唯物论的全部认识论,这就是辩证唯物论的知行统一观。"(毛泽东:《实践论》)

【实例】 教学模式的矩阵结构

教学模式是多种多样的。在实际应用中,每一学科,大约都有 15 种到 25 种不同的教学模式。这些教学模式本身能不能建立起一个统一的模式呢? 如何给多种多样的教学模式建构一个整体的模式? 为什么会有 15 种到 25 种不同的教学模式呢?

建构模式的关键是要简化,大道至简,作者经过 10 年的探索,终于为众多的教学模式建立了一个矩阵结构。为了便于大家理解,先从 2×2 的矩阵结构开始,逐步加深,让大家便于使用,由浅入深,方才能流行。

1. 教学模式的 2×2 的矩阵结构

师生关系 教学内容	教师为主,接受学习	学生为主,自主学习
问题启发	"启发—接受"模式	"问题—自主"模式
故事实例	"实例—接受"模式	"实例—自主"模式

以上矩阵结构包括了 4 个基本的教学模式。

2. 教学模式的 3×3 的矩阵结构

师生关系 教学内容	教师中心,启发教学	学生中心,从做中学	师生互动,从辩中学
概念原理	"概念—启发"模式	"概念—自主"模式	"概念－辩论"模式
问题实例	"问题—启发"模式	"问题—自主"模式	"问题－辩论"模式
鉴赏创作	"鉴赏—启发"模式	"鉴赏—自主"模式	"鉴赏－辩论"模式

以上矩阵结构包括了 9 个基本的教学模式。

3. 教学模式的 4×4 的矩阵结构

教学关系 课程内容	L1 启发模式	L2 操作模式	L3 自学模式	L4 合作模式
K1 认知模式	认知—启发	认知—操作	认知—自学	认知—合作
K2 行为模式	行为—启发	行为—操作	行为—自学	行为—合作
K3 情感模式	情感—启发	情感—操作	情感—自学	情感—合作
K4 群体模式	群体—启发	群体—操作	群体—自学	群体—合作

以上矩阵结构包括了 16 个基本的教学模式。

4. 教学模式的 5×5 的矩阵结构

教学关系 课程内容	L1 启发模式	L2 操作模式	L3 自学模式	L4 合作模式	L5 研究模式
K1 认知模式	认知—启发	认知—操作	认知—自学	认知—合作	认知—研究
K2 行为模式	行为—启发	行为—操作	行为—自学	行为—合作	行为—研究
K3 情感模式	情感—启发	情感—操作	情感—自学	情感—合作	情感—研究
K4 群体模式	群体—启发	群体—操作	群体—自学	群体—合作	群体—研究
K5 综合模式	综合—启发	综合—操作	综合—自学	综合—合作	综合—研究

以上矩阵结构包括了 25 个基本的教学模式。

5. 教学过程的 5×5 的矩阵结构

学生学习过程 教师教学过程	a 思考接受	b 活动探究	c 情感体验	d 合作交流	e 整合顿悟
A 晓之以理	Aa 晓理接受	Ab 晓理探究	Ac 晓理体验	Ad 晓理交流	Ae 晓理顿悟
B 导之以行	Ba 导行接受	Bb 导行探究	Bc 导行体验	Bd 导行交流	Be 导行顿悟
C 动之以情	Ca 动情接受	Cb 动情探究	Cc 动情体验	Cd 动情交流	Ce 动情顿悟
D 传之以神	Da 传神接受	Db 传神探究	Dc 传神体验	Dd 传神交流	De 传神顿悟
E 创之以新	Ea 创新接受	Eb 创新探究	Ec 创新体验	Ed 创新交流	Ee 创新顿悟

如果每一教学过程都包含学生学习过程的 abcde,且顺序也是 a→b→c→d→e,则有 30 个基本的教学过程。其中,以 Aa 开头的有 6 个教学过程:

例如:Aa→Bb→Cc→Dd→Ee;Aa→Ab→Ac→Ad→Ae;Aa→Bb→Bc→Bd→Be;Aa→Cb→Cc→Cd→Ce;Aa→Db→Dc→Dd→Ee;Aa→Eb→Ec→Ed→Ee。

分别 Ba、Ca、Da、Ea 开头，又有 4×6 即 24 个教学过程。一共 30 个教学过程。当然，还可以得到其他的过程。应用矩阵的乘法，可以一一推演出来。

最有意义的教学过程是既有教师的 ABCDE，又有学生的 abcde，且顺序也是 a→b→c→d→e，这可以得知是：Aa→Bb→Cc→Dd→Ee；Ba→Cb→Dc→Ed→Ae；Ca→Db→Ec→Ad→Be；Da→Eb→Ac→Bd→Ce；Ea→Ab→Bc→Cd→De。

做研究，就是通过各种尝试、反馈调整，去逐步逼近目的，最终才能完成成果。

第三节　真正领悟创新的原理

7. 科学研究，重在有创新，特别是要有自主的、原始的创新。科学研究这一系统要发展、进化，必要条件是：(1) 系统开放；(2) 内外大涨落；(3) 远离平衡态。这是做研究时，必须领悟的原理。要写出好诗，功夫在诗外。科学研究中的创新，同样如此。

"认识有待于深化，认识的感性阶段有待于发展到理性阶段——这就是认识论的辩证法。如果以为认识可以停顿在低级的感性阶段，以为只有感性认识可靠，而理性认识是靠不住的，这便是重复了历史上的'经验论'的错误。"(毛泽东:《实践论》)

【实例】　从系统科学原理探索领悟创新原理

作者应用系统科学三原理，更加具体地研究创新思维，得到以下创新思维的三原理：[1]

---

[1]　查有梁:《系统科学与教育》，北京:人民教育出版社,1993 年，第 313～319 页。

【目标激励原理】创新者应当非常明确自己的目标。他要有达到目标的强烈动机和强大动力,善于选择恰当的激励,通过多次信息反馈,才可能实现创新的目标。

很明显,目标激励原理,它是反馈原理的具体化和深化。

【发散收敛原理】创新过程是一个发展过程。创新者通过开放,涨落,远离平衡态,有发散,有收敛,放之寻求多种联系,聚之探索深邃问题,这才可能有创新。

很明显,目标激励原理,它是有序原理的具体化和深化。

【环境建构原理】创新是在特定的内环境和外环境中,人的主动建构活动。创新者只有通过整体结构的新建构,从而才能产生出整体的新功能,这才可能有创新。

很明显,环境建构原理,它是整体原理的具体化和深化。

【实例】 我在《诗刊》发表的第一首诗①

我从中学时代开始就读诗写诗,已经50年了,我大多是用诗来鼓励自己或教育子女。说教成分大,直白太多,缺乏诗味,没有意境。不可能在《诗刊》上发表。对我这样从事科学研究和教育工作的人,写的也离不开本行,很难贴近有感情的生活。我的审美视点老在科学与教育的空间中徘徊。我写的诗,有理科背景的人,或许有点兴趣;文科背景的朋友,一看我的诗就很不以为然。科学与人文有各自的审美标准,有时很难统一。我的女儿是文科的本科生和研究生,对我的诗只有一个字的评价:"臭。"

1993年,我在美国加州大学圣迭戈分校物理系做高级访问学者,有一段时间我天天都到位于太平洋边的海洋研究院去看书。中午就在一间供师生休息的大木房内吃饭和玩一玩。有一位从北京大学来这里攻读博士的中国留学生,以及两位韩国的留学生,中午我总要同他们赛赛台球。有一天,他们告诉我明天要考海洋物理学,得抓紧时间学习。由于天天面对太平洋,观察许久,也想了

---

① 本文发表在《诗刊》2006年7月号下。

许多。我对他们说海洋物理学考不了多少东西。灵感一来，写了一首诗《海方程》：

"海水的运动，既决定又混沌/地球在旋转，海水有惯性/太阳月亮拨弄着潮水涨落/是您解牛顿的力方程"（并写出"力方程"）；

紧接着第二段写出波尔兹曼"热方程"；第三段写出麦克斯书"波方程"；第四段写出爱因斯坦"场方程"；最后一段是：

"上帝啊！（指自然）真是伟大精明/是您决定了这个混沌的决定/是您混沌了这个决定的混沌/您从不列方程，却解出了方程/宇宙等于决定乘以混沌。"

这几位留学生看了我这首诗，很兴奋，虽然他们的考试不会考这么深，但我将大学几年的重要内容写进一首诗里，还是有点新意。我将这首诗收进我的第一本诗集《教育诗·童心》。

我女儿看了我的这类诗，批评说："你根本不懂什么叫诗，更不懂什么叫现代诗。"于是，我长期处于"愤悱"状态。"心求通而尚未通，口欲言而未能言"。一直不理解什么是现代诗。正如"道可道，非常道"一样，也是"诗可诗，非常诗"。

1995年的一天，我同女儿去游北京的北海公园。我心有灵犀，突然顿悟了什么是现代诗：我们学理科的人，一写诗，重视逻辑，强调理性，这就写不出真正的诗。现代诗可能需要"非逻辑""非理性"。从"非"中表现出"是"，从"曲"中表现出"直"，从"情"中表现出"道"，从"象"中表现出"理"；决不能直接去说"是"、论"直"，说"道"、论"理"。这是我突然领悟的。

这时，北海公园在夕阳西下之时，水面泛起红色的光波，我就"非逻辑"地写出了诗的第一段：

"水面一片金色的鱼，/汇聚成天空的太阳；/银河里一团蓝色的星，/衍射出地球的形象。"

我女儿评论说，从水面的鱼，一下子就跳跃到空中的太阳，"跨度大"，有了点诗的味道。我感到人生与自然融合成一体了，于是"非理性"地写出第二段：

"思索的波，泛起生命的浪，/微风的涟漪，吹动了晴朗；/弥散的晚霞在折射朝阳，/月亮却聚焦了北极之光。"

这一段肯定是不合乎物理学的，但似乎接近了诗学。我又突然感到光波的自由奔放和人生的局限和无奈。于是写出第三段：

191

"苍穹上倒挂着过去的虚影,/浪尖上闪烁着未来的希望;/自由之光逍遥于人间天堂,/大地总囚禁于现在的平面上。"

这时一艘游艇开过来,把一片夕阳的光波,打得七零八散,杂乱无章。我大大地失落,"美"一下没有了!不由得想起莎士比亚在《哈姆雷特》中的名句:"生?还是死?这是一个问题。"于是写出了第四段:

"游艇冲破光的诱惑,/湖底冒出一阵阵冰凉,/我仰望太空问光:/出港?还是归航?"

这就是我以《湖边赏光》为题目,在《诗刊》上发表的第一首诗。①

我的这首诗,立即得到女儿的赞同,说了一声:"你什么时候进步的?"居然在写现代诗方向,我迈进了一步。难啊!几乎是经过了40年的实践,才理解到这一点。

2002年我参加了"诗刊社诗歌艺术培训中心"的学习,蓝野老师推荐了此诗。后来,我又参加了"石燕湖诗会",这首也被李文彦老师认可。后来发表在《诗刊》2003年1月下半月刊。

我认为,读诗写诗有四大功能:净化心灵,珍惜生命,纯洁语言,学会创新。诗,用真善美充实人生,提升感情;使人度过的时间空间,很有意义;诗,以较少的文字,表达较多的思想;诗,让人去捕获灵感,发现诗眼,层出不穷,变化万端。这也可以说是我的"诗观"。

在2003年9月,我又在《诗刊》上发表了《灵芝与小草》。我希望能继续在《诗刊》上发表新作。既然能发1篇、2篇,当然就有可能发表n篇和n+1篇。经过诗刊社诗歌艺术培训中心的林莽、蓝野、谢建平、耿国彪、杜涯、杨志学等各位老师的指教,我这位"笨鸟",还是有希望飞起来的。但我一直"恐高",所以,能够在诗的大地上走一走,也就心满意足了。我不追求一定要冒险在"诗空"中翱翔。

作者深感:要写出好诗,功夫在诗外。

---

① 查有梁:《湖边赏光》,《诗刊》,2003,1。

第四节 有新的整体结构才有新的整体功能

> 8. 对研究的课题要有整体把握,从而牢牢抓住要攻克的核心问题。从整体结构出发去寻找解决问题的新联系、新思路、新途径。创新的策略是:整体→部分→整体。形成了新的整体结构,则会表现出新的整体功能。

"事实上,直到上一世纪末,自然科学主要是搜集材料的科学,关于既成事物的科学,但是在本世纪,自然科学在本质上是整理材料的科学,关于过程、关于这些事物的发生和发展以及关于把这些自然过程结合为一个伟大整体的联系的科学。"(恩格斯:《路德维希·费尔巴哈和德国古典哲学的终结》)

这里是直接应用系统科学的原理。

【整体原理】任何系统只有通过相互联系,形成整体结构,才可能生成整体功能。

【实例】 研究道德形成的规律

提高师德水平是提高道德教育水平的极为重要的部分,因为老师是学生的榜样。有效的道德教育,总是有针对性、有主题的,其形成的过程是综合的:逻辑、行为、情感、交往都需要深入其中,而不是单一的。

作者研究出个体道德形成的公式是:

个体道德形成 = 理性认识(即道德认识 A) × 身体力行(即道德行为 B) × 情感体验(即道德审美 C) × 交流传播(即道德交往 D)

上述公式中,有 4 项。这 4 项是相乘的关系。任何一项的值太小,总效果都会大受影响。

个体道德形成,不是孤立地进行的,总是在群体的背景下形成的。个体道德形成,不可能离开群体道德形成。

作者研究出群体道德形成的公式是:

群体道德形成＝思想教育,提高认识(A)×规律制度,规范行为(B)×情感体验,直观感受(C)×优化环境,潜移默化(D)

上述公式中,也有4项。这4项也是"相乘"的关系。表明任何一项的值太小,总效果都会大受影响。

个体道德形成与群体道德形成,是互为因果、相互联系、相互影响的。不断提高教师个体的师德与不断提高教师群体的师德是不可分割的。

这一项研究表明:形成了新的整体结构,则会表现出新的整体功能。

【实例】 小学之精神、中学之精神、大学之精神

作者已发表《小学之精神》(2008年),是献给母校成都师范附属小学以及所有的小学老师。《中学之精神》(2009年),是献给母校成都石室中学以及所有的中学老师。同时还在思考写作《大学之精神》献给母校西南大学,献给作者曾经做过访问学者的美国哈佛大学等高等学府,献给作者曾经做过兼职教授的北京师范大学等高等学府,以及所有的大学老师。

上述《小学之精神》、《中学之精神》、《大学之精神》,简称为"学校三部曲"。它们与作者的"教育三部曲":《系统科学与教育》(1993年)、《爱因斯坦与教育》(2008年)、《思维科学与教育》(计划2016年),交叉渗透在一起,有利于研究的深度和广度。"教育三部曲"重在理论与方法,"学校三部曲"重在实际与应用。这两个"三部曲",是作者60多年以来学习、教学、研究所积累的成果。

从素质教育的观点看,每一个人都应当具有以下三大类精神:

第一类精神:科学人文精神,乐观自由精神,重德求知精神,健体尚美精神;

第二类精神:爱国国际精神,质疑批判精神,反思合作精神,诚信奉献精神;

第三类精神:勤俭创业精神,求真务实精神,改革创新精神,服务感恩精神。

上述三类精神的分类,仅仅是相对的,实际上是"你中有我,我中有你"。在应用中,常常需要组合在一起。在每一种精神之中,都有对立而又统一的两个方面的精神,将这两方面的精神互补起来,才能发挥更大的精神力量。

在基础教育阶段,主要是幼儿园、小学、中学阶段,要强调第一类精神:科学人文精神、乐观自由精神、重德求知精神、健体尚美精神。在基础教育阶段,要

渗透、孕育第二类精神和第三类精神。但是,必须强调以第一类精神为主。

在专业教育阶段,主要是中专、大专、大学阶段,要强调第二类精神:爱国国际精神、质疑批判精神、反思合作精神、诚信奉献精神。在专业教育阶段,要包容、深化第一类精神,要渗透、孕育第三类精神。但是,必须强调以第二类精神为主。

在继续教育阶段,主要是学校后的终身教育阶段,要强调第三类精神:勤俭创业精神、求真务实精神、改革创新精神、服务感恩精神。在继续教育阶段,要包容、深化第一类精神和第二类精神,但是,必须强调以第三类精神为主。

在此对"学校三部曲"《小学之精神》、《中学之精神》、《大学之精神》做一个简要的概括。

小学精神是"游乐园精神"

小学阶段的素质教育,主要是"养成教育",即养成良好习惯的教育。

用一句话概括"小学精神",那就是:"游乐园精神",让儿童享受"金色的童年"。

当今世界的每一位地球人,几乎都应当都必须接受小学教育。在小学的六年中,对一个人的成长实在是太重要了! 小学教育是基础的基础,是关键的关键,是重点的重点。

在小学的六年中,最重要的是:1. 养成良好习惯,影响一生成就;2. 学会使用语言,一生难以忘怀;3. 选择学习榜样,形成喜爱倾向;4. 体验人际交往,懂得沟通传播。

研究表明:1 岁～12 岁是养成良好习惯的关键年龄。养成良好习惯中,最核心的是养成良好的思维习惯,初步学习和理解逻辑思维、操作思维、情感思维、交往思维。在小学时期,养成良好习惯的数量与质量与一个人将来步入社会的竞争能力和事业成就是成正相关。

在《小学之精神》一书之中,主要论述了成都师范附属小学的小学精神是:"科学人文精神""乐观自由精神"。成师附小的小学精神还可以具体细化为 5点:赤诚与信心、健康与使命、智慧的养成、期望与创新、幸福的愿景。

研究表明,1 岁～12 岁的儿童学习的基本模式是感知模式、游戏模式、具体模式。快乐的学习才是儿童有效的学习模式。小学阶段,儿童主要是长身体、长知识、长智慧的阶段。所以,用一句话概括"小学精神",那就是:"游乐园精神",让儿童享受"金色的童年"。

中学精神是"博物馆精神"

中学阶段的素质教育,主要是公民教育,即成为合格公民的教育。

用一句话概括中学精神,那就是"博物馆精神",让中学生开阔眼界。

在小学教育的基础上,中学教育要进一步打好基础:打好成为一名合格公民的基础。社会在发展,文化在进步,当今世界,几乎每个人都要接受中学教育。但是,中学后能够读大学的人,我们中国虽然已经达到了 20% 以上,毕竟还有约 80% 左右的青年人不能上大学。即使是发达国家美国,也有约 50% 的青年人不能上大学。

从全世界看,大多数的中学毕业生,在接受短期的职业教育之后,将直接进入社会,他们必须懂得遵纪守法,适应社会。因此,中学阶段的素质教育,主要是公民教育,即成为合格公民的教育。

从终身教育的观点看,中学之精神主要有:科学人文精神、乐观自由精神、重德求知精神、健体尚美精神,以及爱国国际精神、质疑批判精神、诚信奉献精神、反思合作精神。中学阶段主要是普通的基础教育,而不是专业的技术教育。因此,中学的培养目标一定是和谐发展的公民,要为学生今后多种多样的可能的发展,奠定坚实基础。学生要从多方面发展的各种尝试中,找到适合自身发展的道路。

中学生应当成为和谐发展的公民,既要有本土情怀,国际视野,还应有地球情怀,宇宙视野。可以简称为"人文情怀,科学视野"。中学的教育,不在于深,而在于广。在中学阶段,要让中学生观察社会、洞察宇宙、感悟人生。要真正进入"博物馆"。

如果说小学精神应该是"游乐园精神",让儿童享受金色的童年。那么,中学精神就应该是"博物馆精神",让中学生开阔眼界。

大学精神是"象牙塔精神"

大学阶段的素质教育,主要是通识教育,即具备创业能力的教育。

用一句话概括大学精神,那就是"象牙塔精神",即宁静致远的精神。

当今世界各国的大学都强调通识教育(又称为"通才教育"),其目的是为了提高大学生的学习质量和创造能力。高效的学习过程是遵循"博—专—博"这一程序;创造过程一般是"整体—部分—整体"。一位大学生总是有确定的专业,为了学好这一专业,需要打好较为坚实、较为全面的基础。

从 17 世纪近代科学产生,到 21 世纪现代科学的进展,科学已从狭义的自然科学推而广之为四大门类了:思维科学、自然科学、人文科学、社会科学。在西方,人文科学与社会科学通常是分开的;在中国,常将两者合而为一,统称"人文社会科学",甚至简称为"文科"。作为一位大学生,从专业方向看,大多是四大门类科学之一,且更具体为一门二级学科。但是,每一位大学生都应该对这四大门类科学有较为综合的认识和理解。因为,只有这样才有利于培养创新精神和创新能力。

通识教育的课程,决不是讲科学普及的课程,而是要达到大学 1～2 年级专业的深度,要精讲,重在讲观点、讲方法,让学生能举一反三。作为通识教育的课程,仅仅采用专题报告的形式,也是不够的。通识课程是系统的正规课程、正式课程。作者在美国哈佛大学、加州大学圣迭戈分校做高级访问学者时(1992～1993),所听的一些通识教育的课程,正是这样要求的。有的通识课程,主要是人文科学的课程,甚至要求达到大学 2～3 年级的水平。通识教育的课程,虽然不是大学生本专业的课程,但是,这些课程大大提高了大学生的综合文化素养,从而提高了大学生的学习质量和创造能力。大学阶段的素质教育,主要是通识教育,即具备创业能力的教育。

大学精神的基础仍是第一类精神:科学人文精神、乐观自由精神、重德求知精神、健体尚美精神。重点在第二类精神:爱国国际精神、质疑批判精神、反思合作精神、诚信奉献精神。但要渗透第三类精神:勤俭创业精神、求真务实精神、改革创新精神、服务感恩精神。

大学要有安静的环境,让人沉下心来学习与研究。教师要有寂寞的心境,深入钻研学术问题。学生要有独立的思考,自由探讨自己喜爱的学业。大学的师生都应有高度的自主性。如果,要用一句话来概括大学精神,这就是举世认同的"象牙塔精神",即宁静致远的精神。我们需要"走出象牙塔",但大学毕竟是"象牙塔"。

作者的"学校三部曲":《小学之精神》、《中学之精神》、《大学之精神》,是一个整体。写大学精神的书很多,但是,写小学精神和中学精神的书却很少,几乎没有。有一点是肯定的:《大学之精神》也将会有所创新。在这本书里,作者要将《试答钱学森之问》以及《回答李约瑟问题》都有机地包含进去,这就会有新意。

创新的策略是:整体→部分→整体。形成了新的整体结构,则会涌现出新的整体功能。

第八章　选择各种合作的经验

第一节　知彼知己，百战不殆

> *9.* 知彼知己，百战不殆。很好地知道他人，才能更好地认识自己。科学研究需要不同类型的合作，首先是直接参与课题研究的合作。要明确各成员的长处和短处，尽量扬长避短；要明确各成员所处的环境是顺境还是逆境，尽量将逆境转化为顺境。

"君子和而不同，小人同而不和。"（《论语·子路》）

孔子强调"和而不同"，即是承认多样，主张多样，不相同又和谐，即是发展。大智大慧的人总是求大同，存小异。合作共事要充分尊重个性，从多样中寻求统一，通过多样化来达到精益求精。

"知彼知己，百战不殆；不知彼而知己，一胜一负；不知彼，不知己，每战必殆。"（《孙子兵法·谋攻篇第三》）

孙子讲"知彼知己"，是把"知彼"放在先，把"知己"放在后。这个顺序很重要。只有很好地知道他人，才能更好地认识自己。"知己"是在"知彼"的比较中，才可能有较为深刻的认识。

【实例】　与美国学者泰普林的合作

2004 年 10 月，美国学者朱利安·泰普林（Julian Taplin）先生送我三本书，其中一本是刚出版的《父母都是教育家》，对应的英文书名是：*All Parents are Educators*。我回赠泰普林先生三本书，其中一本也是刚出版不久的《新教学模式之建构》。泰普林先生是美国的心理学家，1984 年曾作为美国心理学家代表团成员访问中国，与四川省社会科学院合作从事"中美教育合作项目——TSP"

已八年了,主要是为中国家庭教育做 TSP 教育项目。T(Think)指"开放思维",S(Study)指"有效学习",P(Protect)指"自我保护"。

我认为 TSP 教育项目应加以扩展,使教师教育也成为其中的内容。我建议我俩共同撰写一本教师教育的新书:《教师都是学习者》。泰普林先生一听这个题目就兴奋不已,连声说:"Very good! Very good!"

第二天,我就草拟了一个提纲。由泰普林先生撰写 8 章,着重在心理学研究成果的基础上为教师提供实用的、可操作的方法;我撰写 8 章,着重在教育学研究成果的基础上为教师提供实用的、可操作的方法。大家交流各自的意见后,只作了微调,即取得共识。

2005 年 2 月,泰普林先生从美国寄来英文书稿 8 章,我也完成了书稿的 8 章。泰普林先生书稿的核心内容是"教师应向学生提供的 18 个工具";我的书稿的核心内容是"提供给教师们选用的 20 把钥匙"。2005 年 4 月 18 日,我们在四川省社会科学院再次讨论书稿。他写的是工具(Tool),我写的是钥匙(Key)。

泰普林先生问我为什么一定要分为 Tool 与 Key? 我回答:我俩来自不同的文化背景,写作又有不同风格;侧重的学科也不同,一是从心理学角度为学生提供的方法(工具),一是从教育学角度为教师提供的方法(钥匙)。心理学和教育学这两大学科,本身是交叉融合的。从方法意义上看,都可称为工具,也都可以称为钥匙。为了保持各自的特色就暂且一个称"工具",另一个称"钥匙",相互交换称呼也可以。不必追究工具和钥匙的词义差异,都是提供实用的方法。他接受这一解释。他认为,我们原先定的书名《教师都是学习者》一般化,"亮点"还不突出。于是,我改为《教师的钥匙和教育的工具》。

我们经过了近一年时间的研究、修改、翻译、校对、整合,实在很难将两人写的书建构为一本内在融合的书。其次,从读者阅读和出版发行看,分为两本书还是更好些,合为一本,篇幅过大。于是,合而为一后,又分成两本作为姊妹篇的书:其一《给教师的 20 把钥匙》,其二《给教师的 18 个工具》。

《给教师的 20 把钥匙》这本书的核心内容是:在教育学研究成果的基础上,提供给教师可选用的 20 把钥匙。分为四个部分:①提高思维能力的钥匙(K1~K4);②发展教师专业的钥匙(K5~K10);③提升教学水平的钥匙(K11~K16);④改善学习方法的钥匙(K17~K20)。

《给教师的 18 个工具》这本书的核心内容是:在心理学研究成果的基础上,给出教师应向学生提供的 18 个工具。分为四个部分:①思维的实用工具(T1~

T5);②教与学的心理学实用工具(T6~T10);③保护和预防的实用工具(T11~T15);④培养成功学生的实用工具(T16~T18)。

作者与泰普林先生经过3年的合作研究,各自发挥长处,合作的成果有更大的功能,真正体现了"1+1＞2"这一整体原理的公式。

2007年,我们出版了《给教师的20把钥匙》和《给教师的18个工具》两本书。作者完成《给教师的20把钥匙》,朱利安·泰普林完成《给教师的18个工具》。这两本作为姊妹篇的书,各有分工:《给教师的20把钥匙》,主要根据教育学的理论,给教师20条教育方法,这些都是教师应掌握的教育方法;《给教师的18个工具》,主要根据心理学的理论,给教师的18条方法,这些都是教师应掌握的心理学方法。我们各自发挥优势,又互补起来。

我要特别感谢泰普林先生,正是在同他合作的过程中,才写出了这本"易于操作,具体有效,理论深入浅出,应用简略可靠"的书。我们将两本书定位为不是学术专著,而是属于有研究背景的科学普及型的教师教育读物。

在西方文化中,"工具"这个词,应用得很普遍。古希腊哲学家亚里士多德(Aristotle,前384—前322)著有《工具论》一书。后来,英国哲学家弗朗西斯·培根(Francis Bacon,1561—1626)著有《新工具》。

美国哲学家、教育学家、心理学家杜威(John Dewey,1859－1952)对实用主义加以发展,提出工具主义。泰普林先生强调要给教师新的、实用的、成功的工具。这是完全可以理解的。在教师的培训中强调要给教师"工具",就是强调要给教师方法;同样,强调要给教师"钥匙",也是强调要给教师方法。

泰普林先生和我在合作的讨程中,有一段小插曲。泰普林先生用英语对我说:"我写了18个工具,你何必要写20把钥匙呢! 你最好也是18。中国人不是很喜欢18这个数字吗?"不同的人对数字有不同的偏爱,其中有文化的原因。我对数字没有什么偏爱,顺其自然。

不过,我并不一定喜欢18(要发)。我内心真的有点喜欢20这个数字。我没有告诉泰普林先生20这个数字很有意义,因为孔子的《论语》一共有二十篇。"18个工具"与"20把钥匙"既对称又破缺,两个数字不一样,我觉得还好些。我的第一专业是物理学,所以,我总以为"对称又破缺"是最美的。

泰普林先生所著的《给教师的18个工具》与我的《给教师的20把钥匙》,两本书各有侧重,但本质上是统一的。

学术研究的合作,不仅带来快乐,而且提高效率。

第二节 要学会"站到巨人肩上"

10. 与课题相关的各门类的专家,都可以进行科学研究广义的合作。我们要虚心向他们请教,寻求启示。阶段成果要请他们评估,从而确认或更新研究路线,较早较好地完成课题研究的任务。要尊重权威,不要迷信权威。一定要学会"站到巨人肩上",从而看得更远。

"如果我所见到的要比笛卡尔远一点,那是因为我站在巨人的肩上的缘故。"(牛顿)

"在生产斗争和科学实验范围内,人类总是不断发展的,自然界也总是不断发展的,永远不会停止在一个水平上。因此,人类总得不断地总结经验,有所发现,有所发明,有所创造,有所前进。停止的论点,悲观的论点,无所作为和骄傲自满的论点,都是错误的。其所以是错误,因为这些论点,不符合大约一百万年以来人类社会发展的历史事实,也不符合迄今为止我们所知道的自然界(例如天体史、地球史、生物史、其他各种自然科学史所反映的自然界)的历史事实。"(毛泽东:《人类总得不断地总结经验》)

【**实例**】 爱因斯坦与教育

作者在完成《爱因斯坦与教育》的研究之后,在这本书的前言里,直接指出这些研究成果是深深受到四个方面的影响。

其一,是中国本土的教育理论,包括儒家、道家、佛家等"诸子百家"的教育思想,陶行知的"生活教育",晏阳初的"平民教育",毛泽东的"人民教育",邓小平的"素质教育",等等。

其二,是外国的教育理论,主要有夸美纽斯的《大教学论》、赫尔巴特的《普通教育学》、杜威的《民主主义与教育》、苏霍姆林斯基的《给教师的一百条建议》,等等。

其三,是系统科学在方法论上对我的启迪,包括维纳的《控制论》、香农的

《信息论》、贝塔朗费的《一般系统论》，以及恩格斯的《自然辩证法》在方法论上对我的启迪。

其四，是爱因斯坦的思想对教育的深刻启发。由于我的第一专业是物理学，我用了很多时间和精力精读和研究了爱因斯坦的几乎所有著作。我在教育理论和实践上的创新，有相当部分是来源于爱因斯坦思想的启发。

中国本土的教育理论和外国的教育理论，是我创新的基础，是"源"，是"泉"，是"根"；系统科学方法、自然辩证法和爱因斯坦思想，是我创新的灵魂，是"精"，是"气"，是"神"。

作者感谢直接给予教导的四位导师：西南师范大学王季超教授、张敷荣教授，四川大学郭世堃教授，中国科学院自然科学史研究所许良英研究员。

● 纪念王季超老师[①]

在 2000 年元旦那一天，我给王季超老师寄了一张迎新世纪、迎新千年的贺卡。贺卡上写的第一句话是："我所取得的所有成果，都是直接与您的教诲相关。"这是我们师生关系 40 年的一句确切的概括。

王季超教授学识渊博、教学有方、人格高尚，是一位难得的好老师。从 1959 年我们进校，到 1963 年毕业，4 年中多次聆听王季超老师的教诲。王季超老师给我们上过《电动力学》、《光学》等许多课程，现在我还保存有全部笔记和作业，不时翻阅，学而时习之，深受教益。王季超老师的教学，使我懂得了爱因斯坦的狭义相对论。

听王季超老师的课，使我在现代物理学方面打下了坚实的基础。这个基础是可以普遍迁移到其他所有学科领域，大大启发和促进了我们的创新。在我已发表的几本物理专业和非物理专业的著作中，每一本里都深深烙上了王季超老师谆谆教导我们的印记。

王季超老师的教学艺术高超，逻辑简明，概念清晰，富于启发，引人入胜，引人入深，展示了物理学之美。听王季超老师上课是一种精神享受。王季超老师的教学本身，就给我上了"活的教育学"、"活的教学法"，使我们终身受益。全体同学都有此共识。

---

① 写于 2000 年元月 16 日深夜。

　　1963 年毕业后,我先后在成都七中任物理教师,在成都市教育科学研究所作物理教研员。我不时给王季超老师写信。王季超老师总是以他尊重学生的平等态度,以他特别优美的硬笔书法,端端正正地回信,而且常常是一封回信就近千言。我从中不仅学到了如何做学问,如何做事,更重要的是学会了如何做人。

　　从王季超老师的一言一行、"有言之教"和"无言之教"中,我受到的"有形"和"无形"的忠告是:

　　做人,做中国人,做堂堂正正中国人;

　　做事,做老实事,做有益于社会的事;

　　做学问,做大学问,做有创新的学问。

　　这是王季超老师给我们留下的极为珍贵的财富。西南师范大学物理系,凡是听过王季超老师讲课的同学,都会有此同感。

　　1980 年至今,我先后在中国科学院成都分院和四川省社会科学院从事交叉科学研究。这段时间,也不断得到王季超老师的指教。1982 年,中国物理学会第三届全国代表大会在北京召开,王季超教授参加了这次大会。我撰写的论文《中国古代物理中的系统观测与逻辑体系及对现代物理的启发》被选作大会报告。在报告之前,王季超老师一再鼓励我:"您的报告会引起兴趣的。"果然,不出他的预料,我的这个报告,甚至引起了钱学森教授的重视。

　　在会议期间,他向我介绍了他的许多老师和同学,还向我讲了他的同学杨振宁、李政道学习时的故事。1942 年西南联大——王季超老师的母校——举行纪念牛顿诞生 300 周年的大会,世界著名物理学家吴有训教授在会上讲了一段话:"1642 年,英国诞生了牛顿。而这一年,中国正值吴三桂密谋带领清兵入关的前夕。中国的科学技术落后,就只是近 300 年才落后的,是可以追赶上去的。"这给我很大的触动,这是导致我写作并于 1987 年发表《牛顿力学的横向研究》的重要动力。

　　1985 年、1988 年、1992～1993 年,我曾三次去美国,在加利福尼亚大学圣迭戈分校物理系作高级访问学者,在哈佛大学科学史系和教育研究院作高级访问学者。王季超老师也给予了我许多帮助。其间,我见过不少诺贝尔奖获得者,也听过著名教授上物理学的课程。回国后,我曾向同学们说过:王季超老师的教学,一点也不逊色于美国最著名学府的教授的教学。我们身边的老师就有"世界一流水平"的教学,当我们认识到这点时,已经晚了!王季超老师已经永远离我们而去了！这难道不令人悲痛吗？

一个人格高尚的老师，将永远受到学生们的怀念！

● 纪念张敷荣老师①

大学中必有"大楼大师"，大师最突出的人格特点是"大德大爱"，其成果是"大作大为"、"大气大成"。我的母校西南师范大学，正是这样的大学；我的老师张敷荣教授，正是这样的大师。

张老师，您真正做到了儒家经典《大学》的开篇名言"大学之道，在明明德，在亲民，在止于至善"。您曾送我的两幅楹联："一身正气万事乐，两袖清风百年安"；"行止无愧天地，褒贬自有春秋"。这不正是您百年"大德"的写照吗？

张老师，您热爱教育事业，关爱每个学生。您对我的"大德大爱"，改变了我人生的航程。1984 年，我在《教育研究》上发表了一篇连载三期的论文，立即得到您的赏识。1985 年，您就邀请我回母校，为您招收的第一个博士生张武升同学讲了第一门课："现代教育科学基础"；同时，还邀请全国高校许多研究生和教师前来听讲，其中包括华东师范大学校长刘佛年教授的博士生，也有孔子故乡——曲阜师范大学的教师。

是您，把我举上了最高的学术讲台；是您，直接推动了我被邀请到全国几十所师范院校讲学；是您，无声的举荐，我于 1987 年又被聘为全国教育科学规划领导小组教育基本理论组成员。在"现代教育科学研讨班"开讲的第一天，您亲自到场讲话，并邀请我的恩师王季超教授，一同前来听我的第一讲。作为您的学生，我真切地体验到获得了老师给予的最珍贵的"大德大爱"。我得到了天下最美好的"大德大爱"，令我永世难以忘怀。

大学必有大师，大师的"大德大爱"的直接成果是"大作大为"、"大气大成"。"大作"包括有创新的论文、专著、专利、产品、艺术品等等，更主要的"大作"是大师所培养的"人才"。"大为"就是要有创造，为人类作贡献。正如"大德大爱"是不可分割的一样，"大作大为"也是相互紧密联系，成为不可分割的整体。有"大作大为"，才是"大气大成"。

张老师，我知道您最珍爱的"大作"之一，是您在美国斯坦福大学的博士论

---

① 写于 2004 年 12 月 16 日。

文。1985 年 11 月 10 日,我第一次到您家里,您已是快 80 高龄的老人了。但是,您就像 8 岁的儿童,纯真、诚恳、善良、保持着好奇心。您知道 1985 年,我曾经到斯坦福大学访问参观过,于是,就谈论起您的那本在"文化大革命"中丢失了的博士论文。作为学生,我一直将此事放在心中。我在中国科学院成都情报所的一位同事,恰好就去斯坦福大学作访问学者,我托他复印您的博士论文。真是"天时地利人和",1986 年 10 月 23 日,一大早我就兴高采烈地将您 50 年前的博士论文(1936 年)交给您。那时,我看到您,充满稚气,笑容可掬。

张老师,当我拿到您的博士论文一看时,的确大吃一惊:您的论文居然是批评美国。题目是《1885 年以前,旧金山公立学校对中国学生采取种族隔离政策的研究》,论文评述了美国旧金山的华人为争取受教育的权利而斗争的历史。一个弱国的学生,在强国留学,却批评强国的政策,伸张正义,维护人权。这难道不令人钦佩吗?

您的理论胆识、学术勇气、求实精神、爱国热忱,感动得我热泪盈眶。写到这里时,我又情不自禁地流下了眼泪。大哉,张敷荣老师! 这是您的"大作大为""大气大成"啊!

中国传统的知识分子追求为社会"立功、立德、立言"。大学里的大师,就更应"立大功,立大德,立大言"。正是由此思索,我才想到用"大德大爱"、"大作大为"、"大气大成"来概括您的百年纪念。

我知道,您并不乐于接受"大师"称号,您只想"行止无愧天地,褒贬自有春秋"。我想,西南师范大学需要更多像您这样的"大师",不在其名,而在其实。大师者,"大德大爱,大作大为,大气大成"之谓也。推而广之,现代的大学,多么需要"大楼大师,大德大爱,大作大为,大气大成"啊!

● 郭士堃教授九十大寿贺诗[①]

印象一

物理学是一座美丽的城市

城边"河心村"[②],住着先生郭士堃

---

① 写于 2006 年 12 月 16 日。

② 1964 年,"河心村"是四川大学离学校较远的教工宿舍。

四十三年前,我们第一次相见
突然发现:您好像是再生的陶渊明

社会的风风雨雨,给您带来不幸
您却"独立寒秋",总是平平静静
不惑之年,您提前"知天命""耳顺"了
为而不争,您保持内心的安宁

三句话我们就不离物理学本行
再次相见时,您在修订大学力学课本
全国举行第一届广义相对论学习班
郭士堃教授的讲课迎来了热烈掌声

您不是英国的霍金,但又神似霍金
都是讲解的能人,能讲出理论的意境
您的讲解能在音乐中看出鲜艳色彩
您的讲解能在图画上听到铿锵声韵

印象二

物理学是一座美丽的城市
爱因斯坦的"天坛"建在城市的中心
他用"对称原理"建筑的"天坛"有三层
狭义和广义相对论,还有"统一场论"

爱因斯坦的"天坛",尚未完全封顶
"统一场论"的建构,并没有真正完成
"天坛"的顶部,对应着宇宙的苍穹
让物理学家们,眼睛一亮,大吃一惊

有的从力学和数学的结构去"微分"
有的从哲学和美学的视线去"摄影"

真正完全理解，又能讲解得精深
在外国和中国，真的没有几个人

郭士堃教授就是其中的代表
您的"理论力学"、"电动力学"根基很深
花费了相当的功夫研究"天坛"
让我们静静地听，听"天坛"的声音

印象三

物理学是一座美丽的城市
给人带来舒适、激动、思索和温馨
如今，又提供最快捷、最方便的通讯
快打开智慧的天窗，接受太空的黎明

物理学城中住着许多聪明的人
他们使用"人脑和电脑"建构模型
人脑、电脑、网络，都在"统计地涨落"
这与"天坛"结构不同，它们具有"量子性"

"天坛"揭示时空弯曲，引力的理论
"量子"揭示波粒二象，有不确定性
这座美丽的城市是有序的，又很混沌
拨开天空的"乌云"，永远等待人们的创新

物理学是一座美丽的城市
城市的中心，住着一位百岁老人
您正在讲解爱因斯坦"天坛"与"量子"
将研究生们带进了奇妙的梦境

● 感谢许良英老师的教诲

中国科学院自然科学史研究所许良英研究员，是我国研究爱因斯坦的杰出专家。主要由他编译的《爱因斯坦文集》三卷本，于 1977 年~1979 年由商务印书馆出版。我非常感激许良英研究员,他对我的研究工作给予了许多指点和启发。许先生要求商务印书馆于1979年寄送给我《爱因斯坦文集》,使我很早能够系统地学习和研究爱因斯坦的原著。没有这一经历,我是不可能写出《爱因斯坦与教育》这本书的。

1979年10月,我参加在成都召开的"全国自然辩证法理论讨论会"上,见到了许先生。有9位参会者,专门讨论研究了"把爱因斯坦的研究深入下去"。这9位是:许良英、沈小峰、钱时惕、李继宗、戚进勤、舒纬光、熊先树、查有梁、罗爱民。在会上,许先生得知我在研究爱因斯坦对教育的影响,他鼓励我要深入研究下去。他给我的一封信里写道:"爱因斯坦的教育思想确实值得大力宣传。如果你愿意在这方面出点力,会是功德无量的。"

会后,由钱时惕先生负责,连续发行了不定期的油印刊物:《爱因斯坦研究通讯》。我的《爱因斯坦对教育的影响》一文,首先就发表在《爱因斯坦研究通讯》第7期(1981年4月5日)。接着正式以《爱因斯坦的思想对教育的影响》为题,发表在《教育研究》1981年第5期。由于许先生的鼓励和启发,我在研究爱因斯坦的教育思想方面,起步较早,起点较高。

1980年,经四川省委杨超书记提名,我从成都市教育局教育研究室调到中国科学院成都分院自然辩证法研究室从事研究工作。许先生在1980年给我写了两封信,对我的研究方向给予了具体的指导。我曾经打算翻译柯瑟的《科学的统一性》(Causey: *Unity of Science*)。许先生写信告诉我:"这类书西方出得不少,有的书名很漂亮,内容却很平淡。在决定译之前,望先把书找来,大致翻一翻,看究竟有没有价值。如果单凭书名和广告,说不定会上当的。"我打消了翻译书的念头。

不久,我又想研究"相对论发展史"。我将这一想法告知许先生。许先生写信回答道:

"你想写《相对论发展史》这样一本书,雄心很好,但工作量太大了,短期内难以见效。国外在这方面的专题论文已经不少,但还未见有谁写出一本全面的书来。我觉得搞科学史研究工作,不宜一上来就抓一个大题目;切实可行的办法恐怕还是从深入的专题研究着手。在进行了一系列的专题研究后,再综合起来写一本书,就会水到渠成了。这个意见不知你以为如何?"

我认真接受了许先生的意见,在科学研究上少走了许多弯路。直到如今,许先生还一直给我很多指点,我非常感谢许良英老师。

第三节 要重视广义的合作

11. 课题成果的直接和间接的使用者、评论者,也是科学研究的广义的合作者。要耐心地向他们讲解,研究成果是怎样得到的,有什么应用价值,并认真地听取他们的意见和建议,把他们视为重要的合作者。

"畜之以道则民和,养之以德则民合。和合故能谐,谐故能辑,谐辑以悉,莫之能伤。"(《管子》)

这段话的意思是:有道则和,有德则合,有"道德"则"和合";有"合和"则"和谐",有"和谐"则"团结",有"团结"则"成功"。

"对于一切愿意同我们合作以及可能同我们合作的人,我们只有同他们合作的义务,绝无排斥他们的权利。"(毛泽东:《整顿党的作风》)

【实例】 《教育建模》的研究成果

《教育建模》一书,系全国教育科学"九五"规划重点研究课题,也是全国哲学社会科学的研究课题——"教育模式建构的理论"的最终研究成果。该书成书后,经全国教育科学规划领导小组办公室批准,成立了以滕纯(中央教育科学研究所原副所长,全国教育科学规划领导小组教育理论学科组成员)研究员为组长的课题鉴定组。鉴定组成员包括:李秉德(教授,西北师范大学原校长)、王逢贤(东北师范大学教授)、钟启泉(教授,华东师范大学课程教学与比较教育研究所所长,全国教育科学规划领导小组比较教育学科组成员)、劳凯声(教授,北京师范大学教育系主任,全国教育科学规划领导小组教育理论学科组成员)、文辅相(教授,华中理工大学高等教育研究所原所长)、桑新民(华南师范大学电教系教授,华南师范大学未来教育研究中心主任)。七位课题鉴定组成员都写了鉴定意见。

其中,滕纯研究员的鉴定意见如下:[①]

喜读查有梁同志新作《教育建模》,眼见教育科学百花园中又添奇葩,如坐春风,兴奋不已。读好书,读有创见之书,乃人生一大快事。纵观其书,可作四点评价:

(1)立论有据自成体系

以辩证唯物主义为指导,以系统科学为依据,把系统科学原理创造性地运用于教育研究,建构了教育模式的基本框架和比较完整的建模体系。学术观点正确,有独创性。作者把教育模式的研究建立在国内外教育改革广阔的背景之下,不就模式论模式,而以素质教育、终身教育为导向,以多元文化为取向,博采众家之长。本书突破了国内外学者研究教育模式的局限,拓宽了研究教育模式的范围,提出教育模式有宏观教育发展(战略)模式、中观学校办学模式和微观课堂教学模式三个层次,思路开阔,观点新颖,为深化教育模式的研究提供了新的思路,对我国面向21世纪的教育改革具有指导意义。

(2)中外古今融会贯通

上自中国的孔夫子,外国的柏拉图,中外著名教育家无所不包,世界教育名著无不参考,熔古今中外于一炉。追寻教育模式的源流,考察教育模式的演变,揭示教育模式的原理,做到历史与逻辑的统一,论从史出,推陈出新,达到国内外同类研究的先进水平。

(3)理论实践紧密结合

理论上有创新,提出教育模式三原理;实践上有开拓,提出教育建模三原理。理论的提出不是抽象思辨的产物,而是以具体实践为基础,特别是作者亲自指导各地建模的实践,是探索创新的源泉。以往的同类研究,或失之简略,或缺乏具体案例,操作较为困难。本书设专章,列举十大案例,涵盖面广,针对性强,可资借鉴,便于操作,具有应用价值。

(4)文字简洁引人入胜

一般系统科学的书或用系统科学研究教育的书,因其名词术语难懂,写不好易枯燥乏味,引不起兴趣。本书行文流畅,寓艰涩于易懂之中,深入浅出,时而引

---

① 滕纯:十年磨一剑 成一家之言——评查有梁的《教育建模》,《中华读书报》,1999年5月5日。

用诗歌、名言佳句,使人读起来很轻松。这涉及学术著作的文风问题。时下,学术著作大多文字艰涩,很不好懂,有的甚至认为越是读不懂的越高超、越有学术性,这是一种很不好的风气。本书的叙述方式简洁、明快,让人看得懂。作者虽系学物理出身,但不囿于物理,兼通自然科学和人文科学,文、史、哲、经,教、儒、释、道,百家之言,兼收并蓄,唯精唯一,运用得当。

司马迁在《报任安书》中提倡:"究天人之际,通古今之变,成一家之言。"这千古明训,已成为历代学者治学之道。我感到《教育建模》一书,是作者执著追求、刻意创新的成果,是一部具有开拓性、创造性和可操作性的学术著作。十年磨一剑,成一家之言,从学术发展看,"教育建模"有可能成为教育科学一个新的分支学科。为此,希望作者继续深入探讨下去,以期日臻完善。

安宝生和刘泽云先生,1999年9月又在《中华读书报》上发表书评:

教育有模,贵在得模
——读查有梁先生的《教育建模》

拜读了查有梁先生的《教育建模》,获益匪浅。该书有三点给我们留下了深刻的印象。

第一是查有梁先生大胆的探索精神。模式方法是自然科学研究的重要方法之一,这一方法被广泛运用于物理学、数学、化学、生物学、天文学、系统科学等诸多领域,在经济学和社会学等社会科学的研究中也有应用。查有梁先生在本书中不拘泥于自然科学中建模的程式和结论,而是结合教育科学的实际,提出了教育模式三原理和教育建模三原理。在此基础上,从逻辑、历史、学科三个角度构建了教育模式,涵盖了宏观教育发展战略模式、中观办学模式和微观教学模式三个层次,逻辑清晰,层次分明。他的工作是很有创造性的。

第二是查有梁先生理论联系实际的研究态度。查有梁先生为了进行教育建模的研究工作,足迹遍及祖国各地,采访了各级各类学校上百所,涉猎了文理许多学科,还亲自参与办学和教育过程,总结出大量生动翔实的案例和经验,并应用自己的建模理论进行分析、提高,对于推动教育改革无疑起到了很好的作用。

第三,尤为可贵的是,作者不拘泥于既得的模式,而是提出"教育有模,但无定模,贵在得模;无模之模,乃为至模"的思想,并认为"建立某种教育模式,最终都应超越这种模式,认识了这一点,才算是掌握了教育建模、选模、评模的精髓。"这就将教育模式方法建立在坚实的辩证法基础上,避免了僵化和死板。

将产生于自然科学的通过建模研究问题的方法运用于教育科学研究,难度相当大。难点集中于两个问题。一是简化的程度难于掌握。一般说来,教育问题确实会涉及古今中外以及社会生活方方面面的问题。因此,许多教育科学工作者认为,唯有古今中外的综合法才是解决教育科学问题的基本方法。但是,当问题复杂到一定程度,人们要想在有限的时间、人力、物力、财力的条件下解决问题,就不可避免地需要将问题简化,建立模型就是一个简化的基本方法。但是,简化得恰如其分,就不是件容易的事情了。二是自然科学研究方法的引入要被人认可,必须能够解决教育科学中原有的各种方法不能解决或难于解决的某些特殊问题。例如大数学家欧拉曾经遇到过"哥尼斯堡七桥问题"。这个问题是:能否一次走过位于东普鲁士哥尼斯堡地区一条河流及其支流上的七座桥,既不漏过又不重复。这个问题曾难倒了当时的许多人,欧拉也曾尝试运用各种传统的方法,但都不能解决这个问题。怎么办?他创造了新的方法:把桥、陆地、岛屿、河流等现实条件都简化掉了,把一次能否通过七座桥的问题转化成了一次能否画完七条线而不重复的问题。进而,欧拉考虑到"一笔画"中通过每一交点的曲线只能是偶数条(这样的点称为"偶点"),只有通过起点和终点的曲线是奇数条(这样的点称为"奇点"),因而"一笔画"中至多有两个奇点。由于"七桥问题"的简化图有四个奇点,所以,欧拉断定这个简化图不能一笔画完。欧拉通过建立模型不仅恰当地简化了问题,提出了关键因素,而且解决了别人和其他方法不能解决的问题,成为科学建模的典范。教育建模的研究已朝这个方向作了很大的靠拢,如果还能够把那些使用原来的各种方法不能解决或解决不好的问题尖锐地提出来,再说明如何运用建模的方法去解决,就会具有更强的说服力。

笔者认为,查有梁先生的研究方向是正确的。因为,在未来高科技时代我们必将发现通过建模研究教育科学中的问题是必不可少的。例如,目前各国在互联网络上建立学科的知识平台的竞争就是一例。教育学科中的可编辑的知识如同浩瀚无垠的海洋,如何分析这些知识之间的关系?如何把它们编辑成为计算机能够理解的符号?如何使得它们能够被有机地组织起来便于我们使用?如何建立具有一定判断能力的智能化的教育科学网络服务体系?这些问题是如此之复杂,以致不用模型化的研究方法几乎是寸步难行。在运用高科技研究教育科学问题的过程中,发现教育建模的规律和方法可能是今后我们工作的一个重要方面。

感谢查有梁先生为我们提供了一本开拓思路的好书。

第四节 科研成果的转化与传播意义重大

12. 科学研究的管理人员,以及广大的新闻媒体,也是科学研究的广义的合作者。管理人员直接为科研人员服务,促进科研课题早出成果。广大的新闻媒体及时地、求实地、持续地宣传科研成果的意义,对科研成果的转化,意义重大。

"如果说,像您所断言的,技术在很大程度上依赖于科学状况,那么科学状况却在更大的程度上依赖于技术的状况和需要。社会一旦有技术上的需要,则这种需要就会比十所大学更能把科学推向前进。整个流体静力学(如托里切利等)是由于16和17世纪调节意大利山洪的需要而产生的。关于电,只是从电在技术上可用的性能被发现时起,我们才知道一些合理的东西。在德国,可惜人们写科学史时已惯于把科学看作从天上掉下来的。"(《马克思恩格斯书信选集》)

【实例】 十年磨一剑

查有梁访谈录:十年磨一剑①

作者张瑞芳系《中国教师》编辑部主任。2009 年 3 月,查有梁先生在北京讲学,《中国教师》专访了查有梁先生。

学术研究:十年磨一剑

张瑞芳:查老师,通过拜读您的著作,了解到您涉足的学术领域很广,除我

---

① 张瑞芳:《查有梁访谈录:十年磨一剑》,《中国教师》,2009 年,第 9 期。

们熟知的"系统科学与教育"和"教育建模"外,您在人才学、物理学、科学史等方面也取得了一定的成就,您能谈谈您的学术研究吗?

查有梁:我受到的早期教育很好,这培养了我多方面的兴趣。我父亲虽然是四川的一个大商人,但对我的职业设计就两条:要么是医生,要么是老师。解放前,父亲还给我请了家庭教师。我受父亲的影响很深,他经常用《论语》的话教育子女。

从小我就对科学比较感兴趣,这主要归功于我的小学老师。我小学就读于成都师范附属小学,这是一所创办于1908年的百年老校。那个时候,小学老师就总让我们做一些科学试验,如大气压的测定、电学的试验等。我的中学就读于成都石室中学,这所学校既有2150年的悠久历史,又有现代化的办学意识。我在石室中学进步很大。我永远感谢我的中学和小学的老师。那个时候没有分文理科,我的文理科都学得很好,所以高考前三个月我还没有决定考理科还是文科。最后由于种种原因,我进入了西南师范大学的物理系。

我在物理方面下了很多功夫,在物理研究上取得了一些成果,但是我觉得与我付出的努力不相匹配,成效不大。我认为一个很重要的原因是,师范类院校的目标是培养中学物理教师,所以学生对前沿的物理知识接触不够。但我很喜欢当老师,教物理教得很好。我写过一本《物理教学论》,这很大程度上得益于我在教育学方面的自学。

一进大学,我就认为自己要当老师,需要学习教育方面的内容,所以我就按照教育史,把教育经典著作从头至尾都读了,孔子、夸美纽斯、赫尔巴特等的著作都认认真真地读过。夸美纽斯的《大教学论》看了很多遍,做了十多万字的笔记。1980年,我从教育研究部门调到中国科学院成都分院自然辩证法研究室从事研究。我将自己研究和学习恩格斯《自然辩证法》的成果应用于教学论研究,撰写了论文《教学辩证法》。《教育研究》杂志将此文发表在《教育研究丛刊》1980年第一辑的首篇,此文被许多地方转载,给了当时还很年轻的我以极大的鼓舞。这奠定了我决心不离开教育研究领域的强烈信念。我撰写的《控制论、信息论、系统论及其对教育科学的意义》1984年在《教育研究》分三期连载,我后来得知,正是因为这篇论文,我被推荐为"全国教育科学规划领导小组教育基本理论组"的成员。这些为我进行教育研究奠定了基础,从这里我悟出从新的角度来研究问题会有意想不到的收获。

　　我的教育研究分为三个阶段。我首先研究的是系统科学与教育,花了差不多十年的时间,其间发现了很重要的一种方法——建模,用建模的方式来解决问题,这是从数学、物理研究中发现的。然后我又花了近十年时间研究教育建模。现在国内教育学界比较认可我的就是教育建模和教育系统论。后来有人来请我参与教师培训,我发现教育教学的经验对于教师培训来说更有实际效用,也更受教师的欢迎。我有过 8 年中学教师的经历,在教科所也工作了 8 年,在教师培训中,我把"理论"和"模式"的内容融入教学经验的介绍中,这也是我的《给教师的 20 把钥匙》[①]写作的基础。

　　这么多年的研究经历,我发现要在"社会需要的、自己可能研究的、别人没有研究过的"三个方面的交集上来选研究项目。而且,研究工作应该将大部分精力集中在一个方面,不要分散到太多方面,同时还要在这一个方面坚持下去。我研究过人才学,经过统计发现,一个人在任何一个领域做出一流的成果,平均要花十年的时间。所以要超功利地、认认真真地去研究,感悟某个理论的一切东西,你的成果才是有深度的,才是有创新的,一流的,不能急于求成,不能贪多。

对当前我国教育热点问题的看法

张瑞芳:研究教育自然要关注教育的现实问题,您怎样看待当前我国的教育呢,特别是中小学教育的发展状况?

查有梁:我之前有过对小学、中学、大学三阶段的教育和学校精神的分析。小学应该是养成教育,就是养成良好的习惯。读书习惯,运动习惯,这些都要从小养成。小学要有"游乐园的精神",要给孩子们快乐的童年。小学的孩子掌握基本的读写算就可以了,不要有太大的学业压力。中学则应是公民教育,培养国家的合格公民。中学要有"博物馆的精神",我国目前只有少数人能接受大学教育,所以对于中学生,要尽量开阔他们的眼界,丰富他们的人生。而大学教育则应是创业教育,大学生毕业后要能自食其力。尽管现在强调大学要走出象牙塔,但我认为大学的精神还是"象牙塔精神",要宁静而致远。在大学里,学生要认认真真地看一些书,一定要精读一些经典的原著。

---

① 查有梁:《给教师的 20 把钥匙——教师应掌握的教育学方法》,成都,四川教育出版社,2007年。

我非常喜欢我们那个时代的教育,德智体美劳全面发展。现在国家的提法也是很好的,同样重视人的全面发展。我个人认为对于我国当前的基础教育绝不能用一个简单的应试教育来概括。当然,应试教育的弊端确实存在,但这个全世界都会有,美国也有,日本、韩国更严重。应试教育的问题确实需要解决,但这并非靠教育自身就能解决,这个问题与政治、经济、文化都有关系。应试教育的弊端也不是一下子就能解决的,要渐进地去努力。

还有,现在大家对应试教育这个概念的认识是混乱的,有人认为升学率高就是应试教育,这是不对的。想考好的心态是好的,如果没有这种上进心,那岂止教育,各方面都会弊端百出。况且,现在全国各地的学校都在搞应试教育吗?我觉得不是。广大的农村教育,有多少是在搞应试教育?还有很多的城市学校,它们的升学率很高,但一样是素质教育,因为孩子们在整个学习过程中是快乐的,是在多方面发展的。我认为一所学校按照教育规律进行教学,提高了教学质量,升学率很高,这不能被认为是应试教育。应试教育只是基础教育阶段教学方法层次上的小概念,而素质教育是教育哲学层次上的大概念,没有必要将素质教育与应试教育作为平行的一对矛盾来研讨。

素质教育最鲜明的特点是要求人们改变过去对教育目的的纯功利主义观,不是以"升官""发财""出名""得利"等为教育目的,而是以不断提高和完善人的各种素质为目的,使之真正成为一个终身学习的过程。所以素质教育是建立在终身教育基础上的,而应试教育则是在较短的一个阶段内的一种社会现象。简单地把素质教育和应试教育对立,就大大降低了素质教育的理论意义。

素质有先天的因素,也有后天的因素,所以素质教育必然是有差异的教育,对于学生来说要有个性,对于学校来说,每个学校要建设自己的文化,办自己的特色教育。我研究过差不多100多所中小学,它们的特色教育还是很不错的。所以我觉得整体上来说,我们的学校教育还是很不错的。好学校不少,好老师很多。

但是,当前教育最大的特点是科学和人文是分开的,这是20世纪很大的一个弊端,一定要解决科学与人文割裂的问题。过早的文理分科——在高中阶段分文理科,是非常不合理的。实际上大学一二年级都应当是通识教育。在美国,文科的学生必须要选一门理科的课程,并且要读到大学二年级水平。我觉得中学阶段文理科不应该分开,当然要允许学生多选择一些自己喜欢与擅长的科目;要把中学的知识水平适当降低,不用太深,一定要广,这样大学的教育才容易适应,容易变革,容易发展。

我们国家很缺高级技工,我觉得课程改革最大的突破应该是要重视技术。我国的劳动力70%~80%都是需要动手操作的,但现在学生的动手能力并不强。中国基础教育课程改革应当将"综合技术教育"(包括"信息技术")列为正规课程、正式课程,制定出合理可行的"综合技术课程标准"和"综合技术通用教材",真正体现出教育与现代科学技术的有机结合,这是实现"教育面向现代化、面向世界、面向未来"的有力保证。基础教育的课程改革要抓住主要矛盾,有所不为,才能有所为,不要搞"运动式"的全面出击。语文、数学,这些基础学科,广大教师积累了丰富的教学经验,我们要珍惜他们的经验,没有必要来一个突变式的、运动式的"大跃进",欲速则不达。

张瑞芳:对于新课改,您的一些看法很受关注,2007年的《论新课程改革的"软着陆"》的影响很大,两年过去了,您现在怎样看新课程改革呢?

查有梁:我提出新课程改革"软着陆",是借用航天学的词汇,意思是课程改革要"放慢速度,调整方向,确保安全,确保成功"。新课改不应该搞成运动。《纲要》(指《基础教育课程改革纲要(试行)》,以下同)的主体精神是正确的,课程改革的方向也是正确的。但是正确的方法是要让广大教师好好直接研读《纲要》,认真研读各自学科的课程标准,深入研读各自学科的教材,结合各地的教学实际进行课程改革;要采用"自上而下"与"自下而上"相结合的办法进行课程改革;要相信广大教师的理解力和执行力,从师生中来,到师生中去;要允许对《纲要》进行多角度的解读,渐进地、稳妥地进行课程改革。这是课程改革"软着陆"的基本保证。

课程改革要"吸取经验,逐步完善"。中国从1905年开始的100多年以来的课程改革,中华人民共和国成立60年以来的课程改革,改革开放30多年以来的课程改革,包括2001年以来的课程改革,都有许多宝贵的经验和深刻的教训。课程改革是文化建设,不可能一蹴而就,只能是"吸取经验,逐步完善"。用系统科学的术语说,教育是一个"慢变量",是"序参量",任何教育改革都不能操之过急。

诗意生活

张瑞芳:查老师,我知道您一直在写诗,诗的内容丰富,人生感悟、自然科学知识等,您把您的所见所闻、所想所感都写了出来。您甚至还研究概括了从古到今的诗歌的 8 种模式。有诗的地方自然有诗意、有温情,这种境界不是每个人都能达到的。

查有梁:我的最大特点是保持着童心,我的第一本诗集就是《教育诗:童心》。我认为诗歌有以下几个特点。一是净化心灵。诗,用真善美充实人生,提升感情。二是珍惜生命。诗,使你度过的时间、空间都很有意义。三是纯洁语言。诗,以最少的问题,表达最多的思想。四是学会创新。诗,让你捕获灵感,发现诗眼,层出不穷,变化万端。我在进行科学研究、教育实践、人生探索中,一直伴随着诗的创作。

我给女儿写过诗:[①]

> 日记,日记,日记,
> 必须天天都要记。
> 记下一天最有意义的事,
> 会给你带来美好的回忆。
>
> 日记变成月记、年记,
> 那就没有什么意义。
> 今天的事,今天作小结,
> "等明天"就浪费了时机。
> ……

以此来鼓励她写日记。

我也写过《祖冲之求圆周率》[②],是讲祖冲之的"缀术求 π",纯知识的,用诗的形式简洁地表达了出来。我更多的是写一些人生的感悟。我认为科学、教育、艺术是息息相通的,我将科学、教育、哲学与诗歌融合,进行了创新的尝试。

写诗是一种生活态度,我特别喜欢诸葛亮的"非淡泊无以明志,非宁静无以致远"。生活就应该这样的,我很满足自己现在的生活,我仍然在不停地写诗。

---

① 编者注:此诗写于 1976 年。

② 参见:《教育诗:创新》,四川人民出版社,2003 年 7 月。

我现在所在的工作单位环境非常好,没有太多的压力,所以我能够静下心来做研究,这也许是一些单位所不能给的。

张瑞芳:谢谢您接受我们的采访。

【实例】 攀登精神的高峰

跻身教育的"精神贵族"之路①
——查有梁教授谈教育研究
记录整理:本刊编辑 陈涵

以"精神贵族"作为对话文本的主标题,事先并未征得查有梁教授的同意。查有梁教授是我国教育研究的先锋,是不断学习、锐意创新和无私奉献的楷模。走近他,似乎只有借用"精神贵族"一词才足以概括他精神的强盛和富有。作为传承和推进人类文明的研究者、教育者,做一个"精神贵族",这难道不是人生的至高追求?

与查有梁教授对话,从一个角度跟踪他教育研究的心路历程和实践历程,也许能帮助我们走进这座精神的高山,去感受其智慧和人格的力量,获得怎么做研究的启迪。

——编者

本刊:查老师,读您的教育科研论著作,感觉是充满学术而又不失灵动,细致入微而又不失大气,那种在勾连实践问题的讨论中所蕴含的教育思想与智慧无不令人欣赏与折服。尤其是现场聆听您的学术讲座,我们终于发现您又是那样诙谐乐观,有一种老顽童般的天真。例如您侃侃而谈到兴致处、动情处,一反常态高扬嗓子唱起来,摆动身子扭起来,引起全场的捧腹与喝彩。您的这种表达方式,不仅生动地传递了抽象而严肃的学术与学理,消除了人们对于教育科研的敬畏与隔漠,而且展现了研究者丰富充实的内心世界和做学问的风采。您是少有的"两栖"研究者,多年来,您在物理科学和教育科学之间自由穿行,虽然物理研究是你的本职,但教育研究已经融入您的生活世界,成为您人生不可或缺的组成部分,并取得了不少的成果。请问,您的这种研究能量是怎样获得的?

---

① 陈涵:《跻身教育的"精神贵族"之路》,见《教育科学论坛》,2010年,第1期~第2期。

查有梁：我在研究上之所以有一些成果，很大原因在于读小学、中学、大学时的基础打得好。我的老师很好，对我的影响很大。后来我之所以选学物理，这与小学老师有关。当时的教育不太强调科学教育，但是我在成师附小读书时，老师很重视，不仅自己演示科学实验，还让学生尝试实验操作。我们很感兴趣，这直接影响到我后来的专业选择。我对学校教育始终怀着一颗感恩之心，因此我写了《小学之精神》《中学之精神》，正在写《大学之精神》。还有，这与我的家庭也有很大关系。我父母很重视环境对我的影响，为此他们效法孟母搬了三次家，最后才搬到成师附小的附近。我不是特别聪明，读小学时，成绩一般在5名到12名之间，只有一学期得过第一名，那是因为当时我家请有一位家庭教师。家庭还为我提供儒家经典书籍，以及人文和科学方面的读物。我父亲熟读四书五经，我妈妈信佛，我因此受到熏陶，在做人方面学会了与人和谐相处，别人不讨厌，愿意与我交往。所以，学校和家庭教育与我后来的发展密切相关。儒家和道家思想，以及前人的教育思想对我的影响很大。教育是培养人的社会活动。如果不继承传统文化中好的东西，不学习吸收前人好的经验，我的研究就不会有较大的进展。我在大学学物理时，想到要当物理学教师，就读相关教育方面的理论书籍，在大学时读了夸美纽斯的《大教学论》，还看了《中国教育史》与《外国教育史》两本书，凡教育史书上提到的经典著作我都想看，慢慢地找，慢慢地读，并对公认的经典著作细读，有的甚至精读了三遍。这些都是继承，只有在继承的基础上研究才能有所创新。我有了新家以后，我的岳父、岳母、夫人，非常理解和体贴我的生活与工作，承担了教养我的女儿和儿子的大部分繁琐的家务，我永远感激他们。是他们给我提供了安心研究的时间和空间，没有这些条件，我是没法完成这些研究的。学会感恩是一项做人的基本品德。

本刊：您学的是物理，毕业后就当教师，看来您与教育和教育研究早有缘分，因此才有了后来对教育研究的兴趣。

查有梁：是这样。我当教师的决心下得很早，读高中时就有了当老师的想法。那时，我将各科教学参考书都读了。我在中学、大学读书时受到老师的赏识和肯定，认为我"很能当教师"，毕业时，老师推荐我到成都七中这样的名校教书。在过去的生涯中，我在物理研究上花了大概一半的精力。20世纪60年代，我认识到控制论、信息论、系统论等三个理论在研究中的重要性，我较早较多地运用系统科学研究物理学，后来又研究教育学。

西方一些学者认为,中国古代没有系统观测和逻辑体系,所以,在中国古代科学的基础上不可能走向近代科学。这是他们对"李约瑟问题"(即"为什么近代科学没有在中国产生?")的一种回答。我在中国科学院成都分院做研究时,发表了一篇论文:《中国古代物理中的系统观测和逻辑体系及对现代物理的启发》,我被邀请在"中国物理学会第三届全国代表大会"上作大会报告(1982年12月23日),论文公开发表后,得到杰出科学家钱学森的肯定。为此论文,钱老主动给我写了第一封信。后来,我用英语撰写了一篇论文《落下闳系统与托勒密系统的比较》,应邀参加了"第17届国际科学史大会"(1985年,美国加州大学伯克利分校)。我已出版的《世界杰出天文学家落下闳》一书,就是在这几篇论文的基础上写成的。落下闳(公元前156年—公元前87年)是汉代在四川阆中出生的中国古代天文学家。我以一种崭新的观点回答了"李约瑟问题"。中国古代科学中有自己的系统观测和逻辑体系,因而,在中国古代科学的基础上,也是可以通向近代科学的,这只是机遇与时间的问题。中国古代科学与近代科学之间没有不可逾越的鸿沟。因为,科学和科学史都还在不断发展着。正因为有这些研究成果,哈佛大学的科学史系邀请我做高级访问学者。同时,我也在哈佛大学的教育研究院做高级访问学者。

我虽然也出了几本关于物理学的书,主要的一本是《牛顿力学的横向研究》,以及一篇研究报告《信息测不准关系》,发表在《科学通报》(1988年;英文稿发表在1989年)。但是,我在物理研究上的成果不多,倒是在教育科学研究上的成果要多些,影响更大些。我过去人生的二分之一精力是从事物理研究,二分之一精力从事教育科研。现在我反思在物理研究上花的功夫不小,但没形成大的影响,是因为我没有较早与最前沿的人物打交道。而在教育研究上就不同了,起点要高一些。到成都七中教书不久,我有机会参与四川省初中学物理教材编写工作,当时我不到三十岁,就让我当省教材编写组的组长。编教材使我有了较高的发展平台。后来参与高考命题,又获得提高机会。这些较为丰富的教育实践,对于我深入进行教育研究,是非常重要的基础。

我在教育研究上比物理研究的收获更大,这与我较早得到肯点和起点较高有关。我认真研究自然辩证法和系统科学,最早在《教育研究》上发表的是关于《教学辩证法》的论文,时间是1979年。1984年《教育研究》杂志第五、六、七期连载我的关于《控制论、信息论、系统论及其对教育科学的意义》的文章。这篇文章之所以受到重视，不仅因为文章观点与方法新，还有从理论到操作上都有很多具体的东西。在文章中我提出了反馈原理、有序原理、整体原理，认为这三个原理是教育科学的基础的观点，我用这三个原理来阐述教育中的问题。中国社会科学院的陈元晖老先生对此论文评价高，很感兴趣，他推荐我当全国教育科学规划领导小组教育基本理论组成员，当时我才44岁，而这个组的其他成员都是资深老教授，如刘佛年教授、张健教授、黄济教授、瞿葆奎教授。我在这个组工作了15年，连任三届成员。这个组里只有我一个人是非教育界的，因为我是在社会科学院工作。在教育研究上，我并没有申请很多课题，但仍很有兴趣地做教育科研。他们认为我的研究很有意思，用系统科学的原理研究教育问题，用新的范畴，如结构与功能、状态与过程、系统与要素等来研究教育问题，也很有启发性，以及从古今中外跨学科、跨文化、跨媒体地系统地研究教育建模、教学建模。搞自然科学的人看了我的研究文章感到很过瘾，仅仅有人文社会科学背景的人，从哲学层面和方法论层面也能用这些原理、范畴、建模来思考教育问题，因此，我的研究成果得到较广泛的认同。

本刊：如此说来，您的研究能量的形成，既依赖于扎实的学校与家庭教育奠基，又靠传统经典文化的滋养，还有一个能不断获取高热能和释放热能的平台。相信这三点对现实人才的培养会有所启迪。针对教育，您还研究了哪些问题，取得了哪些成果？

查有梁：我应用系统科学的原理和范畴进行教育研究，还写了一本书叫《控制论、信息论、系统论与教育科学》，获得全国首届教育科学优秀成果奖。在钱学森先生给我的第二封信后，第二版改成《系统科学与教育》，由人民教育出版社出版。当然，这个内容对很多一线教师来说显得很深奥，很多是博士生思考的问题。我给教育学的博士生上这一门课，发现他们学完这个内容后，有很多的东西还是没有懂。这就给我提出了一个问题：做研究是为了什么？我感到自己研究教育需要下一个层次。于是我就着手研究教育建模，这比研究教育原理和范畴降一个梯度，因为模式是理论与实践的中介。建模是一种方法，它没有理论那样抽象，也没有操作那样具体。教育实践操作与创新需要教育建模的研究。在这个题目下有很多内容可以研究。我研究教育建模有20多年了，现在有很多人认为我是教育建模研究的专家。对于绝大多数教师来说，这个内容很需要。我出了五本关于教育建模的书，主编了十多本，有的被教育部推荐为新课程改革的学科培训教材。而这些研究成果都是在新课程改革前形成的，后来作为新课程的培训教材，说明这些问题的研究与思考具有前瞻性。但是回头看，发现对广大的农村教师尤其是新上岗教师讲教育建模还显得深奥了些。想到对他们可以不必讲太多的理论与建构，可以将操作的方法直接告诉他们，这样更有适用性，于是，我再降一个梯度，写了《给教师的20把钥匙》这样的书。写的虽然大都是操作的东西，但是都是以系统科学与教育建模为支撑，因此，简单而不肤浅单薄，也更接近教师的教学实际，故受到广大教师的欢迎。这本书在一年时间内加印了五次。深圳市将这本书推荐为教师的培训教材。

本刊：您的研究"降一个梯度"，由高深的理性表达走向平易的经验传播，让广大实践者平视而非仰视，亲近而非敬畏，接纳而非拒斥。正是这种良好的价值取向和人文情怀，您的研究深受实践者欢迎。学问渊博而不故作高深，处处为实践者着想，无疑也是一种境界。您出这样多的研究成果，无论是在心力或精力上都需要很大的付出，需要沉下心来"坐冷板凳"。而您是一个大忙人，各种研究、交流活动或请您做指导的约请经常排满了您的日程表。在这种情况下，怎样处理好研究与活动的关系？怎样才能保持旺盛的精力和创新的激情？

查有梁：要做到这些，我的体会是三个字：超功利。现实社会，有的人活得很累，其中最根本的原因在于太过于功利，太计较得失，结果，每做一件事都在给自己的身上压一块石头，心理负担沉重。你说这样累不累？我做教育科研，说不累是假话，但是我有兴趣，我喜欢呀，所以我就不感到累。正如孔子所说："知之者不如好之者，好之者不如乐之者。"也正如爱因斯坦所说："兴趣是最好的老师。"

搞研究不要想到要得什么什么奖，要有什么什么回报，重要的是你的研究是否对别人有用。我多次在各种场合公开地说，只要你们需要，我的研究成果谁都可以用，我不保守，我的研究成果和讲课的ppt，都发在网上，供大家下载使用。虽然，教育研究与我本职的研究方向（很长时期是科学哲学和人才研究）并不太密切，但是我花了很多的精力，而且做得很快乐，感到有很多问题需要不断地去研究。这就是超功利。老子说得好："天之道，利而不害；圣人之道，为而不争。""超功利"不是不要功利，而是不要去"争功利"，你"有为"有"贡献"，其结果是让大家都得到更大的功利。当然，能保持这种状态和不断追求的精力，与我良好的生活习惯和运动习惯有关。年轻时，喜欢跑步、打篮球和游泳。长期以来,我坚持每天游泳,中午一定要睡午觉,早上起得也较早。多年形成的运动习惯和生活习惯促进了我的可持续发展。毛泽东有一段名言:"体育一道,配德育与智育,而德智皆寄于体。无体是无德智也。"这对我有很大影响。所以,身体不好,您有再好的想法也不能付诸实践。我一生中几乎很多的时间都用于思考与研究,已出版20多本书,发表两百多篇文章。搞研究是很辛苦的,也是很快乐的。写一篇有新意的论文,要花很多时间收集资料,然后集中一周多时间写作。而我的很多有分量的文章都是利用春节、星期六、星期日写成。搞研究必须认真、勤奋,有人认为我是轻易取得很多成果,实际上从整体看,我是花了很大功夫和精力的。这当然与过去我在学校教育中打好了基础密切有关;这与我重视在继承基础上创新密切有关;这与我理解了教学必须"在适应的基础上超越"密切有关。你能够站在巨人的肩上,自然会看得更远一些。我的很多著作都是放长假时写成。刚才您谈到怎样处理好研究与活动的关系。其实很简单,这种关系和矛盾无需处理。我们搞研究,总不能闭门造车呀,你与别人交流、研讨,能在开放的心态中付出与获取,在付出与获取中提升和超越。所以,转换一下视角,就会发现这种互动式研究对别人有利,对自身有益,是一种双赢的研究。正如老子说的"既以为人己愈有,既以与人己愈多"。别人给你提出问题,就是在促进你思考,这有什么不好?研究与创新就是"发现问题、提出问题、分析问题、解决问题"。想想,你连问题都没有发现,问题都提不出来,你能有创新吗?想想,你的研究成果不能让更多的人分享,更多的人受益,你的研究还有多少价值?所以,参与各种研讨交流活动与独自坐下来潜心研究不仅不矛盾,而且能相互促进。在交流和思考中获得灵感,在宁静和探索中得到提升。我很多的研究成果都是从各种活动与独立思考的交互变换中获得的,要动静结合。这也许是做研究的"功夫在诗外"吧。

本刊:研究是一种高密度和高难度的智力活动,除了要有锲而不舍的精神和坚韧不拔的毅力,还需要学识基础、专业修养和经验积累。能谈谈这方面的感受吗?

查有梁:研究要创新,要出成果,综合能力很重要,这就需要打好各方面的基础,这很重要。由此我想到学生的学习与考试。在学生时代是需要考试的,考试是促进学生将基础打好。中小学生在学习期间没有很好的自觉性和反思、改进意识,通过考试对其有所促进。我们不要将考试说得很坏,学生要适应考试。只要平时打好基础,就没必要惧怕考试。我在中学时代,对各科学习都很认真,直到高考前,我到底是考文科或理科都没有定。所以,平衡地打好各学科基础很重要。我在石室中学读书时,虽然参加一些学科竞赛从来没拿到奖,比我行的同学很多。但是我的基础打得好,奠定了后来创新的条件。我在大学时也坚持"打好基础"的观点,因此成绩很好,结果考试对我没多大压力,我很放松,很快就超越了考试,不计较考试成绩了。一个人尽早地超越考试,才能思考更深层次的问题,拥有更大的思考空间,这和搞研究要超功利的道理一样。例如,上大学二年级时我就开始思考《理论力学》中的"天体运行统一的能量方程",将原来的三个方程统一为一个,后来有关研究发表在杂志《力学与实践》(1979 创刊号)。所以,我感到,哪一天你不必去应付考试了,哪一天才可能开始创新,才能将更多的精力用于研究。钱学森有一个观点,要培养十八岁的硕士。取得硕士学位以后,就不必应付考试了。攻读博士不是应付考试,而是一心一意地研究与创新。一个人要尽早地由适应考试到超越考试,尽早地研究与创新。我认为教学的基本原理就是"适应与超越原理"。我们国家老是出不了很有分量的杰出的创新人才,是因为学生每天不是为了打好基础,而是单纯应付太多的考试,这怎么培养创新的意识和能力?这与刚才说到的需要考试并不矛盾,我强调的是需要处理好学习与考试的关系,而现在有些人看到考试的局限性就反对考试。考试是人类学习过程中永远存在的活动,是不能取消的。当前家长要求学生考上好的大学是可以理解的,学校提升考试的成绩和升学率是正常的,将素质教育和应试教育作为相互抵触的对立的力量来看待,是不恰当的。因为应试是操作层面的,操作不当会影响素质教育,但素质教育是教育的根本与方向,从人类文明与教育发展的趋势来看,素质教育是主流。什么是素质教育? 以提高人的全面素质为宗旨的教育就是素质教育。人的素质包括:思想道德素质、科学文化素质、身体心理素质、劳动技能素质、审美创新素质。素质教育的基本原理是先天素质与后天素质相结合的原理。人的素质,既包括先天素质,又包括后天素质。培养教育人必须将他先天素质与后天素质有机结合起来。要在先天素质的基础上发展人的最大潜能;要不断提升后天素质,实现人的全面协调可持续发展。素质教育内涵是广泛的,应试能力是其中的一个方面,人的一生都要面临各种形式的考试和考验。所以,在学校教育中,应试是需要的,但是单为应试而教、为应试而学的取向是很不好的! 这不利于真正的人才培养，只能导致残酷的教育。学校的教学必须探索与实施"在适应的基础上超越"。既要适应考试，又要超越考试！

本刊：您的研究成果的取得，其中有着哪些经验与方法？尤其是您怎样做好选题，使选题在一开始就显示它对改进实践的创新价值？

查有梁：关于教育科研，我总结了二十条经验，其中谈到选题。至于如何选题我认为有三点值得重视：第一，社会需要；第二，自己可能；第三，别人尚未研究。在这三个"集合"的"交"中选题，就有价值。但我在读书时的物理研究选题并不是很好，当时选了宇宙的斥力，虽有成果，但影响不大，是因为选题太抽象了点，同时自己在这方面的积累也不充分。现在对于前沿问题的研究，大家更关注的是理论探讨的热点、实践运用的亮点这些最重要的问题。我在科学史上的研究选题就较好。我是四川人，当时研究科学人才，就选择了四川出身的两个科学人才：天文学家落下闳、数学家秦九韶（南宋，约1202—约1261）。一是因为我对他们有感情，二是他们是四川本土的人，我有条件找到较多的研究资料。我将同时期西方的科学家与之进行比较性研究，有些创新。对于杰出数学家秦九韶，研究他的人很多，但他在《数书九章》的《自序》中附有九首诗，别人没有全翻译，有的是因为难懂，但我下了很大功夫，基本弄懂了，于是其序言和九首诗完整地翻译出来，这是别人没做过的事情。我通过研究，完成了《杰出数学家秦九韶》，由科学出版社出版。数学家吴文俊院士看了很欣赏，给我来信，认为此书有被广泛引用的价值。这说明，选别人尚未研究的问题很重要。

选题上还应注意研究的问题是否有较高的价值，研究后是否能有效地改进实践，生效于实践。例如，研究永动机之类不可能实现的问题就是白白浪费精力。所以选题不要跟公认的普遍原理相冲突。同时，研究的创新还应体现在研究的方法上。我用系统科学的原理研究教育，从理论的层次、建模的层次、操作的层次，一一做较深入的研究，别人没有这么做，我做了这就有些创新。另外，对研究的问题要真正想通，想得比别人更深刻，成果就会出新。我经常采用"跨文化、跨学科、跨媒体"的方法，变换思路，从另一角度来思考解决问题。研究要创新，还要能耐得住寂寞，不能浮躁，不能急于求成，我有一本书《恩格斯与物理学》，从成书到出版，历经了30年。如果过早发表，"硬伤"一定较多。

本刊：创新性研究是对别人的超越和自我的超越，在研究的过程中，一定会遇到意想不到的困难和意想不到的发现。

查有梁：是这样。只要你敢于挑战困难，真正付出了，就会有创新的发现和收获。我称这种意想不到的发现为"生成性创新"。十多年前，我花了很大的力气研究学生素质评价，并形成一个学生素质评价表，结果到现在我才发现可以用它来写评语。这个发现是通过与很多教师接触，了解到老师们写评语很尴尬。写差了学生不满意，会记恨你一辈子。当然，确实有老师不会写评语，写些"大话、空话、假话"，对于学生没有激励作用；有的教师对学生"无限上纲"，如曾经有教师给中学生的评语写"该生不注意思想改造""该生对社会主义有不满情绪"之类，结果害了学生一辈子，学生也恨了他一辈子。有一位学生当别人提到他的一位教师时，这位学生说："他还没有死啊？"我感到震惊。这位教师悲哀，这位学生也悲哀。教师怎么写评语，究竟依据什么才能让学生心服口服？我用有具体评价内容的表格做调查，让学生选出自己认为最重要的素质，并做一个统计分析，然后，从大家认同的素质项目里，首先由学生以自评的方式给出"优、良、中、差"，在此基础上教师再给予评价。结果发现，学生自评的结果与教师评价的差异并不大。这说明，先让学生自评，教师再将学生自评的结果与平时的观察相结合进行分析，写出"自评与他评"相结合的评语，这样，学生都能接纳认可，又能促进学生自我反思。同时，教师的工作量也大大减轻。在具体的操作中，只要学生能客观自评，教师就给予认可，而对自身不足只要能认识了，这项仍可得到较好评价，但学生没认识到的，就不予认可。经过调查统计与分析，再进行自评和他评相结合来写评语，能令人服气。这种评价表进行统计研究，我在十多年前就搞了，而十多年后才想到利用它来写评语（见《中国教师》杂志2008年，第11期）。可见，"生成的创新"也是不容易啊！这两年，我还用这种方法来完成公安部的干部与民警的评价课题。

本刊：您的研究历程和经验为教师做研究提供了很好的参考和启迪。但是，在当前，教师的研究热情普遍不高，在一些学校，教师除了被动地做规范性的课题研究，就是应付式地参与学校组织的集体研究，个体的自主研究则很少。因此，一到评职称或论文评比，不少的教师就从网上下载论文，使得组织单位不得不安排专人通过上网核查是否抄袭。您怎样看待这个问题？

查有梁：关于教师从网上下载论文，如果是用作积累与参考，是可以的；但据为己有，拿去发表，这是危险的、违法的。在台湾地区，学位论文中，如果有120个字是出自别人文章而又未注明出处，将不会获准毕业。教师从网上抄袭论文,这是一种危险的行为,这种抄袭很容易被发现,只要输入相关的内容,就会露马脚,这很悲哀。一些大学的教师也这样去抄袭,大大影响学校的声誉。这种现象的产生,主要有两种原因,第一种是当事者本身的学术道德不良,不遵守应有的学术规范,随意剽窃他人的东西。第二种情况是被"逼上梁山",这种情况多出在管理的体制上。教师的本职工作是教好学生,让大多数学生满意,这是基本要求;教师不是专业搞科学研究,但在职称评定、利益分配时却很看重"研究文章",而且还要求"有质量",这是本末倒置。而有的教师平时疏于教学研究,研究并不在行,结果造成去剽窃这种现象。教学质量是第一位的,发表文章只能作参考。君不见,有些能够发表文章,但是教学质量很不理想的教师,也是有的。我们不能否定这些人,但是,他肯定不适宜做教师。一定要发表论文,这相当于逼迫有的人去抄袭。当这样做的人多了,人们就见怪不怪。这的确是教育研究中的乱象。所以,造成这种乱象的原因很多、很复杂,责任不全在于教师,更多的还应从管理的制度、评价的机制等层面去反思。教育部应当调查研究,改进对教师的评价办法。

本刊:您认为怎样才能解决好教师的研究普遍不在状态的问题?

查有梁:要解决这个问题比较复杂。我认为,要使教师的研究"在状态",首先需要解决一个大环境的问题。需要有一个促进教师爱岗敬业、勤于实践、勤于研究的环境氛围,让教师心情舒畅、心无旁骛地进行教学实践与研究。要保证教师的工资稳定在一个合理的水平上,让教师能够过上与我们时代相当的"体面的生活"。这点很重要。教师平均的生活质量与他的教学质量是成正相关的。然而,现在教师的心态和情绪不是很好,一些教师烦躁,操心住房、子女、工资,难得静卜心来做教育、做研究。这与教师的生态环境不是很好有关。其一是教育内环境对教师心灵空间的挤占。较多的高要求,较多的形式规范,较多的检查与激烈的考试竞争,使教师缺乏自由的心性,自主的思考,自觉的研究,常年都是为了浅层次的工作目标疲于奔命,哪有精力和心思做研究? 对这种问题的解决需要教育管理层面深入实际,了解教师生活与工作状态,了解教师所困、所想、所需,做出管理上的调整和改进,最大限度地解放教师,将教师引导到坚守教育本真、追求教育理想的轨道上来,不要为了管理的方便和政绩彰显而忽略教师自身的成长与发展。尤其是对教育教学研究的评价,要调动教师教学与研究的热情,而不是以利益分配来促进。评价不要烦琐化,要短期、中期、长期评价三结合。我们评价教师的研究能力,多是看发表了多少文章。美国所有工商硕士(MBA)不写论文,作业做完,案例做完,就可以得到学位。我们的评价机制要改,不能看发表文章多少,重要的是看教师通过研究教得如何。当然,纯粹以考试成绩评价是不科学的,如何分班,就起了关键作用。因为学生的基础有差异,成绩可以作为参考,更多的是要看变化,看是否在进步,看学生满意不满意。

这很好评,用评价表让学生对于一位教师的教学选"满意""较满意"或"不满意""很不满意",并结合教师自评、互评形成评价结果。如果这样评价,教师就会自觉地发现问题、研究问题、改进问题,进入真实有效的研究状态,这样再有感而发地写文章,效果好得多。用三年五年的积累写一篇有质量的文章,比逼迫去制造文字垃圾好。总之,需要通过改革教学评价和研究评价,促进教师超功利,进入一种自然、自觉、自主的研究状态。

教师的研究不在状态还与社会外环境对教师影响有关。现在教师的尊严受到冲击,教师的情绪不太好,突出地表现在媒体有意无意地对教师形象妖魔化。教育需要公众的监督,甚至对教育不良事件的批评。但是,媒体抓住一点,不及其余地呈现了教育中很多负面的东西,包括教师中极少数的负面典型。当一位教师犯了法、犯了罪,他一定会被取消教师资格,他已经不是教师了,媒体还是认定他是教师,这合理吗? 一定要保护教师群体的社会声誉。在众多行业中,教师的绝大多数是遵守了"学为人师,行为世范"的要求,教师群体是人格较高的群体。在复杂的社会转型期,教育的确存在一些不尽如人意的东西,但这些是极少数,不是主流。我历来主张,教育中个别事件个别处理。而有的媒体为了吸引眼球,将个别事件当新闻热炒,结果令人产生教师普遍很坏的错觉。个别不负责任的媒体甚至偏离实际、为我所用地主观报道师生冲突,造成新闻冤案,结果是误导教师无奈地放弃应有的教育责任。比如,有学生对严格管理他的老师说:"你敢管我,我就告你!"师生平等,必须坚持。但是,师道尊严不能全盘否定。以人为本当然包括教师在内。从统计的观点看,教师群体在社会上基本属于弱势群体,社会应当保护弱势群体。中国尊师重道是很好的优良传统,我们只有认识和继承传统精华,才能创新,才能与时俱进。传统中好的东西是打不倒的,要打倒,这是折腾人。说这些,是希望我们的社会、我们的媒体对教育的关注多从主流和积极的一面入手,比如教师中很多先进事迹是值得我们学习的。5·12地震后,我们的教育记者冒着危险深入灾区采访二十多天,掉了一身肉,写成催人泪下的报告文学《热血师魂》,这些就是对教育主流文化的张扬。教师,只有在一种被社会充分认可、尊重的氛围中,才能生成教书育人和实践研究的持续动力,才能自觉改进自身,满足社会的高期待。

本刊:围绕教师做研究的不容乐观的现状,您从教育内外部环境影响方面做了分析,希望能对教育管理层面的科学管理教师和社会正确看待教师有所帮助。但是,作为教师群体,他们在教育教学研究方面应该怎样作为呢?

查有梁:我始终坚持这样的观点:广大教师群体中的绝大多数是爱教育、爱学生和勤实践、求进取的,只要对他们报以充分的尊重和信任,合理地引导他们的教学实践和研究,他们是能够通过改进而提升自我的。当然,作为教师,自身的研究意识和行为是发展的内因,需要教师的自我塑造,其中包括教育研究方法、技术的学习与掌握,在这方面我总结了20条经验,因时间关系不再赘述。这里我重点从教育研究的认识与思想方法的层面给出一些建议。

作为亲历实践的教师,第一要想清楚什么是研究,第二要想清楚我们为什么做研究,第三才是我们怎么做研究。如果这三个问题想清楚了,我们就会产生研究的冲动、研究的自觉和研究的智慧,就会获得研究的成效。教育研究,简单地说就是去发现教育的问题、提出教育的问题、分析教育的问题、解决教育的问题。

美国的一位学者说,中国的教育有两点很好,一是有"老带新",二是有"教研室"。"老带新"就是老教师带领新教师一起研究改进教学;"教研室"就是从组织上保证教学研究能定期进行。新中国成立60年以来,我们一直有这样的传统。现在,时髦地从外国的名词中引进了"校本学习"。这有可能也是"出口转内销"。我们中国的教师首先要树立对于教育研究的自信心。孔子是我们中国的第一位教师,一直受到全世界人民的尊重,我们中国有自己优良的教育传统。我们应当向其他国家虚心学习,但完全不必"仪型他国"。

关于教师为什么做研究,以我的经验看,应该从职业属性去思考。专业研究者的职业主要是从事理论研究,也有开发研究和应用研究,主要是为了丰富和创新学科理论,并以此推进学科实践。而教师是教书育人的实践者,做研究是为了改进和优化教育实践,直接作用于人才的培养。所以教师做研究应该与实践效能追求息息相关,而不是主要追求学术上的建树。有了这种认识,我们就不会将研究看得太神秘,而是作为自身工作的需要,为自身的提高而研究。但是现在教育研究存在异化现象,如管理层面的功利性太重、安排性研究多、教师研究很被动,这不符合科学发展观。有个别权威学者申请了一个国家级课题或省级的课题,要下面许多学校和教师给他做子课题,做完课题后,真正直接研究的教师,既无名也无利,一些学校倒还要上交课题费。这样的教育研究体现了以人为本吗?这样的教育研究能够使教育研究全面协调可持续发展吗?教育研究必须以人为本,教师为了学生自身的发展而研究,为了解决实践中教师自身的问题而自觉研究,在这种状态下,教师的研究才会做得踏实和快乐。我并不反对学校参加子课题研究,但是,我强烈反对商业性的教育研究,反对盈利性的教育研究。因为,世界各国的基础教育都提倡非商业性、非盈利性,我们的教育研究应当是非商业性、非盈利性的。这是全世界公认的道理。

想清楚第一个问题,第二个问题——研究什么就会迎刃而解。一些教师常常困惑于不知道研究什么,这是因为没有想清楚第一个问题。实际上,教师研究的资源是很多的。教育是复杂的,教育中的问题是多方面的,为教师做研究提供了很大的空间。具体到研究什么内容,我认为至少有两条主要的线索。第一条线索是长期困扰和影响教育教学效能的实践操作上的难点问题。我们在实践中遇到问题了,有障碍了,怎么办?那就是通过研究去解决这些问题,比如上面我谈到的教师写评语的问题,还有初中二年级学生的分化严重问题,对于初中学生普遍感到难管理的问题,留守儿童的教育问题,单亲家庭学生的教育问题,学生迷恋上网游戏的问题,中学生"早恋"的问题,"问题学生"的教育转化问题,与家长沟通协调的问题,新课程改革出现的师生"不适应"的问题,以及学科教学中"难教难学"的主要问题,等等,都是值得研究的内容。

从实践者的角度考虑,我们不必太计较研究的问题是否人无我有。比如,新上岗的年轻教师,他们当前面临的最大困惑是不能有效地组织教学和调控管理,这个问题并不新,但却是新教师教学中真实存在的问题,如果通过研究,很好地解决了,这就体现了研究的价值。第二条线索是教师在教育教学实践中的强项或优势。每一位教师在实践中都有这样那样的优势,都有各自的亮点,并为此而欣慰,而充满自信,因为教学是艺术,艺术就有多种风格。如果为了进一步固化优势,强化优势,突显特色,可以通过研究形成经验成果,整合起来,加以传播,这样不仅自身受益,还使他人受益。这样的例子会很多,这里不详谈。刚才提到的研究内容两条线索分别是补短和扬长，其实还有第三条线索，那就是学习与积累。教师无论是扬长或者是补短，都离不开学习与积累，我将此也作为研究来看，是因为其最终的目的是为了专业提升。多读经典，多了解和学习前人的经验，通过积累和运用这些经验，就能站在教育的制高点上较好地解决实践中的问题。这种研究与前两种殊途同归。

本刊：教师怎么做研究才能增强实效？

查有梁：关于怎么做研究才更有效果，涉及的东西很广泛。既有认识层面的，又有研究方法与操作层面的。在这里我重点根据教育研究特点，谈谈教师做研究如何才能增强效益。做研究是发现问题、提出问题与分析问题、解决问题，而问题的提出与解决需要对实践现场深入观察与分析，独立思考与判断，这很重要，也是研究创新的基础。所以，教师无论是教学还是做研究一定要做到独立思考，不能人云亦云，不能随波逐流和盲从。例如，在小学教学中，一提到学习方式的转变，言必谈自主探索合作学习。这是一种先进的学习理念，但是具体运用的话，是需要认真分析的呀！小学生怎么自主探究？怎么合作学习？这需要有基本前提。探究要在学生有认知需求的基础上，要在实验的过程中进行，合作要在个体充分思维的前提下开展。因为自主探索合作学习是较高层次的学习方式，在较高的学段运用才会有好的效果。所以，教师在运用方面要加强研究分析，不要一味跟风。再如，关于教学的三维目标问题，如果节节课都要求三维齐全，那样就是盲从。其实，一节课上下来，学生有时只能在一两方面有所得。教学一定要学会从实际出发、抓主要矛盾，没有必要对过去的教学方式全盘否定、推倒重来。在课程改革上，近百年来，世界学术界有两人误区，一是打倒"孔家店"，二是打倒"欧家店"（指欧几里德几何学）。现在看来，这是要不得的。孔子的《论语》，还是要读；欧几里德几何学，还是要学。当然学习的具体方式会有所变化，要有新的理解和发展。只有在继承的基础上才可能创新，这是不可动摇的规律。

教师实践与研究需要独立思考。其实，教师的独立思考不是没有条件的。很多教育中的事情或现象，只有身在其中的人才能真实地发现它，关注它，思考它，只要抓住身边的事不放，将其想清楚，想深入，不管别人怎么说，得出自己的思考与判断，坚持自己的认识主张，再通过研究充实这些认识，研究就会有效果。我在1991年出了一本《教育人才素质研究》的书，在当时提"素质"是很早的,而有的专家认为素质就只是先天素质,而我的研究表明:有先天素质,但主要是后天素质。当然,先天素质也很重要。素质内含先天素质与后天素质,素质教育与教育方针是一致的。孔子的教育体现了因材施教,就是要综合考虑先天和后天素质。我着重研究后天素质的培养,是因为我认为它对于人的发展很重要。随着生物科学技术的发展,人们对于先天素质的认识会逐步深化。

当你有了独立思考的习惯,你就会有所创新,有所发现,有所收获。当你尝到了甜头,你就会以强烈的好奇心不断地去探索未知领域。我今年六十七岁,但自我感觉心态和精力与中学生时代差不多,这是因为我对很多事物都有好奇心。我现正在写《大学之精神》,这是一种自我挑战。关于大学精神方面的书,根据我查到的,至今全世界已经出了一百多本,但是我很想写得与别人不一样。这种想法能增强我写作的动力,我现在完成了全书的三分之一,感到完成后面三分之二任务很艰巨。我至少要了解别人的书,才能做到与别人的不同。因此,我想多几个人来写,我女儿上了四所好的大学(南京大学、北京大学,加拿大的麦基尔大学,美国的俄亥俄州立大学),这就是一种资源,我希望有更多的资源。我写《大学之精神》主要是写感受,总之要写得与别人不一样。前面谈到的书是学校研究三部曲,我还要写教育三部曲,已经发表了《系统科学与教育》、《爱因斯坦与教育》,现正在写第三本:《思维科学与教育》。我写《思维科学与教育》,是受到钱学森的影响。钱老一直提倡研究系统科学、思维科学、人体科学,并有专题论文阐述,还主编了《关于思维科学》一书。写《思维科学与教育》的挑战性很强,目前我已经完成了二分之一。写这些都是与我的独立思考有关。我喜欢独立思考,例如,当前关于新课程改革有激进派和稳健派。我是稳健派。我坚持新课程改革需要"软着陆"的观点,在全国产生了一定影响。我主张:放慢速度,调整方向,确保安全,确保成功,不要折腾。为此,我出版了新书《课程改革的辩与立》(重庆大学出版社,2009)。

还有,教师搞研究,不妨重视一下哲学思维的训练。用哲学的思路搞教育研究,用高层次的哲学思考研究实践问题,能够取得好的效果。我在研究中之所以取得成就,与早期重视哲学思维有关。小时,家里有一本斯大林的《辩证唯物主义与历史唯物主义》,当时以好奇的心态读,虽然并没有读懂,但由此而较早地开始了哲学思维训练。在石室中学读书时,我就重视读经典著作如毛泽东著作,对毛泽东的《实践论》与《矛盾论》有较深入的学习。哲学能给人跨学科的思维与跨文化的思维。我还较早地读了老子的《道德经》。有了哲学思维做基础,研究会上一个层次。由于有了这些基础,特别是我对自然辩证法的研究,原四川省委书记杨超同志在1979年将我调到中国科学院成都分院自然辩证法研究室工作。延安时代,杨超同志曾是毛泽东"两论"哲学小组研究成员。他效法毛泽东在20世纪70年代末成立了"两论"哲学小组。我进入这个哲学小组,大大提高了我的研究水平。哲学的学习与研究对我从事教育研究帮助很大,有利于触发创新思维。所以,做教育研究,尤其是课题研究,如果能运用辩证唯物主义和历史唯物主义,应用系统科学方法论,效果就会好得多。教育研究一般有两种,即定量研究和定性研究,在解决实际问题的研究中,只要具有较高层次的思想方法和思维方式,只要将教育中的实际情况吃透,就会有很大的研究空间,并取得良好的效果。定量研究要学会问卷设计和调查统计以及具体分析,这样研究较为实在可靠。定性研究就要做深入的实际调查和材料把握,要做案例分析,这样研究较为生动有趣。建模是一种有效解决问题的方法,也有定量建模与定性建模。

总之,教师要在研究上做出成绩,只要真心地投入研究,走好研究的路子,拥有研究的恒心,总会有所收获。在一个问题上,坚持10年,必有成果!

本刊:查老师,作为一名研究者,您凭学识、学养、智慧与经验不遗余力地投入到教育教学研究,并热情关注、关心教师的研究,进行授人以渔的教师研究指向,体现出对教育的钟情和奉献,以及对民族未来的责任担待。知道您还有很多关于教育的问题要去探索,要去研究。在我们眼中,你有着年轻人都少有的精力和激情,我们衷心祝愿教育科研永远伴随您年轻而幸福的一生。

编辑手记

与查有梁教授对话完毕,告别后目送他健步远去,一个问题随即涌向脑际:做学问与研究本是辛苦事,为何著作颇丰的67岁学者在体魄、精神或思维方面都如此年轻? 在归途的车上,从他赠予的签名著作中随手抽出一本《教育诗:创新》,如同磁铁般,一口气品读了全书的一半。终于,最初的疑问烟消云散。

"一只受伤的鸟,我将他带回家。每天给他擦药包扎,一周后开始叫喳喳。"(《回笼鸟》)

"让她们自然生长多么美好,为啥要人为地扭曲变形,所有的盆景大多数短命。"(《盆景》)

"鸟儿渴望飞翔,星星渴望月亮。伸出友爱之手,合作才有力量。"(《善心》)

"要超自我中心,才能倾听到真理的声音,系统开放——在广阔世界中前进!"(《超越中心》)

……

循着诗的旋律,走进研究者的内心,方才发现,卓著不凡的教育科研成果、不断创新的教育科研智慧、难割难舍的教育科研情结,不仅仅出于勤奋、执着,更源于充满诗意的生活。在诗意的生活中诗意地研究,在诗意的研究中诗意地生活,他才拥有一颗永远年轻而好奇的心。

"教育是复杂的,充满了诗意,但规律是简单的,可以一目了然。"(《给教师的20把钥匙》)查有梁教授正是在复杂的教育中感受诗意,把握规律,体悟本质,将对生命的珍重与提升、对真理的崇尚与追求视为教育的至情至理。情理相依,共同构成大写的"爱"字。爱生命,爱事业,乃诗之魂。当爱朗照人生,归依心灵,引领精神,才有了诗性滋润人生,青春常伴岁月。无论研究多累,但不觉其累,无论研究多苦,但不觉其苦。这,或许就是教育精神贵族的显著特质。

真正的教育精神贵族,不故作高深与唯我独尊,有一种超然,有一种洒脱,更有一种责任担待和现实焦虑。焦教育之误区,虑教师之缺失,因此才有了跨越研究领域,放下权威架子,热情满怀地为实践者谱写一部又一部关于教育的"三部曲"。

不只凭借理性、智慧、才气做研究,更以爱的激情去创造、给予。这,就是精神贵族超然而富于诗意的生活写照。

第九章　发表科研成果的经验

第一节　成果的发表时间很重要

> *13.* 提出了新的原理,这有较重要的理论意义。对于"原理理论"的研究成果,应当力争在最高层次的学术刊物上发表。例如,《中国科学》、《中国社会科学》,英国的《Nature》,美国的《Science》。重要成果的发表时间很重要。

"这时物理学有了巨大的进步,它的结果,由三个不同的人几乎同时在自然科学这一部门中的划时代的一年,即 1842 年总结出来。迈尔在海尔布朗,焦耳在曼彻斯特,都证明了从热到机械力和从机械力到热的转化。热的机械当量的确定,使这个结果成为无可置疑的。同时,格罗夫——不是职业的自然科学家,而是英国的一个律师——仅仅由于整理了物理学上已经达到的各种结果,就证明了这样一件事实:一切所谓物理力,即机械力、热、光、电、磁,甚至所谓化学力,在一定的条件下都可以互相转化,而不发生任何力的损耗;这样,他就用物理学的方法补充证明了笛卡尔的原理:世界上存在着的运动的量是不变的。"(恩格斯:《自然辩证法》)

一个重要的发现,经常会有几个人几乎同时发现。究竟是谁有"优先权",这决定于成果的发表时间。

【实例】　广义不确定原理的研究

在物理学中,大家知道,牛顿的力学原理、麦克斯韦的电磁理论,在描述粒子和场的运动时,可以同时确定粒子和场的位置和动量,可以同时确定粒子和场的时间和能量;但是,在量子物理中,由于有"海森伯不确定原理",在描述粒子和场的运动时,不可能同时确定粒子和场的动量和位置,不可能同时确定粒子和场的能量和时间。

"海森伯不确定原理"表为:

$$\begin{cases} \Delta E \cdot \Delta t \geq \dfrac{h}{2} \\ \Delta p \cdot \Delta t \geq \dfrac{h}{2} \end{cases}$$

作者从香农—维纳公式,即信息的最大传递率公式,推导出"广义不确定原理"。由"广义不确定原理"可以推导出"海森伯不确定原理"。"广义不确定原理"表明:动量(p)与位置(x)的不确定关系,或能量(E)与时间(t)的不确定关系,不仅与普朗克常数(h)有关,而且与"信息量"(S)、"信噪比"(M/N)有关。

"广义不确定原理"表为:

$$\Delta E \cdot \Delta t \geq \frac{Sh}{2\log_2(1 + M/N)}$$

$$\Delta p \cdot \Delta x \geq \frac{Sh}{2\log_2(1 + M/N)}$$

"广义不确定原理",从理论上能说明不仅微观世界有"不确定原理",宏观世界也有"不确定原理"。在描述粒子和场的运动时,都不可能同时确定粒子和场的动量和位置,不可能同时确定粒子和场的能量和时间。所以,作者最先得到的"不确定原理"命名为"广义不确定原理"。"广义不确定原理"包含了"海森伯不确定原理"。这显然,是一项创新的研究成果。

"广义不确定原理"表明:拉普拉斯决定论是不可能的,因为要获得关于宇宙初始条件的极大数量的信息量,必然有很大的不确定性,因而牛顿力学在原则上就是不能绝对确定的。"广义不确定原理"与"海森伯不确定原理"有如下的比较:

(1)"海森伯不确定原理"由理想实验或物理实验推导得之,也可以从量子理论推导出来;"广义不确定原理"根据有坚实实验基础的最大信息量公式推导出来。"海森伯不确定原理"适合于微观物理世界;"广义不确定原理"既适用于微观物理世界,也适用于宏观物理世界。

(2)"海森伯不确定原理"的数学表达式是线性的,包含了质量、能量、动量、时空的概念;而"广义不确定原理"的数学表达式是非线性的,不仅包含了质量、能量、动量、时空的概念,而且还包含有"信息量"和"信噪比"的概念。信息即负熵,即包含有"熵"的概念。

(3)"海森伯不确定原理",指出了微观物理世界的不确定性,海森伯试图否认客观世界的因果性,但由于普朗克常数 h 的数量级太小,"海森伯不确定原理"并没有从根本上否定拉普拉斯的决定论;"广义不确定原理",指出了微观和宏观物理世界都既有确定性,又有不确定性,因果形式是多样的。"广义不确定原理"从根本上否定了拉普拉斯的决定论。

(4)"海森伯不确定原理"不可能推导出"广义不确定原理",也很难为"暗物质""暗能量"提供物理解释;"广义不确定原理"可以包容、可以推导出"海森伯不确定原理",而且应用"广义不确定原理",有可能为宇宙中的"暗物质"、"暗能量"提供物理解释。

由于这一研究有独创性,所以,作者首先以"研究简报"的形式,发表在《科学通报》上,①接着,又用英文发表在 Chinese Science Bulletin 上。②

已有在《中国科学》上发表的研究论文,引用作者的上述成果。③

【实例】 科学方法与教育理论

作者在《中国社会科学》上发表了《科学方法与教育理论》④。这也是一篇有较大创新的论文。以此论文为基础,我出版了专著《大教育论》⑤,是一本有关教育的原理性理论。当作者完成论文《科学方法与教育理论》后,就直接寄交《中国社会科学》的编辑部,很快就收到他们决定用稿的通知。

重要成果应发表在高水平的刊物上,而且应当尽量提早发表的时间,这对于促进学术进步是很必要的。

---

① 查有梁:《信息测不准关系》,《科学通报》,1988 年,第 33 卷,第 6 期,第 476~477 页。

② Zha Youliang, *Information Uncertainty Principle*, Chinese Science Bulletin, Vol. 34 No. 1, January 1989.

③ 李祚泳,彭荔红:《BP 网络学习能力与泛化能力满足的不确定关系式》,《中国科学》(E 辑),2003 年,第 33 卷,第 10 期,第 887－895 页。Li Zuoyong, Peng Lihong, *An exploration of the uncertainty relation satisfied by BP network learning ability and generalization abitity*, Science in China Ser. F Information Sciences 2004, Vol. 47, No. 2, 137－150.

④ 查有梁:《科学方法与教育理论》,《中国社会科学》,1990 年,第 1 期。

⑤ 查有梁:《大教育论》,成都:四川教育出版社,1990 年。

第二节 模式建构要理论联系实际

> *14.* 针对问题的解决,建构了新的模式,这通常表现为建构性理论。模式建构处于原理理论和实际应用之间。模式建构的特点是要理论联系实际,其成果应当力争发表在全国或省一级的专业核心期刊上。

"只要自然科学在思维着,它的发展形式就是假说。一个新的事实被观察到了,它使得直到现在对和它同类的事实的说明方式成为不可能的了。从这一瞬间起,就需要新的说明方式——它最初仅仅以有限数量的事实和观察为基础。进一步的观察材料会使这些假说纯化,取消一个,修正另一个,直到最后纯粹地建立起定律。如果人们要等待建立起定律的材料纯粹化起来,那么这就是在此以前要把运用思维的研究停顿下来,而定律也就因此永远不会出现。"(恩格斯:《自然辩证法》)

【实例】 教育模式建构的理论研究

模式是一种重要的科学操作和科学思维的方法。它是为解决特定问题,在一定抽象、简化、假设的条件下,再现原型客体的某种本质特性;它是作为中介,从而更好地认识和改造原型客体、构建新的客体的一种科学方法。从实践出发,经概括、归纳、综合,可以提出各种模式,模式一经被证实,即有可能形成理论;也可以从理论出发,经类比、演绎、分析,提出各种模式,从而促进实践发展。

作者花费了相当多的功夫,研究一般建模的理论。模式建构,既有定性建模,也有定量建模。

定性建模的基本程序是:

(1)建模目的。明确建立教育模式所达到的目的。

(2)典型实例。通过调查研究,找出一个较好的、较典型的案例。

（3）抓住特征。从理论上分析案例,概括出基本特征和基本过程。

（4）确定关键词。进行语义比较,确定表述这一模式的关键词。

（5）简要表述。通过讨论,征求意见,对这一教育模式给出简要的定性表述。

（6）具体实施。在教育中具体实施这一模式,要充分体现出模式的特征和过程。

（7）形成子模式群。通过教育实践的检验,针对不同情况有所变换,从而形成一系列更为具体的子模式群。

（8）建模评价。将设计与实践进行归纳总结,从而获得建模成功与否的结论,以便改进。

上述每一个阶段都不是孤立的,而是联系的;所有上述过程都不是单向的,而是多向的。要经过反复修改、反复检验、反复总结,最后才能建构一个较好的教育模式。

定性建模的要点是:抓住主要特征(在调查研究、理论分析的基础上);认识教育过程(在明确目的、典型分析的基础上);确定关键词语(在抓住特征、认识过程的基础上);给出简要表述(在集体讨论、统一认识的基础上);形成子模式群(在具体实施、反馈检验的基础上)。

定量建模的基本程序是:

（1）建模目的。明确建立教育模式所达到的目的。

（2）认识原型。通过调查研究,掌握统计数据,对原型进行定量分析。

（3）初步模式。尝试建构一个初步的定量模式。

（4）数学模型。进行数学分析,抽象出一个数学模式。

（5）求解方法。通过分析与计算,给出数学模式的求解。

（6）实施程序。运算比较复杂则需写出电脑运算程序。

（7）最终模式。进行具体运算,进一步纠正错误,证实程序的正确。

（8）建模评价。对设计的程序进行维护与解释,从而推广定量建模的成果。

上述每一阶段都不是孤立的,而是联系的;上述所有过程都不是单向的,而是双向的、多向的。要经过反复修改、反复检验、反复总结,最后才能建构一个较好的定量教育模式。

定量建模的要点是：充分认识原型（在问卷调查、统计分析的基础上）；选择数学模型（在原型分析、数学分析的基础上）；找出求解方法（在数值分析、计算研究的基础上）；设计运算程序（在尝试求解、电脑实施的基础上）；给出操作模式（在纠正错误、证实程序的基础上）。

模式建构，既有定性建模，也有定量建模。教育建模大多数是定性建模。也有一些教育建模需要定量建模。

上述研究成果有普遍意义，所以，作者就以《论教育模式建构》为题，发表在《教育研究》上。[①]

作者进一步研究教学模式，写出了《教学模式的矩阵结构》，这是一项有所创新的研究成果，但是作者对于一些问题还没有搞得很清楚，在结构与过程上有些混淆，还必须深一步研究。作为阶段性成果，作者将它发表在《江苏教育学院学报》上。[②]

新课程标准下，教法的特点是：组合创新，建模式教学。随着知识经济的发展和信息化社会的来临，大规模定做生产（Mass Customization）将取代单一的机器大生产。这种生产方式的特点是：能大规模生产不同的产品，是柔性的生产线。产品多种多样，有差异。主要的方法是：应用各种模式的迅速组合进行生产。这种生产方式不仅高效率、高质量，而且更重要的是能满足不同顾客的需要。

有鉴于此，我认为与这种生产方式相对应的教学方式应当是建模式教学。这是教师根据学生实际和教学资源，建构多种教学模式，以满足不同个性、不同发展方向的学生的要求。建模式教学将取代任何一种统一的单一教学模式的教学。建模式教学的特点是：教学内容相对统一，但又有差异，教学资源多样，师生有选择的余地。《基础教育课程改革纲要（试行）》提出："改革课程管理过于集中的状况，实行国家、地方、学校三级课程管理，增强课程对地方、学校及学生的适应性。"将来这种既有国本教材又有地本教材和校本教材的格局，必然要求多种模式的教学方法即建模式教学。这种教学方式，要求考虑师生的个性特点，能够组合和建构多种模式进行教学，学生也可自选教学模式。

新课程标准下，教学建模的意义在于：理念操作化，因材施教。模式是理论

---

① 查有梁：《论教育模式建构》，《教育研究》，1997年，第6期。
② 查有梁：《教学模式的矩阵结构》，《江苏教育学院学报》，2009年，第3期。

和实践的中介。一方面,教学建模可以帮助教师从教学实践上升到较高的理论水平;另一方面,可以使理论转化为具体的、可操作的实践。新的课程标准有好的理念,更需要有好的策略;有好的概念,更需要有好的操作;有好的信念,更需要有好的措施。教学建模是一个动态发展过程,有助于教学理念具体化、可操作化。掌握这种教学建模方法,有利于因材施教,提高教学质量。

教学有法,但无定法,贵在得法;无法之法,乃为至法。《说文解字》中写道:"模,法也。"教学建模是一种重要的方法,我在《教育建模》一书中说:"教学有模,但无定模,贵在得模;无模之模,乃为至模。"说具体些就是:教学需要建构模式,但是没有唯一的、万能的教学模式,贵在根据具体情况(学生实际,教材特点、教学内容、教学环境等)建构相适应的教学模式;没有一种固定不变的模式,就是最好的模式。建构一种教学模式,最终是为了超越这种教学模式,教学建模是一个动态的过程。

多样化的教学建模才可能使我们的教学生动、主动、丰富、活泼。许多教师赞成建构教学模式,也有一些教师反对和拒绝教学建模。如果是反对和拒绝单一的、僵化的教学模式,这是对的;如果是反对和拒绝建构多样化的教学模式,这就失之偏颇。因为,认识起源于活动,人通过活动就在脑内建构起相应的图式,这个图式的外化就是模式。实物模式是客观实物的相似模拟,数学模式是真实世界的抽象描写,图像模式和语义模式是思想观念的形象显示。教学模式则是对教学过程的简要概括,常用语言和图像来概括。既然脑内的"图式"是客观存在的,它外化表现出的模式也有其客观基础。建模作为一种方法是不能否定的,也是否定不了的。

建构教学模式有利于教师找到自己教学的特点、教学的风格,有利于教师总结教学经验,提升教学实践。说得更极端一些,反对教学建模本身,也是一种模式。模式、建模都是中性的词,自身不能表示好、中、差。模式和建模的"好""中""差"只能接受实践的检验。实践证明某种教学模式好,大家就择善从之;实验证明某种教学模式差,就加以改进,另外建构新的教学模式。教学建模是一种综合性方法,是许多方法的集成。

研究是一个长期的过程,建模是其中一个不可缺少的环节。建模是尝试去解决问题,类似于提出假设。所以,在经典语录中,作者特别引用恩格斯关于假设的精彩论述。

第三节 充分重视知识产权

> **15.** 对于有经济价值的各种发明和发现,这应当及时申请专利。并通过多种途径力争早日将专利转化为产品和商品,取得应有的经济价值和社会价值。要充分重视保护他人和自己的知识产权。

"宇宙之大、粒子之微、火箭之速、化工之巧、地球之变、生物之谜、日用之繁,无处不用数学。"(华罗庚:《数学的用场与发展》)

【实例】 思维模式的测定量表

作者用了10年时间探索、设计、修改,完成了《思维模式的测定量表》。这个量表可以测量自己的思维模式。经过检验,这个量表有较高的信度和效度。这一研究成果可以申请专利。这一《思维模式的测定量表》对广大中学生、大学生有好处,就在《新教学模式之建构》一书中公开发表,并在网上发布,免费供大家使用。

思维模式的自我测量(修订版)

程序1 阅读量表,自我选择

思维模式、学习模式、教学模式,三者有较强的相关性,或者说有较强的相互影响,统一进行测试,比分别进行测试效果好些。应用系统科学原理,应用教育建模理论,从大教育观出发,笔者设计的思维、学习、教学类型量表(Zha You-liang—Thinking, Learning, Teaching, Instrument,简称Z—TLT),一共有100组词语,每组有4项。请被试一组一组地阅读,并在每一组中选出您认为最能恰当表述您的一个词,或选出自我评价中最倾向您的一个词,并在方框内标上符号,如:☑ 。注意,是4择1,每一组只选出一个词。

程序 2　统计类型,计算比例

选完 100 组之后,请被试按照每一词右边的符号:或 A、或 B、或 C、或 D,逐一进行统计。分别计算出 A,B,C,D 各选了多少。A,B,C,D 共 100 项。其中数量最多者,即是被试倾向性的思维类型、学习类型、教学类型。

参看下表,自行进行分析:

	思维模式	学习模式	教学模式	课程类型
A	逻辑型	启发接受模式	认知模式	思维科学类,语文、数学等
B	操作型	活动探究模式	行为模式	自然科学类,理工、体育等
C	艺术型	形象体验模式	情感模式	人文科学类,文艺、音美等
D	交往型	合作交流模式	群体模式	社会科学类,政治、经济等

如果有两种类型选择的数量较多,且接近或相等,则属于组合型。在上表的基础上,自然可以类推出组合型:AB 型、AC 型、AD 型、BC 型、BD 型、CD 型。其思维、学习、教学的类型,即是相对应的两两组合。

组合型的被试,请参看下表进行分析:

	思维模式	学习模式	教学模式	课程类型
AB 型	逻辑·操作型	启发接受 活动探究	行知模式 认知·行为模式	语文、数学、理工、体育
AC 型	逻辑·艺术型	启发接受 形象体验	情知模式 认知·情感模式	语文、数学、文艺、音美
AD 型	逻辑·交往型	启发接受 合作交流	群知模式 认知·群体模式	语文、数学、政治、经济
BC 型	操作·艺术型	活动探究 形象体验	情行模式 行为·情感模式	理工、体育、文艺、音美
BD 型	操作·交往型	活动探究 合作交流	群行模式 行为·群体模式	理工、体育、政治、经济
CD 型	艺术·交往型	形象体验 合作交流	群情模式 情感·群体模式	文艺、音美、政治、经济

程序 3　确定类型，深入研究

作者进一步提出一个假设：方法模式、智能模式、气质类型、神经活动类型，四者也有较强的相关性，或者说有较强的相互影响，被试参看下表，再进行分析。

	方法模式	智能模式	气质类型	神经活动类型
A	逻辑方法	语言智能	理性气质（粘液质）	安静型
	数学方法	逻辑·数学智能	稳定、内倾、兴奋性低	坚韧而行动迟缓
B	实验方法	运动智能	行动气质（抑郁质）	抑制型
	经验方法	自然学者智能	刻板、内倾、体验深	兴奋与抑制都较弱
C	审美方法	音乐智能	情绪气质（多血质）	活泼型
	直觉方法	空间智能	反应性强、外倾、兴奋性高	反应灵敏，外表活泼
D	调查方法	人际智能	社交气质（胆汁质）	兴奋型
	统计方法	内省智能	耐变性强、外倾、兴奋性高	易兴奋，不受约束

如果有两种类型选择的数量较多，且接近或相等，则属于组合型。在上表的基础上，自然可以类推出：AB 型、AC 型、AD 型、BC 型、BD 型、CD 型。其方法、智能、气质、神经活动类型，即是相对应的两两组合。在实际中，两两组合型比单纯型（或 A、或 B、或 C、或 D）要多些。

两两组合型的被试，试参看下表进行分析：

	方法模式	智能模式	气质类型	神经活动类型
AB 型	逻辑、数学方法	语言、逻辑·数学智能	理性·行动气质	安静型→抑制型
	实验、经验方法	运动、自然学者智能	粘液·抑郁质	
AC 型	逻辑、数学方法	语言、逻辑·数学智能	理性·情绪气质	安静型→活泼型
	审美、直觉方法	音乐、空间智能	粘液·多血质	
AD 型	逻辑、数学方法	语言、逻辑·数学智能	理性·社交气质	安静型→兴奋型
	调查、统计方法	人际、内省智能	粘液·胆汁质	
BC 型	实验、经验方法	运动、自然学者智能	行动·情绪气质	抑制型→活泼型
	审美、直觉方法	音乐、空间智能	抑郁·多血质	
BD 型	实验、经验方法	运动、自然学者智能	行动·社交气质	抑制型→兴奋型
	调查、统计方法	人际、内省智能	抑郁·胆汁质	
CD 型	审美、直觉方法	音乐、空间智能	情绪·社交气质	活泼型→兴奋型
	调查、统计方法	人际、内省智能	多血·胆汁质	

程序4　根据结果,自我分析

B = 操作型	A = 逻辑型	自然科学	思维科学	行为模式	认知模式	理工、体育	语文、数学
C = 艺术型	D = 交往型	人文科学	社会科学	情感模式	群体模式	文艺、音乐	政治、经济
实验方法 经验方法	逻辑方法 数学方法	运动智能 自然学者	语言智能 逻辑· 数学	行动气质 (抑郁质)	理性气质 (粘液质)	抑制型	安静型
审美方法 直觉方法	调查方法 统计方法	音乐智能 空间智能	人际智能 内省智能	情绪气质 (多血质)	社交气质 (胆汁质)	活泼型	兴奋型

程序5　认识模式,选择专业

对于高中毕业学生,以及参加成人高考的人,认识自己的思维模式,有利于专业选择。据不完全统计,近一半的高校学生有想换专业方向的想法。由于高中毕业生在选择专业方向时,有一定盲目性,不了解自己擅长的思维模式类型,造成一定的教育浪费。如果能从社会需要、自己擅长、家长支持三个集合的交中,选择专业方向,就能避免教育浪费。当然,选择专业方向的价值取向是多种多样的。有的愿意扬长避短选专业方向;有的却情愿用长补短选专业方向;有的愿意先避后补;有的却愿意先补后避;有的甚至愿意不避不补。不论怎样,不论是"避短",还是"补短";不论是"先补",还是"后补";无论是只读一个学位,还是想读双学位;无论是今后要报考研究生,还是不报考研究生,都有必要了解自己当前思维模式的类型,都必须设计今后预期的思维模式,从而有针对性地选好专业。

思维模式、学习模式、教学模式,统一测试的自陈量表（Z - TLT2）

姓名_____ 性别____ 年龄____ 专业方向_____ 所教学科_____ 喜爱学科_____

1.□变革	B	2.□联系	A	3.□重创作	D	4.□背诵	A
□交往	D	□修复	B	□抓住要点	A	□练习	B
□接受	A	□参与	D	□爱冒尖	C	□表演	C
□欣赏	C	□创新	C	□讲究顺序	B	□评论	D

续表

5.□当机立断	D	6.□经验	B	7.□重诱导	A	8.□调查	D
□精明能干	B	□审美	C	□重感悟	C	□强化	B
□感情用事	C	□分析	A	□重应用	B	□积累	A
□知彼知己	A	□管理	D	□重价值	D	□创美	C
9.□忠心对人	C	10.□读书	A	11.□重情感	C	12.□想出主意	A
□知识丰富	A	□音乐	C	□重交际	D	□向人解释	D
□讲究信誉	D	□解题	B	□重规划	B	□发现可能性	C
□实践操作	B	□辩论	D	□重量化	A	□完成工作	B
13.□归纳	A	14.□掌握关系	D	15.□重视心理	C	16.□反馈评价	B
□示范	B	□掌握操作	B	□重视伦理	D	□小组讨论	D
□说服	D	□掌握原理	A	□重视逻辑	A	□逻辑分析	A
□形象	C	□掌握技艺	C	□重视实验	B	□模仿自然	C
17.□喜欢群体的	D	18.□自我主导	C	19.□有创意能力	C	20.□融洽	D
□喜欢个人的	C	□逻辑演绎	A	□有分析能力	A	□变换	B
□喜欢学术的	A	□程度设计	B	□有执行能力	B	□奇异	C
□喜欢运动的	B	□角色扮演	D	□有团结能力	D	□和谐	A
21.□重技术	B	22.□爱讲话	D	23.□抽象	A	24.□控制	B
□爱科学	A	□爱想象	C	□协调	D	□推理	A
□喜艺术	C	□爱理性	A	□直觉	C	□交流	D
□善交际	D	□爱搜集	B	□直观	B	□发现	C
25.□获得	A	26.□敢于猜测	C	27.□暗示	A	28.□明白事理	B
□愉悦	C	□调查研讨	D	□感召	B	□明白情理	C
□内省	D	□讲究实际	B	□认同	D	□明白义理	D
□观察	B	□善于概括	A	□移情	C	□明白道理	A
29.□群议	D	30.□讲效率	A	31.□执行程序	B	32.□喜欢思考	A
□激情	C	□善社交	D	□设计规划	A	□喜欢提问	B
□启思	A	□重感情	C	□自我表达	C	□喜欢传授	D
□尝试	B	□准时	B	□理解他人	D	□喜欢自学	C

续表

33.□打破成规	C	34.□敏感的	D	35.□经验中学	B	36.□富于想象	C
□集体意识	D	□理智的	A	□循环地学	A	□善于分析	A
□喜欢数字	A	□勤勉的	B	□愉快地学	C	□乐于交往	D
□采取预防	B	□冒险的	C	□互助中学	D	□勤于动手	B
37.□慈悲	C	38.□有团队精神	D	39.□矫正	B	40.□聪慧	A
□行动	B	□按惯例做事	B	□记忆	A	□轻松愉快	C
□协助	D	□异想天开	C	□陶冶	C	□自律严谨	B
□智慧	A	□拆开来看	A	□聚会	D	□情绪稳定	D
41.□有责任心	B	42.□会推广	D	43.□定向控制	B	44.□重视成就	A
□乐群外向	D	□会选择	A	□激发兴趣	C	□重视亲和	D
□浪漫豪放	C	□会指导	B	□按部就班	A	□重视自立	B
□富有才识	A	□会鼓励	C	□设置情景	D	□重视善良	C
45.□重图形、色调	C	46.□实践	B	47.□有系统性	A	48.□游戏	D
□引起他人共鸣	D	□关心	D	□有创造性	C	□感知	C
□思路清晰	A	□挑战	C	□有灵活性	D	□具体	B
□例举具体细节	B	□检验	A	□追求准确	B	□形式	A
49.□阅读者	A	50.□喜欢惊奇	C	51.□组装	B	52.□咨询辅导	D
□计划者	B	□乐于助人	D	□评论	C	□建立档案	B
□表演者	C	□完成工作	B	□建构	A	□思路清晰	A
□管理者	D	□善于理财	A	□支持	D	□构想策略	C
53.□处理数据	A	54.□重实际	B	55.□娱乐	C	56.□实干家	B
□想象未来	C	□重理性	A	□实施	B	□改革家	C
□协调关系	D	□重融合	D	□倾听	D	□合作者	D
□规划作业	B	□重象征	C	□诊断	A	□讲演者	A
57.□鉴赏	C	58.□批评	A	59.□爱分享	D	60.□发起	C
□协助	D	□组织	B	□爱沉思	A	□行动	B
□有条理	B	□协同	D	□爱独立	C	□判断	A
□分解	A	□猜测	C	□爱整齐	B	□推销	D

61.□组织操作	B	62.□分析批判	A	63.□直觉解决问题	C	64.□爱聊天	D
□发现问题	A	□团队合作	D	□推理解决问题	A	□爱打球	B
□付出关怀	D	□相信直觉	C	□商量解决问题	D	□爱下棋	A
□构想理念	C	□遵守规则	B	□试验解决问题	B	□爱旅游	C
65.□爱心算	A	66.□喜欢语文	A	67.□善表达	A	68.□做数学题	A
□爱乐器	C	□喜欢法律	D	□善唱歌	C	□团体活动	D
□爱手工	B	□喜欢音乐	C	□善操作	B	□欣赏绘画	B
□爱聚会	D	□喜欢体育	B	□善组织	D	□观看植物	B
69.□讲故事	A	70.□关心环境	B	71.□重思维科学	A	72.□听音乐演奏	C
□做游戏	C	□文字游戏	A	□重社会科学	D	看体育比赛	
□打篮球	B	□参加集会	D	□重人文科学	C	□听科学讲座	A
□交朋友	D	□绘画摄影	C	□重自然科学	B	□写日记笔记	D
73.□理论探索	A	74.□审美	C	75.□经验	B	76.□善解人意	D
□合作讨论	D	□实践	B	□观赏	C	□文字熟练	A
□直觉猜测	C	□评论	D	□接纳	D	□乐感很好	C
□具体研究	B	□逻辑	A	□书本	A	□动作协调	B
77.□感情丰富	C	78.□思考问题	A	79.□进影剧院	C	80.□重视表达	A
□善于交际	D	□调查研究	D	□进大商场	D	□重视操作	B
□思维清晰	A	□动手操作	B	□进图书馆	A	□重视交往	D
□善于实验	B	□标新立异	C	□进博物馆	B	□重视直觉	C
81.□宽容	D	82.□重科学美	A	83.□循序渐进	B	84.□审美立美	C
□发现	C	□重社会美	D	□多样统一	D	□调查反思	D
□推理	A	□重艺术美	C	□和谐奇异	C	□交流互动	B
□分类	B	□重自然美	B	□激发兴趣	A	□启发创新	A

续表

85.□推广	D	86.□设计	B	87.□重原理	A	88.□绘画好	C
□质疑	A	□阅读	A	□重感受	C	□朋友多	D
□求异	C	□传播	D	□重互信	D	□作文好	A
□尝试	B	□体验	C	□重行动	B	□劳作好	B
89.□有智慧	A	90.□鉴赏	C	91.□网上阅读	A	92.□理工、体育	B
□同情人	C	□交流	D	□勤于公务	D	□经济、法律	D
□肯帮忙	B	□解题	A	□驾车旅游	B	□文艺、音美	C
□善协调	D	□实习	B	□绘画雕塑	C	□语文、数学	A
93.□爱智	A	94.□交往型	D	95.□做中学习	B	96.□思考接受	B
□正直	B	□艺术型	C	□讨论学习	D	□合作交流	D
□诚实	D	□逻辑型	A	□愉快学习	C	□形象体验	C
□仁慈	C	□操作型	B	□读书学习	A	□活动探究	B
97.□喜欢激动	D	98.□会综合	A	99.□重沟通	D	100.□决策能力	A
□喜欢安静	A	□会推广	D	□重细节	B	□表演能力	C
□喜欢稳定	B	□会洞察	C	□重条理	A	□协调能力	D
□喜欢活泼	C	□会实践	B	□重情节	C	□服务能力	B
从 1 至 100,用画"正"字的方法统计出:	B 操作型 B =	A 逻辑型 A =	若 A > 35,可称 A 型; 若 A > 30,C > 30,且 A > C,可称 AC 型;C > A,则称 CA 型。
统计后,请检查 A + B + C + D 的总数为 100	C 艺术型 C =	D 交往型 D =	若 A、B、C 都接近 28 可称 ABC 组合型;若 A、B、C、D 都近 25 可 称均衡的综合型。

第四节 创新的论文要转化为专著

16. 在最高层次的学术刊物上发表有影响的、原创的论文,通常能够经过充实、整合,形成一本学术专著。在全国、省级核心刊物上,能就一个方向的课题,发表 5 ~ 10 篇较有创新的论文,通常也能形成一本有价值的专著。

"在从笛卡尔到黑格尔和从霍布斯到费尔巴哈这一长时期内,推动哲学家前进的,决不像他们所想象的那样,只是纯粹思想的力量。恰恰相反。真正推动他们前进的,主要是自然科学和工业的强大而日益迅速的进步。"(恩格斯:《路德维希·费尔巴哈和德国古典哲学的终结》)

【**实例**】 《世界杰出天文学家落下闳》

1982 年,我曾经在中国物理学会第三届代表大会上,报告了论文《中国古代物理中的系统观测和逻辑体系及对现代物理的启发》。这篇论文正式发表后,得到学术界的重视,得到钱学森院士的肯定。

钱老的来信一直激励我对上述问题作进一步的思索,使我获得了一些新的研究成果。包括我在《科学通报》1988 年第 6 期上发表的《信息测不准关系》,以及 1992 年在美国加利福尼亚大学圣迭戈分校物理系作访问学者时,完成的新研究:《一般测不准关系与信息—质量关系》(发表在《大自然探索》,1995 年,第 2 期)。

1984 年,经有关学者的推荐,我收到了第 17 届国际科学史大会的第一轮参会通知。我在《中国古代物理中的系统观测和逻辑体系及对现代物理的启发》的基础上,用英语撰写了一篇论文《落下闳系统与托勒密系统的比较》。我的英语写作能力很有限,所以,写得非常艰苦,但总算挺过去了。我担心大会审查论文的专家,不接受我的新观点。于是,又用英语写了另一篇论文《缀术求 π 新解》,同时将两篇论文寄交大会。这两篇论文有一定的内在联系。在这两篇论文的基础上,作者完成了《世界杰出天文学家落下闳》一书。

作者应中国天文学会的邀请,于 2006 年 6 月 20 日,在"阆中·落下闳·天文学术研讨暨中国天文学会第六届张衡学术讨论会"上,为大会报告了《落下闳的贡献对张衡的影响》。大会给每一位参会者发送了作者的《世界杰出天文学家落下闳》一书。中国天文学会理事长苏定强院士评价道:"报告很有意义。使我对落下闳的贡献有了更深入的认识。"

他对作者说:"你写的那本书,内容很丰富。天文学、数学、物理学、文化等,涉及很广,且有深度,很有启发。"

论文《落下闳的贡献对张衡的影响》发表在《广西民族大学学报》2007 年第 3 期。

作者在报告中首先根据科学的历史,论述了落下闳的突出创新和巨大贡献。贡献之一是研制浑仪和浑象;贡献之二是开创"浑天说";贡献之三是制定《太初历》。这三大贡献,都对张衡有深刻影响。报告最后根据理论的结构提出"落下闳系统",并将"落下闳系统"与"托勒密系统"进行比较,论述了古代东西方两大天文系统各自的特色,突显出落下闳贡献的世界意义。

托勒密(Claudius Ptolemy,约公元 90 – 168 年)提出了"地球中心说"的几何体系,可称为托勒密系统,成为古代希腊天文学集大成者。他的一本巨著叫《天文学大成》。比托勒密早约 200 年的落下闳(中国汉代的天文学家),在他所建立的《太初历》(公元前 104 年)中,提出了一个"地球中心说"的代数体系,可称为落下闳系统,其天文观察之精密,其逻辑体系之完整,堪称古代中国天文学集大成者。横向与当时世界各国比较,落下闳的成就仍是非常杰出的。①

作者的创新正在于将落下闳系统与托勒密系统进行逻辑结构的比较。没有将这一课题局限在历史上,而是应用了"先历史,后结构"的创新途径,从历史上升到结构的新颖比较。既应用了进化论的方法,也应用了结构主义的方法。在研究过程中,应用了多种思维模式,因而有创新。

"先历史,后结构"对应的方法是:进化方法和系统方法。历史是按照时间

---

① 查有梁:《世界杰出天文学家落下闳》,成都:四川辞书出版社,2001 年。

的先后顺序去研究问题。进化论的方法,已经从生物学领域进入每个学科;结构是按照空间的相互联系去研究问题,结构主义的方法,是后现代的重要方法。爱因斯坦的相对论表明:时间和空间不可分割。历史和结构,要应用各种思维模式。

【实例】 《杰出数学家秦九韶》

1985 年,我参加了在美国加利福尼亚召开的第 17 届国际科学史大会。这一次国际学术交流,对提高我的学术水平促进很大。开了眼界,见了世面,使我在科学史的研究上上了一个台阶,大大地提高了自己的学术自信心。会后,收到一些国外学者的来函,希望得到我的这两篇论文。这两篇论文的特点都是"跨学科、跨文化"的,都是充分应用系统科学的方法。论文对中国文化与西方文化进行了有深度的比较,涉及天文学、数学、物理学、哲学、美学等学科。通过直接用英语撰写这两篇论文,大大促进了我应用英语表达的能力,但是,我付出了较大的机会成本。

1988 年 8 月,第 5 届国际中国科学史会议在美国加州大学圣迭戈分校召开。会议给我发来邀请,并给予全部的资助。我提交了论文《中国古代的五大理论》。论文列举了中国古代的五大理论,并论述了这些理论对现代科学发展的意义。这一个论题太大,我一直想写成一本大的专著,至今尚未完成。一位台湾大学的资深教授问我:"为什么在'中国古代的五大理论'中,没有包括《周易》?"我坦诚地告诉他,对于《周易》,我缺乏研究。从美国回来后,我较认真地钻研了《周易》,使我得到很大的收获。《周易》是一本研究"变化"的深刻理论,《周易》提出了 64 个预测的可能模式。我至今仍在研究之中。学术交流的好处是能够在较短的时间里,得到较大的启发。

我第一次参加国际学术大会的两篇论文,都与四川出生的两位杰出人才有关。一位是西汉时代的天文学家落下闳(大约公元前 156—前 87 年),生于四川阆中。一位是南宋时代的数学家秦九韶(约 1202—约 1261 年),生于四川安岳。我从科学史和人才学的综合观点,全面研究了落下闳和秦九韶,写成两本书:《世界杰出天文学家落下闳》(四川辞书出版社,2001 年)、《杰出数学家秦九韶》(科学出版社,2003 年)。我有一个学术梦想:要像四川出生的文豪李白、苏轼早已扬名全球一样,要以我们的研究,让四川出生的科学家落下闳、秦九韶也扬名全球。中国人在文学方面的成就有世界地位；在科学方面的成就，也应当得到世界公认。

1987年，我参加了在北京师范大学召开的"秦九韶《数书九章》成书七百四十周年纪念暨学术研讨国际会议"，我报告了《论秦九韶的"缀术推星"》的论文。应用系统的"跨学科、跨文化"方法，我较全面地研究了秦九韶。

2003年出版《杰出数学家秦九韶》一书之后，吴文俊院士于2003年10月14日给我来信，写道："我还没有完全拜读尊著，目前还只拜读前一部分，但已感到受益匪浅，以前读秦九韶序时，只觉得格塞难明，现在拜读白话译文，得一目了然，此外如关于学习与创新的许多创见，以及数书九章的条目简介，都使我得益不少，此书必将成为被广为阅读与征引的读物。"

这给我很大的鼓励。吴文俊院士信中提到的秦九韶的《数书九章·序》，我花费了相当大的功夫，持续了三个月的集中研究，才将这篇序译为白话文，包括最后的九首四言古诗。功夫不负有心人。

上述两本专著的发表，都是持续进行了10年的潜心研究。论文发表不多，但层次较高；著作的篇幅不长，但影响较大。参加国际学术交流，对于研究水平的提升，起了很大的作用。这得益于四川省社会科学院有很好的学术研究环境，给了研究人员以高度的学术自由。

有学术自由才可能有学术创新，有学术交流才可能有学术创新，有学术竞争才可能有学术创新。1991年，我得到"韩素音中国/西方科学家交流基金会"的资助，于1992～1993年应邀到美国哈佛大学科学史系、教育研究生院，以及美国加州大学圣迭戈分校物理系作为期一年的高级访问学者，在这之后，我又有了更多的、更新的研究成果。

创新过程通常是先质疑，后重构，但在质疑中又有以前的建构作基础，而在重构中又需要新的质疑。科学创新和艺术创新都需要多种思维模式的有机融合。

祖冲之的《缀术》是中国古代的一部杰出的数学著作，可惜早已失传。在《隋书·律历志》中，记载了祖冲之应用"缀术"求出了圆周率 π 的约率为22/7，密率为355/113，求出了圆周率 π 的盈朒二限，朒数为 3.1415926，盈数为 3.1415927。祖冲之是怎样得到约率、密率、朒数、盈数，至今仍有不少迷惑不解之处。

应用刘徽的"割圆术"求 π 需 5 个产生式：勾股定理、三角形面积公式、圆面积公式、开平方、刘徽不等式（或面积递推公式）。《隋书》上关于祖冲之的《缀术》写道："指要精密，算式之最者也。所著书，名为《缀术》，学官莫能究其深奥，是故废而不理。"（《隋书·律历志》）。如果祖冲之应用"割圆术"求 π，仅仅是多做了计算，对 9 位数字反复进行 130 次以上的各种计算，包括开方在内，这并非深奥。

作者认为，祖冲之的"缀术求 π"一定有新的产生式。作者还分析了上述求 π 方法，在科学史有一系列不能自圆其说的困难。[①]作者认为，祖冲之的"缀术求 π"，除了包括刘徽"割圆术"的 5 个产生式外，还发展和应用了 5 个产生式：辗转相除法、连分数计算、渐进分数、弓形近似公式、祖冲之不等式（逼近公式）。

完全用不着计算到圆内接正 24576 边形，只需应用"割圆术"计算到圆内接正 3072 边形，并应用"缀术"即可求出朒率和盈率。在《九章算术》注中又恰恰提到过 3072 边形，这是对作者新解释的强有力的支持。[②]

作者对祖冲之的"缀术求 π"的新的研究，应用了"先质疑，后重构"的方法。要自圆其说地解释和回答全部质疑，必须创造新的理论结构，即必须重构。在质疑和重构的过程中，多种多样的思维模式需要有机融合，方能解决问题。

"先质疑，后重构"对应的方法是批判方法和建构方法。批判方法的前提是要继承，建构方法的前提是要以先前的结构为基础。质疑是发现新问题，批判陈旧的理论，突破原有的概念；重构是在解构的基础上，建立新的理论，建立新的概念，解决新的问题。质疑和重构的过程需要多种思维模式的有机融合。

我在科学史上的研究选题就较好。我是四川人，当时研究科学人才，就选择了四川出身的两个科学人才：天文学家落下闳、数学家秦九韶（南宋，约 1202—约 1261）。一是因为我对他们有感情，二是他们是四川本土的人，我有条件找到较多的研究资料。我将同时期西方的科学家与之进行比较性研究，有些创新。这说明，选别人尚未研究的问题很重要。

---

① 　查有梁：《缀术求 π 新解》，《大自然探索》，1986 年，第 4 期，第 133～140 页。
② 　查有梁在美国加州大学圣迭戈分校"中国科学史报告会"（1985 年 8 月）上报告了论文：《祖冲之"缀术求 π"的新研究》（英文），收入程贞一主编：《中华科技史文集》（英文），新加坡世界科学出版社，1986 年版，第 77～85 页。查有梁：《牛顿力学的横向研究》，四川教育出版社，1987 年版，第 234～254 页。

第十章 科研教学相互促进的经验

第一节 科研与教学是密切结合的

> *17.* 在高等院校和研究院所中,科研与教学是密切结合的。首先,科研课题要尽量引导大学生、研究生直接参与。这样,既能出成果,更重要的是培养人才。探索式、讨论式、研究式的学习是高等学校的主要教学模式。

"像唯心主义一样,唯物主义也经历了一系列的发展阶段。甚至随着自然科学领域中每一个划时代的发现,唯物主义也必然要改变自己的形式。"(恩格斯:《路德维希·费尔巴哈和德国古典哲学的终结》)

"科学对于人类事务的影响有两种方式。第一种方式是大家都熟悉的:科学直接地、并且在更大程度上间接地生产出完全改变了人类生活的工具。第二种方式是教育性质的——它作用于心灵。尽管草率看来,这种方式好像不大明显,但至少同第一种方式一样锐利。"(《爱因斯坦文集》第3卷)

【实例】 在国防大学的讲学

2010年3月31日,作者应邀到国防大学,为全校的干部和教员讲《教学模式及其建构》。国防大学校长王喜斌中将、政委刘亚洲中将,以及几位副校长、副政委,自始至终听完讲学。

我重点讲述和回答了以下问题:1.目前学术界对于教学模式的认识,主要观点有哪些?2.当前几种代表性的教学模式有哪些?3.军队高级任职教育应采用哪些教学模式?4.怎样在军队院校推进教学模式转变?作者将自己的研究成果,转化为这些问题的回答,有较强的针对性。

讲学的最后,建议国防大学的学员,人人都要定期做读书报告,于是,作者就演示了一个读书报告:中国教师的天梯精神:读《天梯之上——记"感动中国人物"李桂林和陆建芬夫妇》。作者强调中国军人有"亮剑精神",中国教师有"天梯精神"。国防大学的教师,既是中国军人,又是中国教师,理当具有"亮剑精神"和"天梯精神"。我的这个15分钟的读书报告,很成功。

从北京回成都后,作者反思自己的讲学,发现有一个重要的关系没有讲清楚,于是,给国防大学校长王喜斌中将一封信,提出补充建议。

国防大学王喜斌校长:

您好! 我很高兴地接受国防大学的邀请,3 月 31 日在国防大学学术讲演厅,同教员们交流了《教学模式及其建构》。谢谢你们的热情接待,谢谢你们提供的学习机会。对于国防大学的办学模式和教学模式,我过去没有较多研究。也没有浏览这方面的相关材料。我尽力回答你们提出的问题,但毕竟研究不深。请谅解。

我国提出的"科教兴国战略"和"人才强国战略",这是宏观层次的战略模式。办学模式是中观层次,而教学模式是微观层次。但是,三者是有内在联系的:宏观的战略模式,要制约中观的办学模式;中观的办学模式,要制约微观的教学模式。

回到成都后,从网上下载了您的一篇文章:《我军高级指挥人才培养转型》。我才进一步了解到您早已提出国防大学的办学模式,要有"五个延伸":一是整合教育资源,将课堂向社会延伸;二是直面部队现实问题,将课堂向部队延伸;三是开展校际合作,将课堂向军内外院校延伸;四是开展模拟训练,将课堂向虚拟战场延伸;五是强化能力训练,将军事理论向实战延伸。

这"五个延伸"的目的,正是为了实现"推进中国特色军事变革,建设信息化军队、打赢信息化战争"。为此目的,国防大学的教育要由合同指挥教育向联合指挥教育转型。战略的目标,是要培养出一流人才。这是军委的要求。

因此,我理解,国防大学的办学模式的关键词是:信息化军队、联合指挥、"五大延伸"。培养具有基于信息化基础上的联合指挥能力的高级军官,这是国防大学办学模式的"结构"的内容;而"五大延伸"则是办学模式的具体"过程"的内容。

我理解的模式一定有结构和过程两方面的内涵。系统有结构才有相应的功能。调整结构,就可以调整功能;系统有过程才有状态的变化。改变过程,才可能改变状态。建模方法,要灵活应用辩证方法和系统方法。

国防大学的办学模式,确定了国防大学教学模式的转型。教学模式一定要为办学模式的实现具体操作。简言之,教学模式一定要在"信息化军队""联合指挥""五大延伸"方面体现出来。无论教员开设的课程以及教学模式,还是学员选择的课程以及学习模式,都要具体体现出"信息化军队""联合指挥""五大延伸"。

国防大学要培养出一流人才,一流人才的关键是要有创新。一流人才的显著特点是:既博且专,博专结合。没有一定的广度,不可能有深度;有了一定广度,不一定就有深度。一流人才,一定要强调在一定广度基础上的"深专"。我国的军师级的高级军官,应当涌现出较多的一流人才。要培养有创新的一流人才,在教学模式和学习模式的选择上,要给予学员较大的自由度。这次我的《教学模式及其建构》,提供了12个教学模式,以及相应的12个学习模式。

学员在校期间,一定要有大量阅读。工作中,没有太多时间系统阅读。任何"做中学"都不能代替独立的系统阅读。而且,要学会快速阅读。甚至,可以开设一门快速阅读的课程。我建议学员自己选择经典著作,阅读之后,要做读书报告。在阅读基础上,要发现新问题,提出新问题,思考新问题,尝试解决新问题。学会从网上快速搜索,也需要具有快速阅读的能力。电脑运行很快,人脑的运行要跟得上。

我以自己阅读《天梯之上》一书为例,做了一个15分钟的读书报告。我尝试做一个演示。"教是最好的学","教是为了不教";"学是为了发展","学是为了创新"。

电子科技大学的老师们编写了《信息世界与人类》丛书,一共9本。这是近期国家自然科学基金科普项目。其中,有《电子战与信息战》、《信息安全技术》等等。可以要求学员12天内通读这9本有关信息科学与信息技术的科普读物,每一位学员选择一本做读书报告。报告重在"发现问题,提出问题,分析问题,解决问题"。在报告的基础上,再讨论和研究。我相信,学员会有较大收获。这一教学模式,可以称为"阅读—报告"模式。当然,可以选择其他的书。

读完这9本书,对于信息科学与信息技术,有一个较全面的了解,这是必要的。高级军官们,可能有的对于某一方面的知识很了解,但是,信息科学和技术,发展得太快太广。所以,鸟瞰信息科学与信息技术的全貌,还是有必要的。学员应当在广博了解的基础上,再选择"深专"的课题。而且,要在更长时间内"聚焦"在深专的课题上,聚焦在提高基于信息化基础上的联合指挥能力,才可能有所创新。

我的第一专业是物理学,有一定的自然科学基础。我读了这9本书之后,收获也很大。我是这套丛书的顾问,但是,其中有不少新内容,我过去根本不懂。广博的学习,是一种渗透性的学习,跳跃式的学习。这种学习是为创新打基础。目的是在于了解整体。学习的最好策略是从整体出发,到部分;再从部分,回到整体。其公式是:整体→部分→整体。钱学森提倡的创新方法是综合集成方法。这是处理复杂系统的重要方法。"联合指挥"需要掌握"整体方法",掌握"综合集成方法"。

上述建议,仅仅是为了在课程与教学之中,具体体现"信息化军队"这一目标的一项小建议。每一位教员,在确定自己的课程与教学模式时,一定要尽力在课程的结构与教学的过程中,体现国防大学的办学模式的关键词:"信息化军队""联合指挥""五大延伸"。教学建模就是要"简化结构""优化过程""美化体验""实化操作"。

这是我学习校长文章的一些体会。感谢国防大学提供的学习动力。不妥之处,请批评。

祝身体健康! 工作顺利!

查有梁　2010 年 4 月 5 日

作者很快收到国防大学教务部参谋的回信如下:

尊敬的查教授:

您好!

收到您的来信,非常高兴。非常感谢您还一直关心和支持国防大学教学工作。您的信,我已收到,并进行了认真阅读,您所提建议非常有见地,也非常有针对性。我整理后,将送呈各位校领导参阅。您来校期间,照顾不周之处请多谅解! 也非常欢迎您再次来校讲学。

衷心祝您身体康健! 工作愉快! 诸事顺意!

尹凤民　2010 年 4 月 7 日

第二节　科研成果应当及时转化为课程

> 18. 科研成果根据它是原理性的、建构性的、操作性的还是分别作为不同专业、不同年级的大学生和研究生的课程。通常这种课程并不是作为相对稳定的系统性课程，而是作为生动可变的案例性课程。

"在学校里和在生活中，工作的最重要动机是工作中的乐趣，是工作获得结果时的乐趣，以及对这个结果的社会价值的认识。启发并且加强青年人的这些心理力量，我看这该是学校的最重要任务。只有这样的心理基础才能导致一种愉快的愿望，去追求人的最高财产——知识和艺术技能。"（《爱因斯坦文集》第3卷）

"马克思主义最本质的东西，马克思主义的活的灵魂，就在于具体地分析具体的情况。"（毛泽东：《矛盾论》）

【实例】　我给研究生开设的课程

1980 年至今，我先后为中国科学院成都分院研究生部，以及西南师范大学物理系、教育系，四川师范大学物理系等高等院校的硕士研究生和博士研究生开设了较多的课程：自然辩证法、科学技术史、系统科学与教育、大教育论、牛顿力学的横向研究、教育建模、新教学模式之建构、给教师的 20 把钥匙等等。对于高等教育，我的新研究成果都可以转化为研究生的课程，有较大的自由度。但是，在基础教育中，中小学教师没有这种自由度，基础教育的教学内容是人类公认的、最基础的知识、技能、态度、方法。

1992～1993 年，我先后在美国加利福尼亚大学圣迭戈分校物理系、美国哈佛大学科学史系、哈佛大学教育研究生院作高级访问学者。我主要研究在不同的学科中，如何建构模式以解决问题，探索建模的一般方法论。当然，我也注意美国的中学物理学的教材与教学，以及大学物理学的教材与教学。我系统地听完了大学《普通物理学》的课程。

美国的物理教材的版本较多,但是,也有几十年不断再版、不断改进的很受欢迎的经典教材。在中国,自 1900 年有了第一本《物理学》开始,100 多年来,中学物理学的主要内容和基本结构,并没有发生重大变化,但是,缺乏公认的经典教材。近 50 年以来,物理学的教学方法的改进是很突出的,更加重视物理实验,更加重视直觉、探索,更加重视问题讨论,这个教学改革的方向是对的。

【实例】　中国春节的来历

这是将研究的成果,转化为给大众上课,特别要注意深入浅出。

作者于 2012 年 11 月 18 日应邀参加由中央文明办、中央电视台、四川文明办等单位主办的《我们的节日·春节——中华长歌行》在阆中召开的研究筹备会。提交了《春节来历——答中央电视台主持人石琼璘问》。12 月 28 日,作者以四川省社会科学院研究员的身份,以及《世界杰出天文学家落下闳》一书的作者,再次到阆中接受中央电视台主持人的现场采访。2013 年 2 月 8 日和 9日,中央电视台 1 频道、4 频道、10 频道,播放了《我们的节日·春节——中华长歌行》,产生较大的社会影响。这既是"研究经验 18"的实例,也是"研究经验12"的实例:科研成果的转化与传播,意义重大。

春节来历
——答中央电视台主持人石琼璘问

1. 石琼璘:为什么人们称落下闳是"春节老人"呢?

查有梁:春节的来历与汉武帝和天文学家落下闳直接有关。所以,人们称落下闳是"春节老人"。

秦始皇于公元前 221 年统一中国之后,统一了全国的历法。秦朝采用的历法规定:农历十月为新年的第一个月。公元前 206 年,汉高祖元年之后,也沿用秦朝的历法。秦始皇统一天下和汉高祖打下江山,都在农历十月。两位皇帝都乐于将农历十月初一定为岁首。到了汉武帝时代,秦朝的历法已经一百多年,人们发现历法与天象明显不合,必须改历。

中国农历的特点是:既要包括太阳的运行,又要包括月亮和五大行星的运行,必须使历法与天象相吻合。白天观测日影长度,晚上观测星象位置,就可以判断历法是否与天象相吻合。历法要合于天象,这个原则是第一重要的。

汉武帝在全中国招募20多位天文学家,到京城长安。在天文学家们制定的18种历法之中,巴郡阆中(今四川阆中)的天文学家落下闳制定的历法最好,最符合天象,被汉武帝采纳,取名为《太初历》。公元前104年,即汉武帝太初元年,颁布了《太初历》,规定"春季的第一天就是新年的第一天"。从此,中国人迎接春天与迎接新年统一起来,过春节就是过新年。于是,春节这个民间的节日,成为法定的节日,一直沿用到现代,已经两千多年了。这是有正式文字记载的"春节的来历"。所以,人们尊称落下闳是"春节老人"、"春节先祖",称四川阆中为"中国春节文化之乡"。

2.石琼璘:春节有什么重要意义?为什么人们非常重视春节?

查有梁:我们的春节,不仅是"人文的春节",而且是"科学的春节",意义深远。春节是中华文化代表性的节日,所以人们非常重视。

中国古代以农业立国,很重视二十四节气。"立春"这个节气的前后,正是农闲的时候,选择这个时候过春节迎新年,体现出中国人顺应天时地利,促进人和家和,预祝来年吉祥如意。这是中国人最基本的自然观:天人合一,道法自然。

《太初历》在时间上,包含二十四节气,将天文、历法、气象、农业、生产、生活,紧密联系在一起,有丰富的科学内容。《太初历》在空间上,包含二十八星座。落下闳应用他创制的浑天仪,测定了这二十八星座的位置。落下闳是"浑天说"这一宇宙图像的创始人之一。中国古代杰出科学家张衡,是在落下闳的基础之上,改进了"浑天仪",发展了"浑天说"。

中国人过春节,迎新年,既热闹,又庄重,成为最隆重的传统节日。中国的春节象征团结、兴旺、吉祥、喜庆、和谐、安定、和平,是对未来寄托新希望的佳节。辞冬天迎春天,辞旧年迎新年,上拜天地,下拜祖先,孝敬长辈,慈爱子女,有多种意义。充分体现中国人珍惜生命,重视家庭,讲究礼仪,爱护亲情。

上亿的中国人在春节之前,常常奔波千里万里与家人团聚。全世界华人的春节,是世界一道亮丽的文化风景线。许多其他国家的领导人和人民也非常尊重中国人的春节,在春节期间,纷纷向华人表示祝贺。春节充分展示了中国人的思维方式、交往方式和生活方式。春节是中华文化代表性的节日。

3.石琼璘:《太初历》记载在我国的史书上吗?落下闳在世界科学史上的地位如何?

查有梁:《太初历》完整地记载于《史记》和《汉书》之中。天文学家落下闳与古希腊天文学家托勒密有同样重要的地位。

历史学家司马迁在《史记》中,记载了"巴落下闳运算转历",制定《太初历》。《太初历》的全部观察数据和推算数据,完整地记载于班固撰写的《汉书》之中,一直成为中国历法的楷模,影响至今,保存至今。

《汉书》中记载落下闳"观新星度、日月行,更以算推"。

即是说:落下闳研制浑天仪,测定二十八个恒星星座的位置,观测日月的运行,以及"木星、火星、土星、金星、水星"的周期。在观测的基础上,做了大量的推算,得到一系列数据。这些数据要使天上日、月、五大行星的运行到达的位置与历法上确定的"春夏秋冬"四季,以及农业上的"二十四节气"的时间协调一致。落下闳在创制《太初历》之后预测说:经过八百年,此历就要差一天。("后八百岁,此历差一日")。他能够计算出《太初历》的误差。落下闳的科学思想方法,在今天看来也是相当具有先进性。

落下闳创制的《太初历》,早于古希腊天文学家托勒密的《天文学大成》200多年。落下闳的天文系统与托勒密的天文系统相比较,各有特色,旗鼓相当。2004 年 9 月,经国际天文学联合会小天体提名委员会批准,国际永久编号为16757 号的小行星命名为"落下闳星"。国际小行星联合会的文件写道:"落下闳(公元前 156—公元前 87)是中国西汉著名民间天文学家。他利用自制的天文仪器长期观测星象,并借此创制出中国历史上有文字可考的第一部优良历法——《太初历》;他还是'浑天说'的创始人之一,经他改进的赤道式浑天仪,在中国用了 2000 年。"

落下闳的科学创新是多方面的,他是世界杰出的天文学家之一。

4. 石琼璘:为什么巴蜀大地会出现落下闳这样的天文学家?

查有梁:李冰治水、文翁兴学是巴蜀出现落下闳这样的科学家的社会原因。

公元前 256 年,李冰主持修建都江堰水利工程。司马迁在《史记》中,称赞都江堰水利工程使得"水旱从人,不知饥馑,时无荒年,天下谓之天府也"。"李冰治水",使巴蜀大地的农业文明得以又好又快地发展,为"文翁兴学"创造了物质条件。都江堰水利工程成为可持续发展的经典系统工程,造福人类已经两千多年,现在能够自流灌溉一千万亩土地,列入世界遗产名录。

公元前 143 年,蜀郡太守文翁在成都首创中国地方政府兴办的第一所公立学校石室精舍,一直延续到如今的成都石室中学,持续办学两千多年。汉景帝和汉武帝要求全国地方官员向文翁学习,从巴蜀大地到全国各地都兴办起公立学校。巴蜀大地教育发达,科学兴旺,人才辈出,于是才会出现落下闳这样的杰出天文学家。班固在《汉书》中写道:"至今巴蜀好文雅,文翁之化也。"

公元前104年,《太初历》颁发之后,汉武帝要聘落下闳担任侍中,即顾问。落下闳"辞而未受",回到老家阆中。回故乡之后,落下闳为阆中培养了不少天文学家。阆中和成都齐名,成为巴蜀两大文化中心。历代不少文学家都来到阆中观光,如杜甫、司马光、陆游、苏轼等等。唐代杰出的天文学家和数学家李淳风,晚年也慕名来到阆中定居。阆中的春节文化,两千多年以来一直令世人瞩目,影响深远。

李冰治水,文翁兴学,落下闳创历,三者一脉相承。

5.石琼璘:中国春节的内容太丰富了,您能用简单几句话来表述吗?

查有梁:我用一首短诗《春节》来表达。

春 节

小寒大寒,结束了冬天
立春雨水,迎来了新年
万物苏醒,睁开了大眼
美丽世界,充满了诗篇

上敬天地,下拜祖先
天人合一,顺应自然
农闲时间,欢天喜地
祈求吉祥如意的来年

全球亿万华人,家家团聚
一道世界文明壮丽的风景线
从汉武帝颁发《太初历》
春节过新年已经历两千多年

创制《太初历》的天文学家

他是巴蜀阆中出生的落下闳

他修正了秦始皇统一的历法

将十月初一过新年完全改变

从正月初一到十五,过年

迎接新年,就是迎接春天

中国人活得很闹热又坦然

鞭炮啪啪啪惊动太空神仙

中国的农历,真的不简单

二十四节气,是告知时间

二十八星座,是显示空间

时空合在一起,乾坤旋转

2012 年 12 月 28 日于四川阆中观星楼

第三节　要遵循教学论与课程论的原理

19. 形成学术专著的科研成果,可能成为高等院校的课程。这里,有一个如何将科研成果转化为课程教材的问题。要遵循教学论、课程论的原理来编写适合于中学生、大学生、研究生使用的教材。

"人不同,则教的东西、教的方法、教的分量、教的次序都跟着不同了。我们要晓得受教的人在生长历程中之能力需要,然后才晓得要教他什么和怎样教他;晓得了要教他什么和怎样教他,然后才晓得如何去训练那教他的先生。"

(《陶行知全集》第 2 卷)

【实例】 《信息世界与人类》科普丛书

电子科技大学的几十位老师,包括三位院士,二十多位博士生导师、教授、高级工程师、博士等科技界的精英,经过三年努力,完成了"国家自然科学基金科普项目":《信息世界与人类》科普丛书,由在四川成都的电子科技大学出版社出版(2007年2月),一共九册:

《生活在信息时代》——信息技术发展

《人类与电脑》——计算机文化

《电子让人们梦想成真》——现代电子技术

《人类社会的神经系统》——现代通信技术

《纵横于天地之间》——互联网络技术

《微波·激光的神奇应用》——现代电子与光子技术

《走进信息材料的微观世界》——微电子与固体电子技术

《探索安全的秘密》——信息安全技术

《信息时代的信息对抗——电子战与信息战》

这套科普丛书有两大特点。

第一特点是:既具有系统的知识链,又具有生动的故事线,使人能有兴趣地一直读下去。这在我国同类科普作品中是一个创新。

学习科学需要探究,科学的成果是概念、原理等;学习技术需要设计,技术的成果是专利、产品等。电子与信息技术领域内,既有许多概念、原理,也有许多专利与产品等等。这套丛书用知识链和故事线将它们联系起来,形成了整体。有整体才有力量。这套科普丛书中既讲了一些电子与信息技术的科学基础知识;也以故事形式,讲了电子与信息技术的发展历程和技术展望。

单项知识好像一颗美丽的珍珠,将这些知识形成知识链,就好像将一颗一颗的珍珠用金丝连起来,成为宝贵的项链。珍珠是怎样产生的?这条"项链"哪位"皇后""公主"佩戴?等等。都有很多好听的故事。

所谓知识链和故事线,就是将电子与信息技术中的各种基本概念和原理,有机地相互联系起来;将各领域的缘起、发展、前景用故事贯穿起来。这套科普丛书有知识链和故事线,具有整体感。这就是我向中学生、大学生真诚推荐,都来通读这套丛书的道理之一。

第二个特点是:既讲了电子与信息技术领域已经解决了哪些问题,又讲了还有哪些问题尚未解决。这太重要了！这是创新的基点。

只有站在电子与信息技术前沿，从事"真刀真枪"的科学研究和教学的专家，才能准确无误地写出这些已经解决的问题和尚未解决的问题。用一句文学语言说，就是哪些技术已"梦想成真"了，哪些技术还在"梦中"，有可能"成真"，也可能"破灭"。

了解已经实现和成熟的技术，会启发我们将它应用到新的领域中去；了解尚未完成的课题，会激发我们去想象、去洞察、去猜测、去尝试，从而才可能有较大的创新。读了这套丛书，你会感到：尚未解决的问题比已经解决了的问题多得多！这就是我向中学生、大学生真诚推荐，都来通读这套丛书的道理之二。

《信息世界与人类》科普丛书，适合于广大中学生和大学生阅读；既适合于理科学生学习，也适合于文科学生学习。这套丛书适合于具备中学水平的所有公民阅读。因为，这套丛书的内容与我们的日常生活息息相关，与我们的各类工作息息相关，与年轻人选择职业息息相关，与我们国家的兴盛息息相关，与整个世界的发展息息相关。读了这套丛书后，会让人受益匪浅，终生难忘。

我们阅读科普著作有两种主要的方式。

第一种学习方式：较快地通读一遍（又称为泛读），鸟瞰整体，不要太停留在某一细节上。这种学习方式，又称为渗透式学习。有不懂的地方，不要说"太难了！""我不懂！"不要就停止了。"鸟瞰"就相当于在飞机上，低空盘旋，观察地面。有哪一个地点没有看清，关系不大。泛读在于把握整体。这种方式，也可用一句文学的话说："好读书，不求甚解。"陶渊明的这种方法，对于泛读而言，有合理性。

第二种学习方式：带着你自己很感兴趣的问题，精读这些丛书的某一册或某一章。精读要慢，仔细阅读有关问题的来龙去脉，边读边思，边思边写，学思结合。孔子说："学而不思则罔，思而不学则殆。"精读一定是在泛读的基础上进行。泛读在于把握整体；精读在于深入探究。原来你不懂的问题，经过精读就有可能搞懂。精读和泛读是互补的。

陶渊明在《五柳先生传》中写道："好读书，不求甚解，每有会意，便欣然忘食。"前半句是指泛读；后半句说他有所会意，那是边读边思的结果，读进去了，深入下去了，以至于达到"欣然忘食"的地步。这正是精读后达到的境界。

我读了这套科普丛书收获很大。我过去一知半解的、似是而非的许多问题,都迎刃而解了;更重要的是,使我知道了在电子和信息技术的前沿,正在探究些什么重大问题。

我建议读者,首先看林为干院士写的序,然后读丛书的引言,再读每本书的前言。读序、引言、前言必须采用精读的方法。看完之后,再确定你最感兴趣的一本书。第一次读可采用泛读,鸟瞰整体。然后,针对问题精读相关章节,以及参考文献中提及的其他著作。

这套丛书都是科学家们写的,当然,是采用科学态度。科普丛书,本不是专业论文和论著,没有必要——对资料来源作注,有许多内容正是这些作者自己亲自做过的科研成果。有的成果在过去是保密的,技术的发展,使有些成果已经解密了,他们才能写出来。电子科技大学的老师们在每一本书之后,列出参考文献,既表明了资料来源,也为读者提供进一步探究时,可以参考的其他较可靠的资料。

第四节　促进教学和科研的同步俱进

20. 教学中,特别是基础理论课的教学中,会引发一些很有理论价值的科研问题。实用性专业课的教学中,也会引发一些可能获得专利的研究问题。要善于将问题转化为课题,促进教学和科研的同步俱进。

"用世界上的一切归纳法我们都永远达不到把归纳过程弄清楚的程度。只有对这个过程的分析才能做到这一点。——归纳和演绎,正如分析和综合一样,是必然相互依赖着的。人们不应当牺牲一个而把另一个捧到天上去,应当设法把每一个都用到该用的地方,而人们要能够做到这一点,就只有注意它们的相互联系、它们的相互补充。"(恩格斯:《自然辩证法》)

【实例】 天体运行的能量方程

上大学二年级时(1961年),《理论力学》教科书中,将天体运行的能量方程分别列出三个方程:椭圆轨道的能量方程、抛物线轨道的能量方程、双曲线轨道的能量方程。作者猜想应当有一个"天体运行统一的能量方程",尝试将原来的三个方程统一为一个。后来有关研究发表在杂志《力学与实践》上(1979创刊号)。

作者尝试用距离 r 和切线与矢径的夹角 α 来描写天体运行的轨道。这一新坐标我称之为"切线坐标"(r,α)。很快就找到"极坐标"(r,θ)与"切线坐标"(r,α)的坐标变换式。于是得到在切线坐标下的天体运行统一的轨道方程、圆锥曲线统一的曲率半径公式、天体运行统一的能量积分以及天体沿圆锥曲线轨道运行统一的能量方程。[①]

由作者提出的"切线坐标变换",建立了圆锥曲线的新形式,给出了计算曲率半径的新公式;推导出天体运行统一的能量方程,由能量方程简捷地推导出天体运行的离心率公式。

用一种新的方式,给出万有引力定律与开普勒行星运动定律的相互推导;推导出旋进圆锥曲线轨道的新公式,进而推导出引斥力公式,它包容了牛顿的万有引力定律。[②] 并建构了一个讲述"力学与航天"的新结构。[③]

作者推导出"天体运行统一的能量方程",以及对万有引力定律有一些新的研究。这些成果都应用了"先猜测,后论证"的方法。既有直觉思维、形象思维,又有逻辑思维、理论思维。多种思维相互融合,才可能在力学的经典内容上,作出一点创新。

"先猜测,后论证"对应的方法是:科学假设和逻辑演绎等方法。"先猜测,后论证"需要大胆假设,小心求证。"猜测"通常要应用直觉思维,科学的猜测绝不是没有根据的乱猜测,必定有以前的知识作基础;"论证"通常要应用多种逻辑方法,到底应用哪一种逻辑方法,这又需要有新的猜测,新的尝试。

上述实例说明:基础理论课的教学中,会引发出一些很有理论价值的科研问题。

---

① 查有梁:《天体运行的能量方程》,《力学与实践》,1979年,第1期,(创刊号)。
② 查有梁:《引力定律的新研究》,《大学物理》,1996年,第2期~第3期。
③ 查有梁:《牛顿力学与星际航行》,成都:四川科学技术出版社,1991年。

【实例】 人才成长的三大规律

美国心理学家波斯纳（G. J. Posener）提出教师成长公式：

$$成长 = 经验 + 反思$$

从这个简单的公式，可以看出心理学家波斯纳把"经验""反思"视为教师成长的两个关键，是教师成长不可或缺的中心。这个公式为作者的这本小书《50 年教学和研究之经验》，提供了一个有力的支持。

作者研究人才成长的规律，包括了教师成长的规律，要比上述公式复杂一些，人才成长公式为：

$$成长 = （实践 + 理论） + （经验 + 反思） + （整合 + 传播）$$

$$\downarrow \qquad\qquad \downarrow \qquad\qquad \downarrow$$

$$学习律 \qquad\quad 发展律 \qquad\quad 整合律$$

第一，要善于学习。从实践中学，从书本中学，从合作中学，理论与实践要紧密结合。这是成才的基础。

第二，要善于发展。吸取正反经验，不断反思调整，在继承中创新，努力持续发展。"发展才是硬道理"。

第三，要善于整合。将自己的优势积累起来，经历整合起来，同时要学会适时地交流传播，得到社会认可。

研究古今中外杰出人才的成才之道，可以概括为三大规律：其一是学习律；其二是发展律；其三是整合律。人才成长的三个规律，包含的关键词正是本书的关键词：教学、研究、经验。

（1）学习律

每个人要成才，必须善于学习。第一，既要学习书本知识，又要学习经验知识（直接经验、间接经验）。学习是他人不可能代替的，必须依靠自己努力。学习又是不能孤立进行的，必须向他人请教。第二，学习促进创新，创新又促进学习。学习知识与创新能力成正相关，知识与创新相互促进。热爱是最好的老师，乐学才能提高效率。第三，学习与实践是不能分割的，"学而时习之"非常重要。教与学是相互促进的，教是最好的学。"学而不厌，诲人不倦"。这才有可能成为有创新能力的杰出人才。

学习律可用一个公式表述为：

$$乐趣 \rightarrow 艰巨 \rightarrow 成功$$

对学习首先要有乐趣，要热爱；经过艰苦努力，包括学习知识，参与实践，互教互学，取得成功，才能得到更大的乐趣。经过艰苦努力，作出贡献，有了创新，取得成功后，就会有更大的学习乐趣。在乐趣的基础上再学习，再艰苦，再成功，形成良性循环，从而作出更大贡献，更多创新，取得更大成功，成为公认的杰出人才。

（2）发展律

每个人要成才，都要重视积累经验，认真反思，不断提高。都有一发展过程：第一，必须在德、智、体、美、创诸方面和谐发展，成为合格人才。以德为本，健康第一，才能持续发展。第二，努力学习，深入实践，成为有一技之长的专门人才。有职业道德，社会公德，才能持续发展。第三，任何一项重大创新都是要经历相当长时间的"愤悱"，统计告诉我们，要经过10年以上的集中努力，开放、交流、涨落、远离平衡态，既要循序渐进，又要超越跃进，有所发展，持续发展，这才可能成为有创新能力的杰出人才。

发展律可用一个公式表述为：

继承→包容→创新

首先，要打好基础，继承前人成果，知识面宽，身心健康，成为合格人才；其次，要掌握一门专业，要包容诸子百家在这一专业领域内已取得的成就，成为专门人才；再次，要深入领悟创新之道：开放才能创新，交流才能创新，涨落才能创新，远离平衡态才能创新。杰出人才的关键是要有重大创新。"创"包含了"劳"和"群"，因为，劳动创造世界，群众创造历史。

（3）整合律

每个人要成才，必须将打好基础、发展个性、促进创造三者整合起来，缺一不可。第一，打好基础，包括做人、做事、做学问的基础，必须不断提高综合素质，包括思想道德素质、文化科学素质、身体心理素质、劳动技能素质、审美创新素质，重在将这些素质整合起来。第二，要将学、问、思、辨、行整合起来，要教学研合一，真善美统一，德才识统一。重视发展个性，有所为又有所不为，善于选择，扬长补短，努力做到博学深专。第三，解放思想，动手实干，勤于贡献，重在实践。要善于辩证整合、纵横整合、系统整合，要学会将研究的成果交流与传播。这才可能成为有创新能力的杰出人才。

整合律可用一个公式表述为：

博学→深专→传播

只有博学,才可能深专;只有深专,才可能真博;博专整合,才可能有创造和贡献;要及时得到社会承认,需要有效的传播。公式中的第一个"博学"是通才的博学,第二个"深专"是专才的深专,第三个"传播"是英才的传播。指要将创新的成果,实事求是地向他人、向社会传播。在传播的基础上进一步,再博学,再深专,再传播,形成良性循环,从而专得更深,博学更广,创得更新,产生更大的社会影响。

学习没有止境,发展没有止境,整合没有止境。学习律、发展律、整合律,也是教师成长的规律。每一位教师都可能成为优秀教师,这个称号更贵在是您的学生从心中给予您。孔子在世时并没有谁授予他"优秀教师"的称号,但是,现在全世界的人在心中都公认他是"优秀教师""万世师表"。

后论：认识思维模式

本书是叙述作者从事教学与研究 50 年来的经验。既有教学的 20 条经验，又有研究的 20 条经验。本书一以贯之的思想是科学发展观；强调经验论和理性论的二元互补；贯穿系统科学的三原理和教育科学的三原理；建立在四大思维模式基础上的方法论；以及教学基本结构和过程的五个阶段。

但是，只要理解了最主要的四大思维模式及其应用的方法论，对理解本书就有了一根红线。好比乐曲有一个主旋律、城市有一条主干道、绘画有一个主基调。有了四大思维模式，就能够将各种经验联系起来，形成整体，从而发挥整体功能。在后论里集中论述如何认识和应用思维模式。这是本书的一个创新之点。

子曰："赐也！女以予为多学而识之者与？"对曰："然，非与？"曰："非也。予一以贯之。"（《论语·卫灵公》）

这是孔子强调的思想方法。孔子说："子贡啊！你以为我是学习得多了才一一记住的吗？"子贡答道："是啊，难道不是这样吗？"孔子说："不是的。我是用一个根本的东西把它们贯彻始终的。"我认为，孔子的这一思想方法很重要。写一本书，理当有一以贯之的思想。

在本书的"教学的经验 14""教学的经验 20""研究的经验 15"中，画出"四象限"图来直观理解四大思维模式，以及如何测定一个人的思维模式。在"后论"中，再请读者先看一看四大思维模式及其应用图表 1～4，有一个更完整的印象，再看下面的具体论述。由此理解四大思维模式有较为普遍的启发性和实用性。这是作者研究思维科学的一项成果，用来尝试提升 50 年教学和研究之经验。

表 1　思维模式及其等价表述

思维模式	等价表述			
逻辑思维	⇒	理论思维	形式思维	抽象思维	辩证思维
操作思维	⇒	经验思维	具体思维	行动思维	实验思维
情感思维	⇒	形象思维	艺术思维	直觉思维	审美思维
交往思维	⇒	互动思维	反思思维	换位思维	统计思维

表2　思维模式及其应用之一

思维模式	孔子四教	孟子四教	心理要素	心理理论	知识分类
逻辑思维	文	智	知	认知主义	陈述性知识
操作思维	行	义	行	行为主义	程序性知识
情感思维	忠	仁	情	人文主义	审美性知识
交往思维	信	礼	意	建构主义	交际性知识

表3　思维模式及其应用之二

思维模式	问题提出	决策分析	教育理念	四大支柱	素质分类
逻辑思维	逻辑问题	逻辑分析	国际理解	学会求知	文化科学
操作思维	操作问题	操作分析	回归生活	学会做事	劳动技能
情感思维	情感问题	情感分析	关爱自然	学会生活	身体心理
交往思维	交往问题	交往分析	教育民主	学会做人	思想道德

表4　思维模式及其应用之三

思维模式	课程目标	教学模式	教学建模	教学方式	学习方式
逻辑思维	基本知识	认知模式	启发－创新	晓之以理	思考接受
操作思维	基本技能	行为模式	交流－互动	导之以行	活动探究
情感思维	基本态度	情感模式	审美－立美	动之以情	情感体验
交往思维	基本价值	群体模式	调查－反思	传之以神	合作交流

● 四大思维模式

我将思维模式与"课程分类""方法模式""学习模式""教学模式""智能模式""气质类型""神经活动类型""全脑模型"等分类,进行系统分析、来回调试、反复斟酌,进行尝试性归纳和探索性演绎。经过长期研究,最后,将思维模式分为四大类:

逻辑思维（A）、操作思维（B）、情感思维（C）、交往思维（D）。[①]

逻辑思维（A）的特点是：人应用语言、数学、逻辑（包括形式逻辑、辩证逻辑、数理逻辑）等文字、数字、符号，通过抽象概念去解决问题。与逻辑思维等价或近似的表述是：理论思维、形式思维、抽象思维、辩证思维。

操作思维（B）的特点是：人应用实物、仪器、机器等，通过动手操作去解决问题。与操作思维等价或近似的表述是：经验思维、具体思维、行动思维、实验思维。

情感思维（C）的特点是：人应用图像、音乐、模型等，通过体验到的形象去解决问题。与情感思维等价或近似的表述是：形象思维、艺术思维、直觉思维、审美思维。

交往思维（D）的特点是：人与人之间应用调查、统计、讨论等，通过交流、互动、反思去解决问题。与交往思维等价或近似的表述是：互动思维、反思思维、换位思维、统计思维。

● 文行忠信与知行情意

四大思维模式古之追溯，可以在孔子那儿找到雏形。《论语》中写道："子以四教：文、行、忠、信。"（《论语》述而篇第七）孔子用四种方式教育学生，恰恰对应着上述四种思维模式：

"文"指文化知识，强调逻辑思维，教学中要"晓之以理"；

"行"指行为实践，强调操作思维，教学中要"导之以行"；

"忠"指忠心处事，强调情感思维，教学中要"动之以情"；

"信"指诚信交际，强调交往思维，教学中要"传之以神"。

中国传统文化中强调"仁义礼智"。《礼记》中写道："有恩，有理，有节，有权，取之人情也。恩者仁也，理者义也，节者礼也，权者知也。仁义礼知（智），人道俱矣。"这与"子以四教：文、行、忠、信"是一一对应的。

"智"对应于"文"，权者知也，指文化知识，属于逻辑思维；

"义"对应于"行"，理者义也，指行为实践，属于操作思维；

---

① 　查有梁：《论思维模式的分类及其应用》，《教育研究》，2004 年，第 1 期。

"仁"对应于"忠",恩者仁也,指忠心处事,属于情感思维;

"礼"对应于"信",节者礼也,指诚信交际,属于交往思维。

孟子在《论语》的基础上,对于"仁、义、理、智"又有新的表述。孟子说:"恻隐之心,仁之端也;羞恶之心,义之端也;辞让之心,礼之端也;是非之心,智之端也。"孟子这里提出的"智、义、仁、礼",恰恰分别对应着孔子提出的"文、行、忠、信"。

四大思维模式对应现代心理学强调的四要素:"知、行、情、意"。孔子在教学中用了四种方式:"文、行、忠、信"。这也恰恰对应着现代心理学强调的四要素:"知、行、情、意"。可见,孔子的教育思想中也包含有心理学的内容。

现代心理学强调的四要素:"知、行、情、意"。已经引申出四种理论:

"知"方面已有认知主义心理学,着重解决认知方面的问题;

"行"方面已有行为主义心理学,着重解决行为方面的问题;

"情"方面已有人本主义心理学,着重解决情感方面的问题;

"意"方面已有建构主义心理学,着重解决群体方面的问题。

上述分类当然是"相对的",并非彼此孤立,而是相互联系,是你中有我,我中有你。既要分类思维,又要组合思维,这样才是辩证思维。"知"方面有认知主义心理学,"行"方面有行为主义心理学,"情"方面有人本主义心理学,这些是容易理解的。为什么把"意"与建构主义心理学联系在一起呢?"意"指人的意志,既有个人的意志,又有群体的意志。建构主义心理学强调学习的社会特性,着重解决群体方面的问题。所以,在"知、行、情、意"四要素中,相对的可归在"意"这一要素之下。我认为,在当今卜述四种心理学理论都共存着,发展着,相互影响,相互渗透,并不是一个理论取代另一个理论。

● 知识分类、提出问题与决策思考

从四大思维模式来认识"知识分类",也有新的启发性。一些文献上仅仅将知识分类为:陈述性知识和程序性知识。我以为,这只分两类,是不充分的,是不够的。从四大思维模式进行分析,还应当增加:审美性知识和交际性知识。根据回答的不同问题,可将知识分为以下四大类:

(1)陈述性知识,重在逻辑性,回答:"是什么? 为什么?"

(2)程序性知识,重在操作性,回答:"怎么操作? 怎么做好?"

(3)审美性知识,重在情感性,回答:"怎样感悟? 怎样鉴赏?"

(4)交际性知识,重在交往性,回答:"怎么交流? 怎么传播?"

我们在生活中比较重视"陈述性知识和程序性知识",比较忽视"审美性知识和交际性知识",这不利于"学会求知,学会做事,学会共同生活,学会做人"。无论在学校学习,还是在社会工作,这四类知识都是需要的。

从四大思维模式来提出和思考问题,也较为全面。做一件事,经常思考下述问题,分别从逻辑、操作、情感、交往,这四个方面去思考,容易使办的事情,获得较大成功。有学者认为,成功者经常思考三个问题(分属 A、B、D),我增加一个问题(C 型)即有如下四个问题:

(1)"这是唯一的解决办法吗? 还有其他办法吗?"

这是从逻辑上来思考,可称为选择性的逻辑思维。

(2)"如果那样去操作,会出现什么样的情况呢?"

这是从操作上来思考,可称为前瞻性的操作思维。

(3)"出现这样的结果满意吗? 情感上能接受吗?"

这是从情感上来体验,可称为体验性的情感思维。

(4)"别人怎样看这个问题? 别人会有怎样的感受?"

这是从交往上去思考,可称为换位性的交往思维。

这四个问题以及相关的四大思维模式,并非彼此孤立,而是相互联系,常常是你中有我,我中有你。

我们在生活中,要面临一系列"决策""选择"。当今比较通行的"SWOT"分析法,只分析了两个问题:是优势还是劣势? 是机遇还是威胁? 从四大思维模式中,受到启发。可以进行四种分析来"决策""选择":

(1)逻辑分析:认识是优势还是劣势? 如何发挥优势,避免劣势?

(2)操作分析:认识可行还是不可行? 如何采纳可行,拒绝不可行?

(3)情感分析:认识乐于还是不乐于? 如何选择乐于,改变不乐于?

(4)交往分析:认识是机遇还是威胁? 如何抓住机遇,减少威胁?

在"决策""选择"时,学会应用四大思维模式,进行分析综合,那就掌握了一把"金钥匙"。

● **教育的四大支柱与素质教育**

四大思维模式的运用,可以加深我们对于国际公认的教育理念是:"国际理解,回归生活,关爱自然,教育民主"这些表述的理解。

"国际理解",重理性,着重在逻辑思维;

"回归生活",重行为,着重在操作思维;

"关爱自然",重情感,着重在情感思维;

"教育民主",重社会,重群体,重公民意志,着重在交往思维。

教育的"四大理念"综合起来,即是一种"系统思维"。

四大思维模式的运用,可以加深我们对于教育的"四大支柱"的认识。国际 21 世纪教育委员会向联合国教科文组织提交的报告中指出,教育有"四大支柱":"学会求知"(Learning to know)、"学会做事"(Learning to do)、"学会共同生活"(Learning to live together)、"学会做人"(Learning to be)。

"学会求知",着重在逻辑思维,是"国际理解"的基础;

"学会做事",着重在操作思维,是"回归生活"的基础;

"学会共同生活",着重在情感思维,是"关爱自然"的基础;

"学会做人",着重在交往思维,是"教育民主"的基础;

世界公认的教育的"四大支柱"综合起来,也是一种"系统思维"。

四大思维模式的运用,可以加深我们对于素质教育的理解。当前,中国教育发展的大方向是国家教育部一再强调的实施"素质教育"。教育是培养人,重在提高素质,主要包括"四大素质":思想道德素质、文化科学素质、劳动技能素质、身体心理素质。国际 21 世纪教育委员会强调的教育的"四大支柱"与《中国教育改革和发展纲要》强调的教育要培养人的"四大素质",本质是一致的。"四大支柱"与"四大素质"从整体看,是全方位对应的。

"文化科学素质"对应着"学会求知";

"劳动技能素质"对应着"学会做事";

"身体心理素质"对应着"学会共同生活";

"思想道德素质"对应着"学会做人"。

● **四大教学模式**

四大思维模式还能对应于课程标准中的"四基"："基本知识""基本技能""基本态度""基本方法"。

"基本知识"主要指"基本概念与基本原理"；

"基本技能"主要指"实验实习与手脑操作"；

"基本态度"主要指"情感体验与审美取向"；

"基本方法"主要指"价值判断与交流传播"。

应用四大思维模，建构适应不同思维模式的教学模式。我们的课程设计以及教学模式应当是"四大基本类型"：

重视知识传授的"逻辑型"教学模式（A 型教学模式），简称认知模式；

重视技能训练的"操作型"教学模式（B 型教学模式），简称行为模式；

重视情感态度的"艺术型"教学模式（C 型教学模式），简称情感模式；

重视过程方法的"交往型"教学模式（D 型教学模式），简称群体模式。

经过多年的潜心研究，作者建构了以下 5 个较为普遍的教学模式：[①]

"启发—创新"教学模式（A 逻辑型教学模式）；

"交流—互动"教学模式（B 操作型教学模式）；

"审美—立美"教学模式（C 艺术型教学模式）；

"调查—反思"教学模式（D 交往型教学模式），

"整体—融合"教学模式（E 综合型教学模式），

我们可以按照四大思维模式来进一步理解教学建模的四部分：

要按照逻辑型思维，确定教学模式的名称；

要按照操作型思维，确定教学模式的程序（环节，过程）；

要按照艺术型思维，确定教学模式的特征；

要按照交往型思维，确定教学模式的适用范围。

这样看来，教学建模本身也是"四维模式"。

四大思维模式提出：逻辑思维主要应用认知主义、操作思维主要应用行为主义、情感思维主要应用人本主义、交往思维主要应用建构主义。进一步提出

---

① 查有梁：《新教学模式之建构》，南宁：广西教育出版社，2003。

不要只选一元主义,整合应用的主义要多元。

● 教育信念与教学方法

在四大思维模式的启发下,我形成了对教育的四条信念:

信念一:教育强调和谐:健康第一,以德育人,开发智慧,贯穿审美。(系统性)

信念二:教育要求行动:实践出真知,训练出技能,经验出智慧。(技术性)

信念三:教育需要激发:用榜样和实例去激励,用问题和交流去启发。(艺术性)

信念四:教育追求有效:让师生们用较少时间,能得到较大收获。(科学性)

在四大思维模式的启发下,我表述了教学的五条基本环节(过程):

环节一:教师在教学中"晓之以理",让学生"思考接受"。(逻辑性)

环节二:教师在教学中"导之以行",让学生"活动探究"。(操作性)

环节三:教师在教学中"动之以情",让学生"情感体验"。(艺术性)

环节四:教师在教学中"传之以神",让学生"合作交流"。(交往性)

环节五:教师在教学中"创之以新",让学生"整合顿悟"。(顿悟性)

《50年教学和研究之经验》这本书,我在前言中已经述说了它缘起于2003年,至今整整10年了。10年来,我应邀参加了许多次小学、中学、大学教师的培训,边讲解、边思考、边提高、边写作。许多教师的反馈意见和提出问题,更是促进我将理论与实际紧密联系起来。在这里,我真诚地感谢广大的教师,感谢我的老师、同学和我的学生。但愿本书能够给广大的教师带来愉快的思考,促进大家自主的创新。

2013年5月1日
成都市百花潭公园